教育部国家留学基金委2013£

湖南省哲学社会科学基金规划项目
南京大学人才引进培育基金项目
南京大学"985"三期改革型项目

《道德经》在多元文化语境下的接受与翻译

The Reception and Translation of *Dao De Jing* in the Multi-Cultural Context

■ 杨 柳 等著

南京大学出版社

"全球化与中国文化"丛书
编辑委员会名单

项目主持人、主著： 杨　柳

主要参著者： 陆子涵　　庞学峰　　易点点　　徐　颖
　　　　　　　李广寒　　刘珍珍　　黄　劲　　王　炎

其他参著者： 范　娟　　曹慧思　　田艳芳　　衡浏桦
　　　　　　郭　颖

鸣　谢

中国教育部国家留学基金委
南　　京　　大　　学
英　国　剑　桥　大　学
湖南省哲学社会科学规划办

/ "全球化与中国文化"丛书总序

全球化,用弗雷德里克·詹姆逊的话说,是"无论如何不可避免的"。这是因为推动全球化、全球意识和全球联系的是一些结构性的社会力量,比如:技术革命、发展的资本主义、文化取向等。伴随着经济全球化、信息全球化,文化也出现全球化的大趋势。但是文化与全球化的关系是一个复杂的议题,具体表现在:一方面全球化带来文化的同质性。文化全球化至少有三个层次的内容:与物品在全球扩散同步的观念在全球的传播;来自不同区域和文化中的人在交往当中形成的新的规范和知识;以全球作为认识参照的新的思维方式。在这些基础上形成一种世界文化,影响和作用于任何地区和民族的文化。从时间上讲,文化全球化在 20 世纪后半期达到前所未有的广度与深度。另一方面,全球化在不同地区、不同社会的发展程度不一样,对不同社会中不同人群影响程度不一样。全球化没有终止文化的多样化。当不同文化相遇时,产生了众多新的文化形式,比如世界音乐、混合烹饪等。

全球化与本土文化的碰撞改变了我们了解世界和认识自己的方式。在全球相互联系和依存的情况下,如何认识文化间的差异性在方法上具有了新的特点。那些与本土环境密切相关的文化体验长期以来在语言中不断得到塑造和锤炼,因而具有显著的独特性,但是今天在全球交往不断深化的过程中,我们意识到对它们进行反思和重新评估具有一定的必要性。同时,我们意识到对于文化差异的认识不仅仅要立足于本土文化传统的掌握,而且要在全球文化的流动性和碎片化过程中结合个人与群体的经验来形成。文化差异不再是固定和僵硬的,而具有相当的弹性。文化交流不是单向的,而是双向和多重的。这些互动的不均衡性产生了新的文化差异。在这种多样性当中,文化之间的疆界慢慢消弭,全球的文化联系得到加强。

研究全球化与中国文化的立足点是中国的视角,也就是从中国的现实和经验出发,着力分析中国文化面对全球化浪潮所产生的问题和可能采取的策略。全球化分为经验、理论与政策三个方面。经验方面包括气候变化、因特网、人权,理论方面包括文化帝国主义、后现代主义，政策方面包括新自由主义。全球化可能是不可逆转的，但是全球化的性质、速度、方向和后果是可以改变的。如何在文化上应对和挑战全球化，我们需要面对和思考一系列问题，比如：中国的现代性是一种"另类的"现代性吗？中国正在经历怎样的文化转型？"中国性"或者"中华性"的文化版图有什么新的特点？

　　本丛书希望综合国内外学术资源，包括一些华裔学者的研究，就全球化和中国文化的议题从理论和实践上加以探讨。目前阶段的研究计划主要包括以下内容：一、跨国民族主义、全球化与文化互动。从理论上探讨"全球化"、"跨国民族主义"、"西方主义"等学术思想的产生、发展和衍变，讨论全球化、反全球化和本土化对于文化交流与互动的影响。二、中国的跨文化改编与表演。从中外跨文化的视角，研究戏剧、文学和电影的跨文化改编和表演问题，考察和分析民族、性别、种族、身份、生态等如何在当代文学、戏剧、电影以及日常生活的表演中被想象和再现，着重研究民族文化、主体性、权力之间的关系，系统介绍和研究"跨文化表演"的新成果、新观念和新实践。三、全球化、翻译与中国文化走出去。20世纪90年代以来，文化研究的翻译转向与翻译研究的文化转向足以证明，在文化全球化语境下出现了亟待赋予阐释的新特征，即翻译成为一种社会分析和政治介入的方式。新世纪以来，中国文化走出去引起越来越强烈的关注。四、全球化与跨文化语境下的中外文学关系。在全球化和跨文化语境下重新审视中国和外国文学的交流与互动的关系，侧重考察当代中国文学在世界各国的译介与接受，从跨国民族主义的理论视角分析各国对当代中国文学的阅读心态及其文化立场与期待，进而更好地推介当代中国作家，提升当代中国文学的国际影响。五、当代英语多元化与中文的国际化趋势。在全球化时代，英语作为一种世界语言出现新的特点，比如：全球多样化的英语，尤其是前殖民地国家英语从边缘开始进入并影响主流。在一些英语非母语的国家，双语或者多语现象越来越普遍。与此同时，国际上正在掀起中文热，中文教育受到追捧。跨语言现象、语言政策、全球英语与本土化等议题值得深入探讨。

　　全球化与中国文化是一个开放的体系，也是面向未来的重大命题。愿"全球化与中国文化"丛书给读者们带来一些新的知识和体验！

何成洲

目　录

下篇:《道德经》在异文化语境中的翻译与效果

Contents

《道德经》在多元文化语境下的接受与翻译

《道德经》在多元文化语境下的接受与翻译

目
录

绪　言

　　《道德经》是中国历史上极其重要的哲学经典、文化经典和文学经典,同时也被中国道教信徒奉为教典。《道德经》全书八十一章,共五千字,分上、下两卷。前三十七章为上卷,被称为《道经》,后四十四章为下卷,被称为《德经》。《道德经》的作者姓李,名耳,字聃,世人称之为老子。

　　《道德经》通过对其核心概念"道"和"德"的阐述,提出"无为而治"、"道法自然"等哲学思想。虽五千余字,却蕴含深刻的哲理和奥妙,涵括了伦理道德思想、自然哲学观、人生哲学观、治国理政方略、经济思想、军事策略、哲学方法论和神秘主义。因此,作为一部重要的文化思想和哲学巨著,它理所当然受到了世人的推崇和历史的阐释、批判和接受,其影响贯穿整个中国思想史。在中国历史上,各个时期的主流思想都对老子的思想进行了不同程度的阐释和接受,法家、玄学、儒家、佛学、道教思想和宋明理学等都或多或少地受到《道德经》思想的影响。在篇章结构和辞章艺术方面,《道德经》亦别开生面,语言之精要、修辞之精炼,为历代文学巨擘所青睐和称颂。

　　也正因如此,对《道德经》的语内阐释和语际翻译、传播与接受对人们就构成了巨大的挑战。在不断传抄、流转和附会的过程中,人们或多或少地对《道德经》进行了自己的阐释和修改,同时也在抄录过程中出现了一些错误,因而产生了不同的版本。历代学者对《道德经》进行了注解和阐释,其中最著名的是王弼注本和河上公注本,王弼《道德经》注本在历史上是最通行的版本。随着当代考古学的发展,考古学者发现了更为古老的版本。1973 年,长沙马王堆汉墓出土了《道德经》的帛书本,其内容与王弼注本有所区别。1993 年,在湖北荆门出土了《道德经》的竹简本,竹简本与王弼注本则有很大的差异,年代也更为久远。这样一来,《道德经》在走出国门的过程中就面临更多的困难和阻碍。不同时期不同国家的译者所选的原文版本不同,理解便不尽相同,于是各种译本层出不穷,交相辉映,构成了多彩的翻译图景。文化问题、哲学问题、语言问题、美学问题和翻译问题,构成了翻译的正读和误读之谜思,也为这部中国文化、哲学和文学典籍的传播和接受提供了多种解释。

本书正是对《道德经》在跨越中西文化语境过程中的阐释、接受和译介的一次总体性研究,研究包括对《道德经》在中国文化语境下的历史阐释和接受,以及在西方文化语境下的翻译、诠释和传播。全书分为上、下两篇。上篇第一至第四章,从历史的视角出发,介绍了《道德经》的哲学思想在中国本土和西方语境下的接受。第一章主要论述老子思想中的伦理道德观,对比《道德经》中的伦理观与西方伦理观的异同,进而分析了中西方伦理观的融合现状和发展方向。第二章从宇宙的本原、世界的运行方式和人与自然的关系等三个方面切入,介绍了老子思想中的自然哲学思想,探讨了其在中西文化语境中的传播和接受情况。第三章从认识论、实践论和道德论等三个方面出发,介绍了老子思想中的生活哲学,阐述了老子的生活哲学思想在中国本土和西方语境中的交汇和融合情况。第四章分析了老子思想中的神秘主义、与西方神秘主义的异同点、中西方对神秘主义的解读和去魅,以及老子的神秘主义思想对世界文化的影响。

下篇共分七章,包括第五章到第十一章,主要探讨了《道德经》在西方文化语境下的翻译和传播情况、翻译策略及其存在的问题,从翻译的视角来探索《道德经》在国际上的传播、接受和影响。具体而论,第五章从不同国家的翻译和接受情况出发,宏观概述了《道德经》跨越西方多国文化语境的传播路道和历史效果。第六章分析了文化危机中的传播意识以及多元文化意识形态对《道德经》的译者所进行的翻译操纵,揭示了意识形态对译本产生作用的历史原因,阐明了意识形态对于语篇全域的制控作用。第七章以亚瑟·韦利(Arthur Waley)的译本为例,从历史文化、汉语特殊用法和哲学概念等三个层面讨论了《道德经》译本中的"文化不等值"现象,分析了原因,并提出了改进意见。第八章从《道德经》的美学意蕴出发,通过对多个文本比较,探讨了《道德经》的母性之美、辩证之美、玄妙之美、悖谬之美及其翻译中的审美再现问题,揭示了翻译、审美与文本接受之间的关系。第九章从《道德经》的语言出发,探讨了《道德经》的词与物之间的关系,以及句法结构的"破"与"立"的翻译与建构策略。第十章以韦利、林语堂和理雅各(James Legge)三个译者的译本为例,比较分析了《道德经》原文中多样开放的诗学特色,探讨了修辞翻译中的陌生化与改写问题。第十一章致力于探讨文化差异与翻译误读的关系,从文化先结构差异、思维差异、语言差异、社会系统差异和物质生活差异等视角分析了《道德经》的多个译本的多种误读和历史成因,对误读的改进提出了可行性建议。在结语部分,作者对本书的研究成果、价值和多元文化语境下的中西哲学的对话及其当代意义进行了总结、阐发和提升。

本书的研究方法包括文献法、历史描述法、文本比较法和统计方法。试图在纵向历史描述的基础上对文本进行横向的比较,发现问题,总结成就和历史效果,进而挖掘出翻译、传播与接受过程中所出现的问题,分析所采取的对策和形成的影响,在此基础上对文化的传播路径和方法提出合理性建议。

本书是对中国经典《道德经》的语内语际传播、翻译和接受的情况的考察和分析。其创新性主要有如下几点:

第一,作为翻译学学科内的研究,本书突破了传统研究中主要关注国际视野的方法,融合了语内翻译与接受的主要贡献,同时结合语际翻译与传播的策略,呈现出本土文化和异域文化族群对中国文化与哲学的多样理解,尤其语内翻译与接受研究,是传统翻译研究中容易忽略的部分。因此,从这个层面来讲,本书有独到的突破和创新之处。

第二,就翻译的具体研究内容而论,关于意识形态对于语篇全域的控制问题、《道德经》的美学翻译和诗学翻译等问题,都是传统研究中鲜有涉及的范围,因此值得一书。

第三,传统的翻译研究主要涉及对翻译方法的研究和比较,而忽视对效果历史的勾勒和评价,本书在这方面有一定的突破。

第四,本书的研究成果可望对中国文化的内省和外传产生一定的实践指导意义和参考价值。

上篇:《道德经》哲学思想的 历史阐释与跨文化接受

　　《道德经》蕴含着深刻的哲学思想与文化要义,语言简练而辞章纷繁,因此,即使在中国本土语境下,历史上的政治家、思想家、文学家和史学家都对之做出了多种阐释,进行了不同程度的认同、批判、吸纳与接受,极大地丰富了中国文化思想史和中国哲学的研究与发展。在西方文化语境中,《道德经》更是莫衷一是,在不同领域被视为圭臬或神秘教义,同时也出现了对《道德经》的种种文化利用和排斥。在上篇中,主要探讨对《道德经》思想的语内阐释与语际接受,其中包括其伦理哲学、自然哲学、生活哲学和神秘主义在中西方历史文化语境下的阐释与接受。

　　《道德经》体现了老子独特的伦理哲学思想,这些思想不同于儒家的伦理观,在东西方受到极大的关注和重视。我们在第一章讨论老子的伦理哲学思想在中西方的阐释与接受。在分析老子伦理哲学思想关键点的基础上展示了老子伦理哲学思想在中西方发展的不同形态。在中国,老子伦理哲学思想通过"善"、"仁"、"修身"等主要思想的历史演化与变异折射出来,并在现代被赋予新的阐释意义。在西方,老子的伦理哲学思想与西方伦理哲学思想呈现出不同之处,引发了一定的论争,两者却在不同中相会,其交汇与相异在现代语境中得到了更多阐释。对老子伦理哲学思想的中西研究,有助于寻求沟通中西伦理思想的渠道,确立全球化形态下的中西伦理思想的新坐标。

　　在《道德经》中,老子提出了"人法地,地法天,天法道,道法自然"的自然主义哲学观,认为人们应顺从自然,主张清静无为,这样才能够做到"无为而无不为"。书中对"道"和"无"的描述,体现了古代中国人对于宇宙起源的思考。"道生一,一生二,二生三,三生万物"的思想,则代表了中国古代的宇宙观。在第二章中,主要探讨老子的自然哲学思想在中西方的阐释与接受。在中国语境下,老子的自然哲学思想得到了不同的阐释,主要集中于对其客观宇宙观、辩证的思想以及其思想中的"无为而无不为"的倾向的阐释。在西方语境中,对老子自然哲学思想的阐释主要关乎"道"与逻各斯、老子自然观的重要性及其对西方自然主义发展的价值,以及老子自然哲学思想对西方物理学发展的影响,说明对老子自然哲学思想的探究有助于促进中西自然哲学思想的融合,为中西哲学思想体系的建构提供新的思路。

在《道德经》中,老子提出了无为的生活方式和人生态度,其中所体现的生活哲学为东西方学者和道家思想追随者所尊崇。在第三章中,主要讨论老子的生活哲学思想及其在中西方的接受。通过选取先秦、唐宋、明清和现当代时期代表性的注本来看《道德经》的历史阐释与接受,同时与西方生活哲学思想进行比较,找出中西方的相同点与不同点,最后分析中西生活哲学思想融合的现状。现在,无论是在中国还是西方又掀起了一股"国学热",试图探讨现代人的生存与生活问题。因此,对于《道德经》的生活哲学及其传播接受的探讨对人类生存和世界文化的发展将再次产生深远的影响。

老子说,"道可道,非常道"。"道"是《道德经》中的核心概念。但是,由于《道德经》的语言和思想极具思辨特色,充满了似是而非的表达方式,这就为这部经典提供了无穷的阐释空间,同时也使《道德经》呈现出神秘的面貌。在第四章中,主要探讨《道德经》所呈现出的神秘主义思想及其在中西方的阐释和接受。首先,概括神秘主义的四大特征,并结合这四大特征阐述《道德经》中的神秘主义思想。对于《道德经》中的神秘主义思想,中西方各有不同的解释。中国学者多从理性和非理性角度进行神秘主义解读或是对其进行驳斥,西方学者对于《道德经》是否是神秘主义的探讨则主要围绕着"道"是否具有超验性或者神性而展开。从历史角度来看,关于《道德经》的神秘主义的接受总体经历了一个从神秘主义解读到去神秘主义解读的过程。在漫长的寻秘和解秘的过程中,《道德经》的面纱逐渐揭开,以特有的东方之光照亮了东西文化融合之路。

第一章 《道德经》伦理哲学思想的阐释与接受

在中国的文化群落中,老子的伦理哲学思想以其独特的表达方式和思维模式孑然而立。无论是老子出关即成五千言的传说,还是《史记》所载孔子尊崇老子的敬语"老子犹龙也",都体现出老子思想对后人神奇而高妙的映射。老子的伦理思想深邃,引发后人对其学说的窥探。正如老子所言,上善若水。两千多个春秋飘逝,老子的《道德经》依然如静谧深潭中的上善之水,源源不断向四周汩汩流淌,释放着独有的磁性与魔力。特别是其学说中所包孕的伦理思想,吸引着中西无数的思想家前来汲取、品读和借用。

老子的伦理思想围绕"道"之说展开,是对宇宙运行规律与人类存在秩序进行的探索。"道非常道","道"不是普通意义上的、为人所熟知的规则,而是宇宙存在的"类规则"。之所以是"类规则",因为"道"并不是可以规定下来的,甚至实在可见的规范,而是不断演化、转换、流动的变律,但"道"又代表着宇宙亘古存在的恒常性,老子所说的"道"即这样的宇宙伦理。世间万物,包括人类都在"道"的规律中推衍生命。因此,一切生命体或非生命体都是彼此联系的。与"道"的宇宙伦理直接相关的是"德"。"德"是"道"在人类社会的延伸,是从宇宙之道的角度来理解人与人的相处,人与自己的相处。无论是德性的培养,还是对生活的理解,都构成人类社会往复发展的伦理规律,为人类社会的组成、政治制度的形成与家庭构成等提供参考。"善"、"慈"是与"道"相呼应的人类德性的最高表达,既是作为人之美的精神境界的展现,也是对人类道德伦理可以企及的目标的展望,以及对人类善性道德的殷切期待,这既体现在老子学说的内容中,也体现在其语言的冲淡素朴和灵性悠然之中。

老子的道德伦理在中国文化中占据着独一无二的地位。作为中国伦理思想的重要源泉,老子的学说奠定了中国伦理文化以宇宙为视野、以善性为指引的发展方向,是中国人伦理思维生长的家园,为中国伦理构建了广阔的自由天地。老子的思想也是后代伦理思潮的养料供给地。无论身处何种政治环境,无论对老子的思想持何种态度,后代思想家都以老子的伦理思想为助力,从其话语中摄取养分,从而令自己的伦理思想逐步走向高位。中国伦理思想的发展,一直伴随着对老子思想的阐释、批判、融合等不同接受态度向前推进。直至今日,老子依然是中国伦理之坛的神韵所在。老子的伦理思想还有聚拢社会思想的效力,任何人、社会团体、政治组织等都可以在老子的伦理之维中找到栖身之处,也都可以从老子学说中得到启示。老子的伦理思想深入人心,论证绵密,语言素朴,具有极大的包容性,为汇聚中国大地上的亿万民众做出了重大贡献。尤其值得一提的是,老子的伦理思维为中国文化创建了一个可供回转的空间。中国文化中没有完全封闭的道路,与老子伦理思维的灵活性关联密切。无论对于统治阶层还是被统治阶层而言,老子的道德伦理都起到了开拓思维与开放思潮的作用,保证了思维生命力的延续,其伦理思维在中国大地居功至伟。

本章以老子的《道德经》为研究对象,着重对老子的道德伦理思想进行剖析,从老子思想中最具代表性的思想论说入手,分析其在老子伦理语境中的涵义,并以时代性的思维对其伦理思想进行拓展。在解析老子道德伦理思维的基础上,论述其在中国历史文化语境中的传承、接受与发展,反映老子思想在中国文化中的生命历程与历史价值,以及老子思想对现代中国伦理思想发展的启示。同时,将老子伦理思想与西方伦理思想进行对比,以发掘其相异性与趋同性,为老子伦理思想的西传、中国伦理思想的跨文化发展、中西伦理思想的融合与重构提供历史的依据与阐释。

一、《道德经》的道德伦理思想

老子的《道德经》论"道"说"德",是已知的古代文献中首部将"道"与"德"作为主体来论述的作品。前三十七章为《道经》,后四十四章为《德经》,集中讨论了道与德的涵义、表现方式以及意义等问题。庄子将"道"、"德"并置,"道德"合为一词,这是庄子对老子道德思想的承继。老子为中国的道德律则播下了种子,将中国的道德伦理思想导入规范的体系,其影响深远而广泛。

《道德经》的道德伦理思想主要由两部分构成,前文提及的《道经》、《德经》分别代表了《道德经》的两大主体内容,对"何为道"与"何为德"展开论述。"道"依其开篇之言,"道可道,非常'道';名可名,非常'名'。'无',名天地之始;'有',名万物之母"(第一章)。"道"作为伦理思想之源,并非一般意义上的道,而是居于常道之外,不为常名所囿,其无名之状态才是天地肇始的真实情状。这为伦理思想的发源创设了一个新鲜的环境:一切始于无,当名称被加诸万物之上时,才使万物具有对人来说存在的意义,包括道德、伦理这样的概念在内。"道"说将伦理与天、地相连,拓展了伦理在中国文化中的涵义与范围。与之相对应的"德"则被认为是代表"道"在人类社会的具体呈现(老子,1998:19)。"常德不离"(第二十八章),"上'德'无为而无以为"(第三十八章),对人生之"德"与人类社会之"德"进行广泛探讨,并与更多伦理概念糅合在一起,展现了"德"的多层次与多样化的特点。

老子的道德伦理思想以"道"与"德"为关键词,以"善"与"柔"作为道德伦理的理想情态,"德"的实现又可具体化为三个精神之宝,分别为"慈"、"俭"和"不敢为天下先"。这些伦理概念相互关联,互为启发,是老子道德伦理思想的珍宝。

1. "道"与"德"的伦理思维

"道"的伦理思维主要表现在道的生成、道的性质和道的作用方式上。论及道德生成,道生于无,始于宇宙的开端,"故'道'大"(第二十五章)。道依从自然的规律,不与自然相违抗,故"'道'法自然"(同上)。道大于天,天服从于道运行的规律,于是"天法'道'"(同上)。因此,作为伦理之源的道,从无中来,随自然而行,比天更高,为万物之宗。天下万物,莫不遵从于道,这是伦理思维成形的重要基础。

以道的性质论,道是一种"形而上"与"存在"的复合体,既有形而上的不可把握性,又有切实的存在性。首先,道初见时似乎不具形状,实则缥缈中有物象存在,"'道'之为物,惟恍惟惚。惚兮恍兮,其中有象;恍兮惚兮,其中有物"(第二十一章),在恍惚间,道似可见却又不可见,其中有象,却又倏地飘忽不见,再去观时,却又看到其中有物,因此,道是一种恍惚可见却又不可捉摸的"无物之物"(老子,1998:序言 10)。伦理归属于道,既是一种道德精神,也是人类需要切实遵守的理法,既有可变性,也有规定性,与道的复合性相呼应。其次,由于道存于恍惚之中,若有似无,"视之不见,名曰'夷';听之不闻,名曰'希';搏之不得,名曰'微'"(第十四章),看它看不见,听它听不见,摸它也摸不到,故此"道可道,非常'道'",令人不可言说。其存在充满奥妙,"玄之又玄,众妙之门"(第一章),处在可能存在的宇宙之巅和时域之外,是人类不可参透的秘密,应当为人类所敬畏。据此,伦理从宇宙法则而来,甚至具有"超宇宙"法则的意味,古老而神奇,生命力无限,可为人类所仰视。

关于道的作用方式,道是宇宙万物生成的原因,"'道'生一,一生二,二生三,三生万物"(第四十二章)。陈鼓应先生将"一"释为道的"独一无偶"性,"二"为"阴阳两气","三"为阴阳之气所交合而成的"适匀的状态"(同上),之后万物渐生。如果可将伦理与道的作用方式联系起来,伦理也会成为一种逐步演化、扩展的精神状态,其内容在演化过程中不断细化。

"德"的伦理思维与"道"相呼应,是"道"指向人生和人类社会的表现形式,主要内容包括"上德"、"下德"与"修德"。老子认为,上德与下德是有分别的,"上'德'不德,是以有'德';下'德'不失德,是以无'德'"(第三十八章)。意思是说,具有所谓"上德"的人不会自视有德,这是有德的表现;而具有"下德"的人认为自己只需做到不失德,因此还没有达到真正的德。可见,只有那些具有德性却并不以此为傲的人,才是有"至德"的人。这是因为,"德"是"道"的表现,是一种自然赋予的秉性,既然为自然之子,当上德成为一个人的品性时,便不被拿出来炫耀;而下德则是一种人为、有心的产物(老子,1998:序言19),走向反面时就有可能出现失去德性的作为。因此,下德之人往往认为如果自己能守住德性,不做违心之事,便是有德,殊不知这只是一种具有下德的表现。将人为的下德转化为自然的上德,须遵循老子所提出的"修德"。修德具有多个层次,可修于身、修于家、修于乡,等等。"修之于身,其德乃真;修之于家,其德乃余;修之于乡,其德乃长;修之于邦,其德乃丰;修之于天下,其德乃普"(第五十四章)。做到个人修身,这样的德会很真实;于一家之中贯彻修德,这样的德会充满整个家庭;于一乡之间修德,这样的德可以得到人们的尊重;于一国之内修德,这样的德能起到极大的作用;将修德的范围扩展到整个天下,这样的德才能普遍存在。老子重视每一个层次的修德,并希望真诚的德性撒遍天下,使德性成为天下人共有的秉性。因此,道德从自然而来,从个人传至天下人,成为自然与人类世界贯彻一气的存在之物,可见老子对道德伦理寄予了极高的期望。

2. "善"与"柔"的道德情态

"善"是老子道德理想的情态之一,也是老子道德伦理思想的核心。"善"是为"上善"、"德善"。有学者认为,如果相信造物神的存在,那么"上善"是从造物者方面来说的,而"德善"是从被造物者方面来说的(柯美淮,2013:53)。由此可知,"上善"与"道"相呼应,是道德施行时最初的向善动力;而"德善"则是面对每个人而言,是对人应当如何怀善心、为善行提出的较为具体的做法。因此,"上善若水"(第八章),至善如水,水可利万物,然而却甘居万物之下。这种不言、不自恃为德的道德情怀,最为老子所欣赏与推崇。对于个人,应当"居善地,心善渊,与善仁,言善信,政善治,事善能,动善时"(同上)。居于最适宜的地方,心处宁静而深旷,对人以真诚婉和相待,语言充满善意让人信任,施行政治以利于人民,做善事与能力所辖之事,懂得依据时情的变化来调整自己的言行。老子对生活、为人、处事等各方面都提出了"善"的要求,使"善"成为中国伦理文化中的一个重要术语。

老子道德伦理思想的另一情态是"柔"。"柔"有两层意思,其一是生命之柔,其二是谦逊之柔。生命之柔是一种对自然的敬重,一种与天地保持和谐关系的伦理思想。"故坚强者死之徒,柔弱者生之徒"(第七十六章),"专气致柔,能如婴儿乎"(第十章)。柔是生命伊始的状态,如幼嫩的婴儿一般,代表着勃勃生机,也是伦理思想最本初的状态。谦逊之柔是对个人如何为人处世的提示,"强大处下,柔弱处上"(第七十六章),"柔之胜刚"(第七十八章),老子认为柔弱不自恃强大,懂得退让,却比刚强更有力量,应当得到推广,上至国君,下至臣民,都要怀着柔和之心,这才能驰骋于天下而不招致反对。

3. "德"之"三宝"

老子《道德经》之"德"有三个精神法宝:"慈"、"俭"和"不敢为天下先"。这三个精神法宝更为具体地提出了人应当怎样修养德性,是老子道德伦理思想的精髓。

首先是"慈"。"慈"者勇,胜利属于"慈爱"之人,是老子对"慈"的主要看法。"慈故能勇","夫慈,以战则胜,以守则固。天将救之,以慈卫之"(第六十七章),慈爱能带来勇气,在战争中带着慈爱之心,才能取得最后的胜利,如果上天要护佑谁,会以慈爱来相救。慈爱是一个人有无德性的重要考量,使有德之人无往而不胜。

"俭"即俭朴、节俭,反映一个人的道德行为尤其是生活方式,老子认为俭朴之人才能容纳百川。"俭故能广"(第六十七章),或许这正如水一般,不与人争抢,故能与所有人为善;广结善友,方能使自己为更广阔的天地所接纳。

"不敢为天下先"是老子伦理思想中十分独特的关键词。老子认为,不敢为天下先,才能成为万物之首。"不敢为天下先,故能成器长"(第六十七章),不论一个人代表哪一方的利益,不为天下先,或许是最不惊扰各方利益的方式,这样才能得到各方的认可,这一句也可解释为"不敢居于天下人的前面,所以能成为万物的首长"(老子,1992:154)。不敢为天下先,或代表着一种全局的意识,或表达了一种甘居人后、不以先后论优劣的谦逊之心,与慈、俭共同传递着老子至善的精神理想。

老子的"道"、"德"、"善"、"柔"、"慈"、"俭"和"不敢为天下先"等伦理词汇是其伦理哲学思想最为集中的代表,不论在中国还是西方,古代还是近现代,都以不同于他者的方式影响世人,出现了继承、推广、反对、拥护等复杂多变却又持续保温的传承现象,以玄妙的面貌吸引一代又一代人为其作注。

二、《道德经》之中国伦理

在中国伦理史上,老子的伦理思想扑朔迷离,发展曲折多变,生命力却十分顽强。自其诞生以来,历经一切王朝更迭,几乎从未被给予完全肯定的评价,却又被视作中国伦理学之源头而备受敬重。在中国的伦理图景中,老子的思想正如"水"一般,"处众人之所恶",居于最下,滋养无数,从不间断地为历代王朝统治者、伦理思想家和普通大众所利用或汲取,在变幻多端的思想环境中汩汩流动。也正如水一般,即使频遭曲解、中伤甚至倾覆,也从不以利戟相向,而是以无极限的包容能力广纳万物,使万般伦理思潮不至散漫,始终顺着其伦理河道向前推进。更如水一般,在儒学儒道的强势统辖中,在"居于下"的黯淡环境中,"几於道",因势利导,灵活地与各方思想潮流融合,发展成为连绵不绝的伦理之河,最终汇入世界伦理思想的海洋。

细观老子的伦理思想的发展之河,为数条涓流合并而成。这些支流分别为其伦理思想中的重要概念"善"、"仁"、"修身"、"德"与"法"等所代表,在与后代伦理思想的碰撞中不断演进。

1."善"的伦理演化

"善"是老子伦理思想的核心概念,集中反映了老子的向善、至善的观点。

"善",也是伦理思想家论争的重要园地。关于善的认识变幻多端,起伏剧烈,甚至曾被推入政治的牢笼,其发展与演变在中国传统伦理思想中极具代表性。

早在春秋战国时期,墨子就提出"兼爱"与"非攻",倡导跨越宗族和尊卑等级的互亲互爱,反对以战争形式攻击他族他国,破坏天下和平,这是对老子思想中"善"、"慈"之心不偏不离的继承和推广。子思将"诚明"视为人性中重要的组成部分,在其《礼记·中庸》中指出,"自诚明谓之性……惟天下至诚,为能尽其性",这与老子的"性善论"相呼应,"诚明"与"向善"思想一脉相承。孟子创立"仁政"学说,主张"以不忍人之心,行不忍人之政"(《孟子·公孙丑上》),这是建立在"性善论"基础上的施政之论(沈善洪、王凤贤,2005a:168),是将老子的慈、善之说运用在人君与臣民关系上的表现,反映出"善"逐渐进入统治阶层的视野。至荀子,"性善论"开始发生变化,"性恶"被视为人所共有的天性,"其善者伪也"(《荀子·性恶》),认为善是虚伪的。在此,老子的向善伦理出现了第一次偏转。韩非彻底否定"性善论",认为慈善无用,只能滋生懦弱,世间动乱必须以威吓治之。"慈母有败子,吾以此知威势之可以禁暴,而德厚之不足以止乱也。"(《韩非子·显学》)在韩非那里,善的价值被彻底抹杀,老子的"性善论"跌入了第一个低谷。

秦朝覆灭后,西汉推行休养生息政策。刘安《淮南子》重述老子的"反朴归真",将"真"与"善"进行统一,并认为"凡人之性,莫贵于仁"(《淮南子》),这与"人性本善"是合拍的(沈善洪、王凤贤,2005a:384)。善,作为人性的指向重新回到人们的视野。扬雄认为,人性是善恶混同。王充更认为人性中有善也有恶,且善恶之间可以转化,然而极善极恶却不可改变。这些观点反映出老子的至善传统在发展过程中饱经风霜,此后数百年间,虽然伦理学家们未对"善"做过系统论述,但是,隋朝、唐朝、宋朝、元朝和明朝的"纲常说"都将人性之善禁锢在封建道德规范的深渊之中。

明清时期,李贽肯定"私"在人性中的位置,是对"性善论"的重新思考,虽然只是强调"私"的存在,却是对宋明理学的"灭人欲"倾向即违反善性倾向的有力反驳,也是老子"善"的道德思想的浅表回温。近代时期,龚自珍更强调"怀私"与"人情"的关系,认为"怀私者,古人之情也"(《送广西巡抚梁公序三》)。情既是一种天性,也是人的道德情感。在此,"私"既是人之天性,也是道德情感中天然的组成部分,与老子的"善"有着人性自然的默契。翻译家严复受到近代西方科学的影响,赞同"性无善无恶"论(沈善洪、王凤贤,2005c:385),对"善"进行全新的反思，这是老子思想与国土之外的思潮所接触时诞生的思想成果。严复的这一观点，将老子的道德思想推上了中西论争的舞台。融入了西方思想后，关于"善"的讨论层次更为丰富，影响力度也更大。至今，"善"依然是道德伦理讨论中的重要议题。

2. "仁"的伦理异变

"仁"是一个颇具传奇色彩的伦理概念，在老子《道德经》里是裹挟在关于道德的思辨中出现的。"大道废，有仁义"（第十八章），仁因道而生，是道失衡的间接产物。然而，在历史发展中，"仁"却逐渐演化为道德伦理的核心概念，成为统辖整个国家的框架体系，其势力甚至盖过道德，成为道德体系中的最高统领。

孔子谈"仁"从人自身的修养开始，"为仁由己"（《论语·颜渊》），强调个人在道德修养方面的能动性和主动性（沈善洪、王凤贤，2005a：125），从这个意义上看，孔子与老子的思想一脉相承。墨子在"兼爱"说的伦理范畴中提出"兼即仁矣义矣"（《墨子·兼爱下》），使"仁"成为"兼爱"的内容，这是对老子的认同，也是对老子思想的回应。子思认为"仁"为"天下之达道"，孟子提出建立"四德"的道德体系，将"仁"作为"四德"之一，其余"三德"为义、礼、智。此四德在老子学说中从属于道德，与道德有上、下之分，但到孟子时已与道德拉平。不过，"达道"与"达德"的提法说明子思与孟子依然循着老子的思路，"道"为道德理念，"德"为社会人的道德内容。韩非认为"仁"不再适用于今世，"仁义用于古，不用于今也"（《韩非子·五蠹》），老子所述的"仁"曾被视为道德的代言词，却被韩非扫入"古今论"的废墟之中。

西汉时期，董仲舒设立"三纲"、"五常"，"五常"从属于"三纲"，仁、义、礼、智、信即为"五常"的准则。这"五常"原是个人行为准则，现却从属于"三纲"（沈善洪、王凤贤，2005a：309）。董仲舒的做法，与老子的道德理论相去甚远。同时期的贾谊更将"仁"作为君对民的关系来看待。从老子将"仁"视作道德弱化后的产物，至孔孟将之作为个人修身或处理人与人关系的原则，再到西汉时期，"仁"翻身成了君对民、上对下的态度与关系，老子的"仁"已然发生了极大的偏移。

魏晋时期，王弼以"有为"的非永恒性来论"仁"，认为"有为"的东西必然会转化到自己的对立面（沈善洪、王凤贤，2005b：26），嵇康更是对被视作"仁义化身"的周公、孔子表示反对，这是对儒学的"仁"的理论思想与现实作为的双重批驳，承继了老子关于"仁"与道德的辩证关系的探究精神。

隋唐时期,韩愈为恢复儒家"仁"的正统地位,以儒家的理论来排斥老子(同上:211),制造了一个"先王之道"道统下的民顺爱公、安守本分的传统封建社会的幻象。以此为思想中轴,韩愈认为"仁与义为定名,道与德为虚位"(《原道》),指出老子不论"仁"而言道德是不实的,遂使道德逆转为仁义的下属词,这完全曲解了老子的初衷,使老子的道德观发生了破坏性的扭曲,"仁"成为封建社会"三纲五常论"的思想统领。

直至明代中叶至清代前期,才出现对"三纲"之"君臣之纲"的质疑,而关于"仁"的讨论,则成了开放性的议题,在西方思潮进入中国之后,"仁"的归属与定位牵动着更多伦理思想家对其进行广泛探讨。

3. "修身"的伦理推演

"修身"在老子学说中与"德"和"真"相关联,修身面对的是个人的德性之真。其后,修身逐渐与君子修为、政治修养等内容相连,其"德真"的身影渐行渐远,至清代出现修身与民族性的新议题,修身的范畴持续扩展,成了人与世界进行沟通的伦理桥梁。

孔子首论修身与为政的关系,将"修己"视为统治者的仁德修养(沈善洪、王凤贤,2005a:120),这是老子修身论的首度延伸。《中庸》提出治国始于修身,"君子不可以不修身,思修身不可以不事亲,思事亲不可以不知人,思知人不可以不知天"(《中庸》),这样的"不可以"规定了修身的起点的重要性,也说明了修身则必须担负更大的责任。而老子的"修之于身,其德乃真;修之于家,其德乃余;修之于乡,其德乃长;修之于邦,其德乃丰;修之于天下,其德乃普"(第五十四章),并无意强调修身必须对社会负责,而只围绕修身与德性真诚的关系来展开,这是老子与孔孟在修身说上的相异之处。《吕氏春秋》探讨音乐与道德的关系,认为音乐对个人有着潜移默化的影响,而对于社会则有移风易俗的作用(沈善洪、王凤贤,2005a:289)。这为老子的修身观念导入了新的内容,修身与政治的关联也因为音乐的摄入变得更有趣味性。《礼记》指出音乐与"志"的关系,主要关注音乐与道德情感的培养。

北宋时期,程颢、程颐将修身与认识论相结合,上以"天"为统摄,下至"人"为行为主体,围绕着"仁"建立理学体系,"修身"遂被纳入宋朝认识论的思想体系,老子的"修身"成为认识论必不可少的部分。

明清之际,顾炎武提出"天下兴亡,匹夫有责",将修身与捍卫民族和民族文化联系起来,明清思想家还提出"知耻"为修身的重要范畴之一(沈善洪、王凤贤,2005c:21)。至此,修身不再仅限于齐家、治国、平天下等个人抱负,而是扩展到民族、民族文化、民族传统等范畴,这是满族入主中原、满汉民族碰撞合并的思想产物,道家的道德伦理再次被赋予了更多课题。近代魏源目睹西方资本主义国家对中国的凌辱,重新审视修身的问题,认为"自雄"即自我强大,而谦虚之人"无一物不可容"(同上:261),对个人与民族、谦逊与强大之间的深层关联进行分析。以柯美淮先生考《道德经》帛书甲本与楚简的发现为证,老子的"虚静"中"虚,大丘也"意为充实高大,"静,审也"意为覆包绝止(柯美淮,2013:108),虚静是指内心的充实与包容,因此,魏源"谦逊以修身"的思想与老子的思想遥相呼应。

直至现代,修身与社会、民族和国家的繁荣昌盛依然有着紧密联系,尽管强加在修身上的制度化因素减少,但修身仍然作为伦理文化中的重要内容被广泛接纳,老子的"修身"可传德于天下的伦理观点一直贯穿于中国伦理文化的发展之流,对后人有着深刻影响。

4. "德""法"的伦理关联

"德"与"法"在中国伦理思想中常相伴而行,但一开始在老子《道德经》里出现时却并非如此。"德"是老子伦理思想的中心概念,而"法"与贼患频发的状况同生。"法令滋彰,盗贼多有"(第五十七章),法与德性的失落有着深层联系。

春秋时期,孔子谈到德治时着意于敦促统治阶级以道德修养与教化来巩固统治。所谓"为政以德",但仍未将"法"与"德"相提并论。孟子提出"以德行仁者王"(《孟子·公孙丑上》),强调统治阶层的德治为做天下王的基础,此时仍未提到"法"的作用。至荀子,礼义被奉为"道德之极"(《荀子·劝学》),"德"可体现在礼节的隆重上,而"法"也被掺入了"礼"的成分。"德"与"法"通过"重礼"关联在一起,老子的"德"、"法"思想首度发生变形。韩非贬"仁义"为古词,视人与人之间的关系为利害关系(沈善洪、王凤贤,2005a:261),认为"威视可以禁暴"(《韩非子·显学》),"法"带着"治乱止暴"的强力登上高位,"德"与"法"再度失衡,"德性"之说隐没。《吕氏春秋》重新考虑孔孟之德与法家之法之间的关系,认为两者应当相互补充,德、法关系趋向调和。

西汉时期,董仲舒不再直接论及德、法的关系,不过,其"三纲"、"五常"、"人道"即"天道"的提法,却是在将人的德性收入统治的纲常之内,以统治阶级的法治来进行管束,德、法依然以"法大于德"的形式存在。陆贾、贾谊对德治和法治进行反思,对于法的绝对化思想予以批判,并认为德、法要随政治形势的变化交替使用(沈善洪、王凤贤,2005a:320),似乎老子的阴阳调和为自然变化之本的思想起到了调和作用,德、法的关系开始显现出灵活性。魏晋时期玄学名士主要针对"礼"进行批驳,对德、法未做太多评论,不过阮籍对当时的"礼法之士"进行了辛辣的讽刺和揭露。

隋唐时期,韩愈为反对魏晋玄学,将"道"与"德"贬为虚位,重建封建纲常,也就是重建封建法治体系,再次将德覆于法治之下,宋元明时期理学兴盛,关于德的讨论进入本体论范畴,但德、法关系并未发生实质变化。

明代中叶至清代前期,"三纲"开始受到质疑甚至反对,法治伴随封建纲常的动摇引起舆论的关注。近代西方民主法理思想的传入,对进步思想家们产生影响,梁启超将"德"分为"公德"与"私德",并将私德视为公德的基础,公德作为私德的累积和发展(沈善洪、王凤贤,2005c:410),对德的理解趋向具体化与层次化,与西方法学思想相握,老子的德、法论尤其是法的性质发生了极大改变,德与法渐渐被归入不同的思想体系,在传统与现代思维的相互渗透中继续向前发展。

5. 老子伦理的现代思维

在现代伦理思想的探讨中,关于老子思想的"善"、"仁",以及"道"、"无"、"无为"等更多伦理概念的讨论已进入哲学层面,并作为具有中国特色的形而上学建构的重要部分受到关注。老子伦理思想的资源得以广泛运用,伦理思想论坛中涌现出众多结合老子伦理思想来讨论现代伦理的学术成果,如探讨老子与生态伦理、老子与母性伦理、老子与世俗伦理、老子与教育伦理、老子与军事伦理、老子与消费伦理、老子与体育竞技伦理,等等。

在生态伦理视域中,耿加进、黄承贵认为,在老子思想中,公平无私的天道是世俗社会与宇宙万物最完美的价值参照,因此,人与自然之间本就是一种平等的关系,不应该有破坏、侵犯行为;人类理想的生存状态是自然与必然、合乎人类目的与合乎客观规律的统一(耿加进、黄承贵,2003:62—63)。张长虹认为,老子的思想可提醒现代人树立正确的自然观与发展观,对现代人干预、破坏自然规律的行为提出了警示,并给予现代人提高修养、谋求长远发展的启示(张长虹,2004:53—54)。

在母性伦理的探讨中,刘玮玮提出,老子对于女性品质尤其是母亲品格推崇备至,认为老子将母亲品格升华为人生法则并恪守它。此外,老子之所以重新发挥母性品格的伟大作用,也是因为父权文化所推崇的控制、侵略等男性品质和处事方式带有一定缺陷,使得人类充满纷争和冲突(刘玮玮,2006:64—65)。关于老子与世俗伦理的讨论,孙功进对老子的思想进行了反思,认为"道"的产生,正是由于世俗价值的出现导致了一种更本真的生存状态的失落,道所昭示的是一种带有超越意味的"应当而为",是一种完满的境界,人需要保持道德价值的绝对性和相对性之间的适度张力,才能保证人类的价值原则的和谐共存(孙功进,2004:60)。

谈到老子与教育伦理,崔景明认为老子的"无为而治"体现了一种科学的教育方法,教育应当提倡"无意识教育",追求的是润物细无声的境界,启示教育者将教育的目标与内容融入日常生活,使其沉淀为深层次的心理基础(崔景明,2011:58—59)。在老子与军事伦理方面,占涛、褚明伟认为"和平"是老子的衷心向往,"倡和反战"的战争伦理观是老子在战争伦理问题上的基本观点。老子主张"不以兵强天下",反对轻率用兵,以及穷兵黩武的"无道"的侵略战争,并提出了一套适用于弱小军队进行自卫战争的战略战术,以及对将帅武德的修养提出了不争、不武、不怒、不骄等基本要求(占涛、褚明伟,2004:148—151)。

在军事伦理思想层面,刘庭华将其军事伦理思想进一步拓展,认为老子的"不以兵强天下"的思想与建立和谐世界相一致,其"谦下"的思想无论对大国还是小国,都有着重大的历史和现实意义(刘庭华,2009:44—53)。老子还对现代消费伦理有着深远的影响。郭金鸿认为,依据老子的节俭观树立的消费伦理标尺,应当用来衡量是否有利于生命质量的提高,是否有利于人真正的存在与发展。老子注重在自身内部寻找消费行为的理由,强调人的自我独特性,对我国建构具有民族精神的消费伦理具有重要的理论与现实意义(郭金鸿,2005:34—36)。有关老子与体育竞技伦理,王晓倩、孙继龙指出,老子的思想呼唤公平正义、人道主义、奉献精神,引领我国竞技体育走上"公正、公平"的道路,启发人们发掘体育的人道价值。因此,老子的伦理思想有助于体育的人道化回归,应把体育作为一种人性的行为来实现(王晓倩、孙继龙,2014:193—194)。

老子伦理哲学思想在中国文化中生生不息，为中国伦理思维系统的生成开创了广阔空间，其丰富的伦理资源为中国社会的发展提供了多方面的启示。在进入西方伦理世界时，老子的伦理思想又将被如何解读，释放出怎样的伦理信息，诞生怎样的伦理之实呢？在下一节，我们将把眼光投向域外，从中西伦理之异同开始，探讨《道德经》之伦理思想在异域语境下的阐释和接受。

三、《道德经》的中西伦理问辩

将老子的道德伦理思想与西方伦理思想进行比较时，会发现两者呈现出颇具玩味的异同点：在很多问题上看似相同，其实暗含着深层次的相异；而在两者看似十分迥异的地方，却或许隐藏着重要的关联，二者之间的连接呈现"不对称的呼应"。其异同之处，对于理解老子的伦理思想及其与西方道德伦理观的联系，对于传播老子的伦理精神都具有十分积极的意义。

1.《道德经》与西方伦理之异

老子伦理思想与西方伦理思想的不同之处主要存在于三个方面："善"与"恶"的关系，追求"善"的方式，以及"善"的存在形式。

(1)"善"、"恶"之交

对"善"与"恶"的讨论，老子的观点与西方伦理思想有着一定的交汇，但也不乏自身的特点。"善"与"恶"在老子伦理思想中是一对相互关联的概念，"天下皆知美之为美，斯恶已；皆知善之为善，斯不善已。有无相生，难易相成，长短相形，高下相盈，音声相和，前后相随"（第二章）。可见，美、善、恶之间是相互转化，互为原因的。

在西方，一般认为苏格拉底倾向于实现善、恶之间不同要素的和谐共处，并支持人们根据"自利"的标准来证明德性相比于恶行的优越性（西季威克，熊敏，2008：34）。苏格拉底的观点是在尊重善、恶的复杂性的基础上对个人追求善的一种支持，很大程度上激发了个人对善的探求的主动性。虽然从反面而言也造成了个人对恶的探索，因为这番探索的标准是"自利"的。而老子并不着意于从善、恶的比较层面上来讨论和谐，而是以辩证方式讲述善与恶的必然存在与相互转化。应该说，老子的这种做法更多是在于规劝人们信善，告诉人们性善的美好与玄妙，让人憧憬向善之途，企望人们不要走上追寻恶之源的道路。若说苏格拉底支持的是"探险式"的性善之旅,老子开创的则是"民谣般"的性善描绘,两者都具有神奇色彩与让人神往的特质。相较而论,前者在个人奋斗与冒险激情上胜出,后者则在想象中拓展,于意象中游荡,两者都指向未知与无知的世界。前者似乎下一秒即可触到,后者则在畅游中体会无比接近的美好。

柏拉图认为,哲人与最高的德性和善的知识更为靠近,相较于哲人,普通人对善与恶的正确认识"部分"源自其为人的本性和"神的安排"(同上:43)。在柏拉图那里,哲人和普通人对善、恶的认识是不一样的,且普通人的认识与其作为的"本性"、"神性"部分相关。也就是说,普通人理解的善、恶是受到一定限制的,这是关于把握善、恶的主体性的讨论。老子未曾提出理解善、恶的人群有所不一,而是关注面向所有人的善、恶,他更强调善与恶之间的辩证关系,且认为两者是此消彼长的。

基督教作为西方道德伦理体系的重要组成部分,在善、恶问题上有具体的规定,如谴责并遏制弃婴行为,憎恶充斥着武力争斗的野蛮主义,鼓励人们解放奴隶,为病弱和贫困者提供广泛的慈善救助(同上:113),对婴儿、奴隶、病困者的关注,对武力争斗的憎恶,充分体现了基督教义中扬善弃恶的精神。老子学说以柔嫩无比的婴儿比喻人最完善的状态,认为用武力与战争解决争端的做法是"恶"行,并对行善做出肯定,这都与基督教的伦理主张十分贴近。

19世纪,梭罗(Henry David Thoreau)提出,人生是不断以善的德性战胜恶的过程,追求善是一项有价值的事业(唐凯麟,2009:195)。梭罗以胜利的肯定来迎接善对恶的斗争,这与老子有所不同。老子将善、恶视为一种自然的存在和转化,不过,在老子的意识里,两者之中善为上,这是与梭罗的观点相呼应的。

可见,老子的"善恶论"与西方伦理思想既有关联甚至交叉的地方,也有着自身的特点,两者呈现出互补且相呼应的关系。

(2)怎样追求"善"

老子与西方的道德伦理,在追求善的方式上,也有着不同看法。苏格拉底认为,应当对知识进行热切的探究,这知识包括"终极善"和"本质善"的知识,以及实现这两种善所凭借的手段与知识(西季威克,熊敏,2008:34)。根据苏格拉底的观点,追求善需要具备相当的知识,而人应当获取更多知识,对善的追寻与对知识的获取是紧密相关的,且在追寻过程中人需要有十分坚忍的意志。老子对"知"的看法则不一样,老子认为"知常曰明",认识自然规律可以让人明晰。虽然老子并未将善与知识直接关联,但对于人的认识，老子同样支持知识的重要性，不过不像苏格拉底那般认为需要对善的知识进行无穷尽的探究，老子说"知止不殆"，懂得适可而止才不会遇到危险。苏格拉底所说的善的知识，是为寻求不知源于何处的善所要遵循的必然途径，而老子所述的对知识的掌握，则是在世为人的一种自然而然的存在方式，并非手段或途径。在老子看来，掌握知识并非接近善的必要之途，而且对知识的求索不是规定性的，而是适可而为的，随心随性的，因此，对善的追求应当是轻松惬意、充满乐趣的。柏拉图认为，有一种至高的科学和智慧，其最终目标是绝对的善，其中包含所有具体善的知识及实践德性。（同上：50）

柏拉图将善的知识与德性作为追求善这个绝对理念的必要准备，与老子的思想判然有别。老子所认为的善是至高的，知识与德性并不占据同样的道德地位，知识并非追求善的必要手段，德才是人类社会道德要求的最高理念。苏格拉底、柏拉图对追寻善的形式即知识的看法，深刻地影响了后代的伦理思想家，比如，阿奎纳（Thomas Aquinas）就将"德性"分为"思辨德性"、"实践德性"与"道德德性"，认为其中的思辨德性包含理智与智慧，理智由科学和知识组成，从属于智慧，智慧与德性紧密相连。

斯宾诺莎（Benedict De Spinoza）认为人的知识与德性是平行发展的，并将知识分为三个层次，位于最高层的是直观知识，掌握直观知识意味着获得对事物本质的正确知识（唐凯麟，2009：133—134），掌握这样的正确知识才可能体会到宇宙间复杂的关联与对自然的爱。西方伦理学奠基人摩尔（George Edward Moore）更指出道德知识优于道德的实践，对道德知识的追求是伦理学的根本目的所在。

由此可见，在西方伦理传统中，对知识的探求是与德性的培养紧密相关的，追求知识、获取知识是通向善的唯一途径，在个人德性的培养上，知识更是站在了最高位，德性的高低与知识的升华直接相关。而在老子的伦理思想中，对善的追求虽然与知识有关，但并没有和西方一样将知识放在重中之重的位置，善与知识并非互为目标与手段的关系，并且对知识的求索应当是有度的。

（3）"善"如何存在

从对比老子与西方的伦理思想中人们发现，两者对于善恶关系的认同不完全一致，所支持的追求善的方式不同，而其中更深层次的相异之处则是对善的存在方式的理解不同。

古希腊时期,毕达哥拉斯认为和谐就是善,和谐处在自然万物之中(唐凯麟,2009:15);苏格拉底关注终极善与本质善,也就是认为善有其本质性,即"可追索性";柏拉图支持善是存在与知识的终极基础(同上:39);亚里士多德认为纯粹抽象的思维活动才是宇宙的实质善。可见,终极、实质的善是西方伦理传统最为关注的课题,而肯定善的终极与实质性,即肯定善是一种可以最终达到的、遥远却恒定的存在。在老子的伦理思想中,善却并非如此。老子的善是人类生存的最美好的状态,是为人所企求的,但正因为善的至美,人只能无限地接近善,但要全面地把握善却不可能,也不应该;其次,尽管善是永恒的,但也是非物性的,因此不可能为任何人所把持。老子将善推至无极,让其与道一般,在人的精神境界中玄之又玄,却又充满了人性的境界美,令人神往;老子也将善放到极低的位置,如水一般,不言不语,只"卑微"地存在着,让人放低自己去接近这种近乎不可能的谦逊状态,善在老子思想中不是一种存在,而是一种信念中的"若在"。

进入中世纪,基督教的教义让上帝成为善的化身,让善的实质性在神的世界中找到对应物,进一步加固了善的定在性。然而,将善的实质存在推向极致,必然导致另一种声音的出现。康德(Immanuel Kant)认为,与其他事物不同,善良意志本身就是善的,它的善不依赖任何外在的条件(唐凯麟,2009:146)。黑格尔(Georg Wilhelm Friedrich Hegel)发展康德的伦理观,认为善作为道德发展的最高阶段,是意志自由在主观世界中的实现。(同上:172)康德、黑格尔从意志出发谈论道德,认为善是意志在主观世界中的实现,而老子并不强调善在人类社会中如何实现,而是视德为人类社会的道德情操,其最"善"的状态是与道趋向一致,两者之间并没有谁决定谁的前后之分,因此两者都不是确定的。

在 20 世纪,福柯(Michel Foucault)带来了与传统西方伦理不同的思维。福柯认为,道德真理只能是一种相对真理,当人类将道德生活建立在普遍真理上时,必然转而提倡一种相对主义的道德模式(唐凯麟,2009:272—273)。这令人想起尼采推翻上帝的呼喊,其极富辩证气息的话语与老子的伦理惊人地相似,善的定在性被取消,成为漂浮于伦理空间的相对物。西方伦理思想将去往何方,与老子的伦理精神会有怎样的对话,这都是让人无比期待的未来伦理之景。

2.《道德经》与西方伦理之同

在比较西方伦理与老子伦理相异的地方时,其部分相似点已经显露出来,即两者都具有趋善性,此外,两者之间还为更多的相似之处所关联,如善与幸福的关系,以及对具体的伦理形式的关心,如自然伦理、经济伦理等。

老子的道德伦理观与西方的伦理思想都具有趋善性,这既是伦理思想诞生的动力,也是中西伦理学最为关心的问题。苏格拉底认为,应当对善进行热切的追求。柏拉图认为,科学与智慧的终极目标是善。亚里士多德提出,伦理研究的首要主题,即包含在"对人而言何为终极善的或可欲求的"这一概念下的全部内容(西季威克,熊敏,2008:11)。可见,对善的追求自善论出现即成为西方伦理学的最高命题。老子的伦理思想同样具有极强的趋善性,可以说老子的学说是建立在"善"之上的学说,其追求的目标是"上善"、"德善",呼应了苏格拉底的"至善理念",以及释迦牟尼的"慈悲为本"(柯美淮,2013:54)。阿奎纳受到基督教的影响,认为"至善"在客观上是上帝,得到上帝的庇佑是追求善的最终目标。康德、黑格尔主张善源自意志自由,是整个世界的最终目的。梭罗将善视为人不断追求的目标与人类的有价值的事业,布拉德雷(Francis Herbert Bradley)强调道德本身即是人生的目的,延续苏格拉底对善的追求的传统,詹姆士(William James)从人的需要的角度考虑善是人的需要的满足,人总是在充实自己的需求,也就是在从事实现善的工作。可见,对善的追求,无论是源于精神层面,还是源自物质的需要,都是西方伦理思想不变的主题。老子的伦理思想也是在寻求着人类的至善,这是连接中、西伦理学思想的美妙的纽带。

善与幸福的关系是从人的趋善性推演出来的一个主题,西方伦理思想家对此非常关心。在老子的学说中,对两者的探究也有着明确的表述。苏格拉底所认为的找寻善的过程是热切而充满希望的,表达了善与幸福在情感上的关联。亚里士多德认为,行善是构成普通人善的生活的要素,而行善的概念又受到人们对道德优长所持的不同观念的影响(西季威克,熊敏,2008:59)。斯多葛学派认为拥有智慧所带来的即是生活的福祉,这是人的追求的快乐所在。伊壁鸠鲁深谙幸福的真谛,认为幸福与永恒之物,"既无所事事,也不麻烦别人;所以不知愤怒为何物,也不怀感激之情"(同上:77)。斯宾诺莎将幸福与德性视作同一,幸福即德性。老子在论述善的过程中,透露出对于世事的满足感与幸福感,其伦理思想中的善是一个无限延伸的所在,德则是个人道德情操的最高指向。他提倡一种身体力行、精神上不断接近道与德的美好的人生状态,一种类似于杜威的"增长"却又并非显性、有层级感的演进,而是隐性的、恬然的、充满阅历的经验式的

"回望",还有朝向宇宙深处的带着好奇之心的探望。

在具体的伦理问题上,西方伦理思想也与老子达成了某些"共识",如在经济伦理、生态伦理等问题上。对这些议题表现出关心的最深层原因,或可追溯至古希腊先哲对善的追求等一系列本源性问题的探讨。不过,现代伦理思想家站在距离这些具体问题最近的地方,直接表达了他们的心声。在经济伦理问题上,亚当·斯密(Adam Smith)曾提出节俭与道德意义的关联,"奢侈都是公众的敌人,节俭都是社会的恩人"(斯密,郭大力,1972:313),分析节俭有利于社会生产规模的扩大与社会财富的增加,并与人类的道德情操趋于一致。印度经济学家森(Amartya Sen)提出,当经济学和伦理学之间的隔阂不断加深时,将给经济学带来严重损失,并影响到伦理学的持续研究与发展(唐凯麟,2009:382)。斯密、森的思想与老子思想不谋而合。老子认为,俭是德的三宝之一,"俭可广",促发人们对节俭与社会、德性的关系的思考。此外,其"信言不美、美言不信"的思想对经济学与伦理学的关系有着深层的启发。在生态伦理问题上,罗尔斯顿(Holmes Rolston)提出,真正的生态伦理驱使人们尊重自然界,发自内心地去热爱自然,并对自然承担应有的责任和义务(唐凯麟,2009:371),这与老子伦理学说十分相似。老子认为,人与自然是不分离的,人的道德伦理与自然界的伦理一致。如果说自然界的伦理就是一种生态伦理的话,人类的伦理与生态伦理是统一的。因此,人对道、德的尊重和爱应当也包括对自然的感情和生态伦理的尊重。

3.《道德经》伦理思想在西方的论争

在传入西方之后,《道德经》引发了西方世界对其道德伦理思想的热议。伦理思想家围绕《道德经》的伦理性质、意义进行了激烈的探讨,对其提出诸多不同见解,更对《道德经》的伦理思想之于现实的指导意义表现出极大的关心与期待。

在西方思想界看来,老子的《道德经》的伦理思想十分丰富。其一,《道德经》的伦理主张具有"无间性"。哲学家诺斯洛普(F. S. C. Northrop)认为老子的思想使人们充满同情与慈悲之心,这种感情是面向其他所有人的(Northrop,1946:332)。这种无私的观念,超越了个人与他人的界限,千百年以来,将中国国土上的亿万人民紧紧相连。其二,反映了价值观的多元化。葛瑞汉(A. C. Graham)表示,老子的思想使事物挣脱了命名的辖制,使人们思想的独特性与互通性得以表现(Graham,1989:235)。王大卫(David Wong)认为,正是让道德与极端制度相分离的做法使所有人拥有了平等的价值(Clarke,2000:93),让每个人的价值都得到尊重。霍尔(D. L. Hall)表示老子的学说让人们看到更多的可能性,扩展了人们进行创发性思考的空间(Hall,1983:62)。其三,表达了对生活的美好向往。吉拉尔多(N. J. Girardot)指出,老子学说指向一种存在于遥远过去的完美与和谐,如同人间之外的天堂,但却是人类依然追求和向往的境界,也是开启新生活旋律的序曲(Girardot,1983:68)。秦家懿(J. Ching)提出,老子思想帮助人们重新拾回那些失落的价值与生活方式,引领人们回到自然浪漫主义(Ching,1993:89—90)。最后,老子的伦理观具有"女性"倾向。老子认为母性的慈与柔是世间最有力量的质素,胜过刚强与好战的"类男性"气质。

　　西方社会对老子的伦理思想的讨论也存在着不同的发声。首先,认为老子思想无实用性,这代表了很大一部分观点。西方思想家质疑老子学说是否存在具体的道德内容,或是否可提供具体的指导(Clarke,2000:100),有人认为老子思想不能为自由意志和决定论的对峙带来解决的方式(同上:99)。其次,思想界反映老子的思想带有虚无性,表露出逃离现实社会的主观愿望,然而却十分不实际,即使对老子十分推崇的尼采也曾提出警示之言,表示老子的"道"可能引向虚无。在无实用性与虚无性的批评之外,还有人认为老子学说对自我过分关注。老子思想被比作"治疗式的个人主义",被指对个人健康过分关注(同上:102)。也有人担心,老子学说的自发性特点与其修身的主张会不会导致利己主义的抬头。对老子思想疑虑最深的,莫过于认为老子过分支持个人行为的自发性,可能带来评判标准的混乱,导致善恶不分的状况出现(Creel,1954:112)。还有人提出,老子劝说人们放弃对道德做出判断,让人们失去了做出道德选择的机会。在质疑个人道德标准缺失的顾虑下,有人怀疑老子的思想具有"无政府主义"倾向(同上),将人们引向无序的社会,造成社会的动荡。

　　老子伦理思想所引发的争论或许正是老子思想的开放性所保证的,而在西方思想界,老子的伦理思想开辟了多样化的思想之途,为中西伦理思想的发展与融合做出了贡献。

　　西方伦理界认为老子思想为自我完善提供了宝贵的思想之源。老子学说注重个人的修身与自我的养成,如同对个人技艺的发展,老子对平等思想、自发表达、与世界保持和谐等意识的培养非常重视(Clarke,2000:94)。安乐哲(Roger

Ames)认为尼采的"自我超越"与老子的"道"十分接近,都以非常有创造性的语言表达了自我转变与提升的意义(同上:95)。此外,老子对个人性格的构成与自我完善的关心,与西方对道德伦理关注人的自我发展,鼓励个人成为希望中的自己的思想主张不谋而合,如麦金泰尔(Alasdair MacIntyre)认为须将人的内在认知与人外在的社会角色和品德关联在一起(Clarke,2000:96),使个人得到更好的发展,同时促进社会的和谐,这便与老子的观点十分吻合。克拉克(J. J. Clarke)指出,道家思想鼓励人类道德的多元化,注重个人性情的陶冶,具有人本主义倾向(同上:96—97)。克拉克还认为,女性主义哲学家(Gilligan,1982)提倡的对自己与他人的责任、关心、和谐意识以及道德的进步,与人格发展和情感成熟有关,代表了更有先见性的意识,带领人类从遵循抽象或普遍价值的世界里走出来,这与道家思想是不谋而合的(同上:96)。

西方思想界还肯定了老子思想所提倡的身心平衡的道德培养的主张。西方世界受到尼采、庞蒂的思想的影响,逐渐从认识论、现象学、伦理学等角度关注人的身体,如身体在发展过程中的变化、性、情感等对人的行为的影响。因此,老子思想中"身心合一"的主张,让生命更为健康,身心发展更为平衡,与现代西方伦理研究转向积极心理与内心发展极为吻合(Clarke,2000:98)。在此基础上,受到基督教道德文化影响的西方伦理也从带有男性倾向的、规定性的发展道路上走出,转而寻求一种超越伦理帝国主义的现代思维(同上:99)。其次,西方思想家认为老子让人生超越纷扰忙碌,让主动、奋斗式的自我需求成为过去,其道德思想的内核是放空或虚空的。这样的转变让人内心更为充实与强大,而不再为所谓的荣耀、权势、财富所填满,这与海德格尔(Martin Heidegger)的"释放"是一致的(Saso,1990:117)。

尽管西方对老子学说的无政府倾向存在顾虑,担心影响西方政治伦理的整体走向,但对于其政治伦理的积极主张依然十分认可。与西方启蒙思想的政治传统不同的是,老子的政治思想中包含了对和谐政治的期望,希望无论当权者或者非当权者,都将政权视为一种具有榜样力量的存在,而非仅仅作为权力的象征,或仅仅对民众实施操纵。因此,西方伦理思想家认为老子推崇权威的多样性,更新了对权威的认识,不再视权威为掌握权力的团体(Clarke 1983:83),还有人认为老子的思想包含着一套积极的政治观(Feldt,2010:323—337)。

此外,老子对战争伦理的反思也带来了正面影响。老子的军事思想是建立在认识到武力不可避免的基础上的,并非认为应当动用武力去满足需要,因为暴力的使用只会滋生更多的暴力。因此,老子思想中有关将破坏性降至最低、最大限度地发展防御性设备的主张都为现代战争伦理带来了启示。此外,西方思想家发现,老子对"非攻"的支持并非出于懦弱或谦卑,而是认为暴力源自软弱,"阴"之被动比"阳"之主动具有更持久的效力(Cooper,1990:40),因此,应当鼓励以非暴力手段来促进世界和平,使防御性姿态成为战争伦理的主流。

老子思想还在自然伦理、宇宙伦理等方面给西方伦理思想以启发。许建良指出,在传统意识中,道家思想常被视为道德的虚无主义甚至反道德主义,而实际上老子对道德所采取的是一种积极的态度,是以一种涵容万物的情怀为基础的。道家希望以道来创造万物生存的最好环境,同时让人类对世间万物负起责任。道家的宇宙情怀以自然为道,以无为作为具体手段,将宇宙价值传递给万物,对全社会做出贡献(Xu,2009:524—536)。裴熙顺(Heesoon Bai)主张将环境问题作为伦理问题来研究,将异化的人类文化转变为治愈式文化,找回人最初的人性(Bai,2012:311)。这一主张,跨越了自然伦理、社会伦理和社会文化的界限,为中西方的伦理研究提供了新的思路。

从对老子思想的阐释开始,西方伦理思想界表达了对老子道德伦理的不同认识,从不理解走向理解,也对老子的伦理思想表现出了极大的认同感,并获得全新的启发,西方伦理界与老子思想的融合将会在更深、更广的层次上继续向前推进。

四、中西道德伦理之合

自玄奘将老子的《道德经》西传,老子的伦理思想已经在西方语境中游历千年,与西方伦理思想建立了多重联系,这为发掘西方的伦理思想之源与构建中西伦理思想之境创造了多种可能。

作为中国道德伦理思想的源头,老子的伦理思想与古希腊哲圣苏格拉底在伦理学的根本性问题上达成了共识,即两者都具有明确的趋善性。老子分析何为善以及善有怎样的表现,这使善成为人类道德的最高境;苏格拉底讨论对善的追求,人类应当如何到达善以及表达对善的向往。中西双方的伦理思想都是从"求善"开始进入对话的。在善与幸福的关系以及经济伦理和生态伦理等具体伦理问题上，老子的思想与西方的伦理都十分相似，为中西伦理思想的汇合奠定了良好的基础。

在现代伦理讨论中，老子与西方的伦理思想显现出更多默契之处。虽然老子的伦理思想进入西方语境时遇到不被理解甚至被曲解的情况，并在西方伦理思境中催生出丰富的"伦理变奏曲"，但在更多思想层面上，两者的碰撞带来对老子和对西方伦理思想的全新理解，呈现中西伦理融合的独特景象。两者的汇通首先表现在现代价值中的个人自我完善问题上。老子注重人的平等、自发表达以及与世界保持和谐等意识的养成，对个人性格的构成与自我完善也十分关心；西方重视人的自我发展与自我超越。两者都将个人的提升作为伦理思想的重要内容。在陶冶个人性情、完善自我的基础上，老子的伦理与西方伦理都鼓励由己及人，尊重他人的存在，为多元化的伦理环境做出贡献。关于人的身心平衡，老子的思想也与西方的伦理思想达成共识。老子主张达到身心的平衡，与西方伦理思想的心理转向、超越传统伦理帝国主义十分贴近。同时，老子的"无为"等观点倾向于放空生活中的纷扰，与现代西方的"释放"哲学不谋而合。此外，老子关于身心平衡的主张还给西方的个人发展以巨大启迪。对于社会政治伦理，老子主张统治阶层与被统治阶层都将政权视为一种具有榜样力量的存在，体现了老子思想中权威的灵活与多样性，这得到了西方思想家的认同。对于人类生活的愿景，老子伦理思想中所传达的对人类生活的美好向往，对于不同社会力量、性别的和谐共生的支持，对战争与武力的深刻认识，以及对自然环境与人类发展的关注，都与西方伦理思想界达到了高度的一致。

在全球文化融合加速、中西伦理思想逐步走进彼此之时，老子的伦理精神与西方伦理思想的汇聚具有更为重要的意义。老子代表着中国伦理思想的家园，是中国伦理思维的原初状态，为世界的伦理思想库提供了丰富的思想财富。老子的伦理形象，更新了西方世界对中国的"儒家"思想单一化的认识，为中西伦理思维的融合提供了更多可能性。老子的伦理哲学思想所具有的包容性与向心力，将进一步打开世界伦理思维的视野，其独一无二的宇宙、人类和社会的伦理思维将为人类的共同发展提供生机勃勃的伦理指向。

第二章 《道德经》自然哲学思想的阐释与接受

　　随着西方对老子思想的译介,中外学者从各个视角对《道德经》进行阐述和解读。《道德经》中的自然哲学思想也备受关注。自然哲学,总的来说是关于自然的哲学。古代的自然哲学与自然科学不分彼此,至近代,自然科学随着科技的进步而更多地趋向实证研究,由此成为独立的学科门类。自然哲学则主要研究自然界的最基本的规律以及人类(社会)与自然界的关系,对世界是如何产生的、如何运转的以及人与自然的关系是什么进行探讨。

　　从自然哲学的视角对《道德经》进行分析和解读,是了解《道德经》思想的重要途径。《道德经》中的"'道'生一,一生二,二生三,三生万物"(第四十二章)和"'无',名天地之始;'有',名万物之母"(第一章)试图回答宇宙起源的问题。"反者'道'之动"(第四十章)和"有无相生,难易相成,长短相形,高下相盈,音声相和,前后相随,恒也"(第二章)是老子对于世界运行规律的辩证的回答——世界是运动的,事物是有始有终、相互转换的。老子认为人与自然的关系是"人法地,地法天,天法道,道法自然"(第二十五章),其核心思想是人类要了解并遵循自然的法则,并以此来指导人类社会的活动,以期做到"无为而无以为"(第三十八章)。老子认为,人类也是世间万物之一,是自然界的一分子。因此,人类应当探索自然界的规律,发现它,并遵循它。这是人与自然最基本的关系。

　　《道德经》中的自然哲学思想对中国文化的影响从古代一直延续到当代。老子认为世界万物并非由"神"或"上帝"所创造,世界的运行也不是由"神"或"上帝"所掌控,这是中国文化中"无神论"的重要观点。老子的自然哲学思想对中国文化思想流派影响甚巨,比如,道家和道教都推崇老子为起源祖师,阴阳学说也受到"'道'生一,一生二"等思想的影响。《易》的解释、太极、八卦中所蕴藏的中国文化现象都被认为来源于"有无之相生也"。在西方,老子的自然哲学思想在天与地、科学与自然之间产生碰撞,给西方文化的发展提供了鲜活的养料。

　　本章将以历史描述和横向比较的方法,从《道德经》的基本思想出发,来考察老子的自然哲学思想及其在中国本土文化和西方文化语境下的演变和接受。

一、《道德经》的自然哲学思想

老子《道德经》中的自然哲学思想主要体现在三个方面,即,宇宙的起源和生成观,自然变化的辩证观以及道法自然的无为观。以下,我们将对它们做一简要的描述。

1. 宇宙起源和生成观

老子的自然哲学思想是围绕着"道"而展开的。《道德经》反复提及并阐述"道",从其由来、性质、作用等方面解释宇宙万物的起源和生成 。

"道"是宇宙万物的起源。老子说:"'道'生一,一生二,二生三,三生万物。万物负阴而抱阳,冲气以为和。"(第四十二章)其意为:道就是一,一包含阴阳二气,二气相交而产生多种不同状态,多种状态中产生万物。万物背阴而向阳,冲气是其初始。老子还道出了宇宙万物发生的顺序及其原理。"天下万物生于有,有生于无"(第四十章)意思是:天下的万物产生于看得见的有形体,有形质又产生于不可见的无形体。由此可见,"道"是万物之始,其催生的有形之物与无形之物的关系是相互依存、相互转化的,而且没有"神"作用于事物的起源。老子认为世间万物不是某种神灵创造的,而是来源于"道"。

"道"是自然界运行的规律,这是"道"的主要性质。"大道氾兮,其可左右"(第三十四章),意思是说,"大道广泛流行,左右上下无所不到"。老子认为,"道"生长万物,养育万物,使万物各得所需,而"道"又不主宰万物,完全顺任自然。第二章的"有无相生",即阐述了世间万物的存在,都具有相互依存、相互联系和相互作用的关系。老子认为"道"产生了世上万物,但"道"并不操纵万物的发展和联系。万物之间有着自身的联系和运行规律,而这种联系和规律是不断变化的,无所不在,可自我调节,不需要人为的干涉。

"道"给世界分出层次,这是"道"的重要作用。在第二十五章中,老子说:"人法地,地法天,天法道,道法自然。"老子认为,"天地"是一种自然之天地。第五章中"天地不仁,以万物为刍狗"表达了老子的无神论倾向。老子认为天地是自然的存在,没有理性和感情。天地的存在是一种自然的存在,对其他自然界万事万物不会产生任何客观作用,更不会产生主观的精神影响,因为万物在天地之间依照自身的自然规律变化发展。老子否定了有人格的天神，否定了上天决定论。老子用与"大道"的距离来区分"道、天、地、人"的层次，认为"人"是处于整个系统中的，并处于最底层，而"道"处于最上层。因此，改造自然不是人类存在的目的，人更多地应该顺应自然规律。

从对"道"的表述，还可以看出老子的宇宙思想有别于"有神论"。他提出世间万物起源于"无"，而非"神"造。在对道的论述中，老子关于宇宙的起源、宇宙运行的方式、宇宙的层次的思想得以展现，为其自然哲学观提供了宽广的视域。

2. 自然变化的辩证观

老子自然哲学思想的第二个层面是其独特的辩证法。老子认为，世间万物皆可分为两个方面，这两方面相互依存，其运行是对"静"与"动"的辩证关系的体现。在这样的过程中，事物实现了循环往复的发展变化。

根据老子的自然哲学思想，事物的两方面首先是相互依存的。万物客观存在，不以"神"或"人"的意志为转移；万物存在的方式是矛盾对立的，而对立的双方也相互依赖。《道德经》的"有无相生，难易相成，长短相形，高下相盈，音声相和"（第二章）意思是有和无相互生成，难和易相互完成，长和短相互形成，高和下相互包含，音和声相互调和。（陈鼓应，2009：4）可见，老子认为事物以相互依存的方式存在。事物的"有"与"无"同时具备；事物的特性，如难易、长短、高下，都是矛盾对立地并存的；事物的发生，如音声、先后都是相互依存的。

以相互依存为基本存在方式，事物还处在变化发展中。老子朴素的辩证思想认为自然是运动变化的，而且基本上是循环的，而非呈上升和前进的态势。"周行而不殆"（第二十五章），所谓"周行"，就是循环往复的意思，指事物的存在和运行是循环而永不衰竭的。因此，自然处在运动变化中，自然界的万物是以并行的方式循环变化的。这种变化发展的动力来自于事物的对立面，"反者'道'之动"（第四十章），事物往往朝相反的方向转化，在这样的作用下，事物保持着循环往复变化发展的状态。此外，老子还提到了一个似乎与变化相矛盾的概念"静"，如第十六章说"万物芸芸，各复归其根，归根曰静"。其实，老子是将"静"视作事物运动的趋向，事物归于静之后又将为芸芸万物的新一轮运动做好准备。因此，"动"与"静"是老子自然哲学观中相互转化的双方，即由动至静，由静再到动，这样的转化是恒常而永不终止的。

老子自然哲学观还认为,事物是相反相成,且自然天成的。这不仅反映在人类生活中,也体现在一切事物的运行中。"祸兮,福之所倚;福兮,祸之所伏"(第五十八章),即福气依傍在灾祸中,而灾祸同时也潜伏在福气中,福祸相反却又相成,是自然规律在人类社会生活中的具体体现。"大曰逝,逝曰远,远曰反"(第二十五章),意思是"道"广大无边而周流不息,周流不息而伸展遥远,伸展遥远而返回本源(陈鼓应,2009:56),事物的规模、状态发展到一定程度时,就会向其对立面返回,最后都将回归其最初的形态,世间万物都依循这样的自然规律发展着。相反而相成促发事物的运动,而这一切都是符合自然运行之道的。

事物相互依存,不断变化,且相反相成,而这一切都在自然天成的状态中存在。因此,老子的自然哲学观将事物的存在状态与人相关联,提出了道法自然的无为观。

3."道法自然"的无为观

老子的自然哲学思想对人的指引体现在其道法自然的"无为观"上。老子的"无为观",主要通过"顺其自然"的主张,与"道天地人"的次序安排来呈现。

"顺其自然"既是"无为"的基础,也是"无为"的要求。老子将自然视为个人行动、国家统治、宇宙运行所依据的东西。"学不学,复众人之所过,以辅万物之自然而不敢为"(第六十四章),指有道之人学他人所不学,挽救他人的过错,以辅助万物的自然发展而不加以干预(陈鼓应,2009:146)。可见,在老子看来,人应当懂得鉴别值得深入学习的东西,并将所学运用于匡扶他人、引导他人之上,以此来辅助世间万物的发展,从而保证这样的发展能自然地进行。因此,"自然"是个人行为的出发点,也是引导其发展的方向。论及国家统治,"悠兮其贵言。功成事遂,百姓皆谓:'我自然'"(第十七章),意指作为统治者,处事悠然,不轻易发政令,事情完成之后,百姓都会说"本来就这样",这是国家统治的理想状态。统治者以"自然"为其施政的基调,也将其视为顺应百姓要求的最高准则。而关于宇宙的运行,是"人法地,地法天,天法道,道法自然"(第二十五章),"自然"与"道"是直接相关的,呼应世间运行的规律,既是道存在的基础,也是道最终实现的状态,清晰而深刻地凸显了老子自然哲学观的内在关联。无论对于个人、国家,还是寰宇,从自然出发,顺应自然,以无为处之,从而实现人生与自然哲学相融合的最高状态,这样的无为,才是完整且自然的。

"道天地人"是无为观"隐在的"层级安排。"人法地,地法天,天法道,道法自然"(第二十五章),老子讲述世间法则的同时,也表达了人与道是如何联系的。在这样的关联中隐含着一种层级性关系,那就是人处在整个宇宙最基层的位置,从人对地即人类生活所在的直接环境的遵从,到地对天即空间环境的遵从,再到天对道即宇宙运行规律的遵从,最后到道对自然的遵从。这样的遵从,其制高点是人类不可把捉的"自然",因此,人应当以"无为"来指导自己的行为活动,顺应并尊重地、天、道和自然的运行。这样的无为,有着清晰的行为指向,充满积极的顺应,并呈现出人与自然共处的完整性,所以,老子也说"知常容,容乃公,公乃全,全乃天"(第十六章),即了解常道之人是无所不包的,无所不包才能坦然大公,坦然大公才能无不周遍,无不周遍才能符合自然(陈鼓应,2009:36)。至此,人与道、人与自然之间结成了一个畅通无阻的世界,在这个世界里,无为而行,才是符合道的作为。

老子的自然哲学思想涵盖了宇宙的生成观,事物自然变化的辩证观,以及引导人类行为要遵从道与自然的无为观,构成了宇宙—物—人的自然哲学思想生态圈。在中国本土文化中,这一思想生态圈吸引了历朝的思想家,并得到广泛的阐释与接受。

二、在中国文化语境中的历史阐释和接受

老子的自然哲学思想对中国文化产生了巨大影响。从先秦时期到当代,中国学者通过著书立说、发展民间传说和透过宗教进行解释等方式来阐释老子。现当代学者则以西方哲学的术语和视角对《道德经》的主要思想进行了阐释和分析。由于考古和文献工作的不完整,古今中国学者对《道德经》的原本和字句的真实性和完整性都存有怀疑。甚至对于老子的著作的名称应该叫作《道德经》、《德道经》还是《老子》都有不同意见。更不用说对于老子思想的理解、阐释和接受的巨大差别了。老子云:"惚兮恍兮,其中有象;恍兮惚兮,其中有物。窈兮冥兮,其中有精;其精甚真,其中有信。自古及今,其名不去,以阅众甫。吾何以知众甫之状哉!以此。"(第二十一章)老子认为"道"产生了世间万物,"道"的真谛也体现在万物身上。想要从纷繁复杂的现象中了解"道"的真谛,必须了解事物的起源及发展,获得其中精髓。据此,可以从自然哲学思想的两个主要方面来考

察古今中国文化对老子思想的不同阐释。

1.《道德经》中的宇宙观在中国的接受

老子朴素的唯物观中的"无神论",体现在老子对于宇宙的起源、事物的存在和运行的论述中。在《道德经》中,老子从没有把无法解释的问题交给"神灵"。老子关于宇宙起源的结论和对事物存在的描述都是朴素唯物主义的,他认为事物及运行都是客观存在的,并遵循客观规律,不受"神"或"人"的主观意志的制约。

《道德经》中的宇宙观主要体现在"道"与万物的生成以及两者之间的关系上。作为宇宙生成的核心概念,"道"为何物,以及"道"的属性是关于老子思想的争论的关键,是学界争论不休的话题。韩非子是第一个为《道德经》作注的学者。在《解老》中,韩非子说:"道者,万物之所然也,万理之所稽也。理者,成物之文也;道者,万物之所以成也。故曰:道,理之者也。"(韩非,1992:307)这表明,韩非子是从唯物的方面来理解老子的"道"的。在《史记》中,司马迁把老子与韩非子、庄子、申不害列入同传,认为韩、庄、申"皆原于道德之意,而老子深远矣"。汉代的王充在《论衡》一书中同样认为,老子的"道"的思想是唯物论。王充说:"天动不欲以生物,而物自生,此则自然也;施气不欲为物,而物自为,此则无为也。谓天自然无为者何? 气也。恬淡无欲,无为无事者也,老聃得以寿矣。"(王充,1993:1109)这是王充对《道德经》中道生万物的描述,意思是天运行并没想着去创造万物,然而万物却产生了,这就是"自然";天体施气并不是要创造万物,然而万物却禀受气而自己成形,这就是"无为";恬淡无为,就是无为无事,老聃就是禀受此气而得以长寿。王充通过对老子"无为""无欲"的阐释,表达了自然主义的宇宙观。

老子在《道德经》中提出了"道"的概念,并具体指出了"'道'生一,一生二,二生三,三生万物"的宇宙生成方式。这就为中国的宇宙生成论奠定了基本的思维范式,并由此形成了中国古代宇宙论的基础。后世接受了这种思想,并对此进行不断的阐释和发挥,最终形成了中国古代完整的宇宙论思想。《淮南子》一书中采纳了老子的宇宙生成论,认为"道曰规,始于一,一而不生,故分而为阴阳,阴阳合和而万物生。故曰'一生二,二生三,三生万物'"(刘安等,1993:159)。《道德经》中对宇宙生成的方式表述得很模糊,只说是"'道'生一,一生二,二生三,三生万物"。而至于"一、二、三"具体是指什么,它与"道"的关系如何,老子并没有详细地说明。《淮南子》书中对其进行了详细的阐释,指出"二"就是阴阳,"三"指的是阴阳的和合状态,万物就是从阴阳的和合状态中产生的。

《淮南子》在对老子宇宙生成论进行发挥和阐释的同时,提出了"气"的概念:"天地未形,冯冯翼翼,洞洞灟灟,故曰太昭。道始于虚郭,虚郭生宇宙,宇宙生气。气有涯垠,清阳者薄靡而为天,重浊者凝滞而为地。"(刘安等,1993:104)此处的论述,也就是老子所说宇宙的最初始状态为无,天下万物生于有,有生于无。并且又进一步提出天地的形成,天地形成于"气"。"气"概念的提出,是对老子宇宙生成论的进一步发挥,并且对后世的宇宙观以及美学思想都产生了很大的影响。

《易传》是对《易经》所做的阐释和进一步发挥。《易传》中采用了老子宇宙生成论的思想,认为"一阴一阳谓之道"(徐子宏,1991:354),事物的变化规律是阴阳相互作用的结果,并将阴阳之说和《易经》中的八卦之说结合起来,来阐释宇宙的生成和运行规律。

扬雄作《太玄》和《法言》两书,采用老子的自然主义的宇宙观思想,"观大易之损益兮,览老氏之倚伏。省忧喜之共门兮,察吉凶之同域"(扬雄,1993:138),认为"玄"是宇宙万物的总原理,玄又分为阴阳二气。扬雄吸收了老子的思想,并将其与《周易》中的思想结合起来,来阐释宇宙的生成和规律。

后来的宋明理学思想也以《道德经》中的宇宙生成论为理论框架,并结合《周易》中太极和两仪等思想,提出了太极衍生万物的宇宙生成思想。周敦颐就把老子的宇宙生成论与《周易》中的太极、两仪等思想结合起来,对道教道士修炼所用的太极图进行新的阐释,对儒家思想进行形而上学的阐释,形成儒家的宇宙论思想。

到了近现代随着西方哲学的传入,现当代一些思想家则运用西方哲学的话语和思考方式,来对《道德经》所体现出的宇宙生成方式进行深入的探讨和分析。冯友兰认为:"这里说的有三种气:冲气、阴气、阳气。我认为所谓冲气就是一,阴阳是二,三在先秦是多数的意思。二生三就是说,有了阴阳,很多的东西就生出来了。那么冲气究竟是哪一种气呢?照后来《淮南子》所讲的宇宙发生的程序说,在还没有天地的时候,有一种混沌未分的气,后来这种气起了分化,轻清的气上浮为天,重浊的气下沉为地,这就是天地之始。轻清的气就是阳气,重浊的气就是阴气。在阴阳二气开始分化而还没有完全分化的时候,在这种情况中的气就叫做冲气。'冲'是道的一种性质,'道冲而用之或不盈'(第四章)。这种尚未完全分化的气,与道相差不多,所以叫冲气。也叫做一。"(哲学研究编辑部,1959:41)

任继愈对《道德经》中"道"的概念进行了唯物论的阐释,认为最初的"道"不是抽象和神秘的。他认为:"道不是来自天上,恰恰是来自人间,来自人们日常生活所接触到的道路。比起希腊古代唯物论者所讲的'无限'来,似乎更实际些,一点也不虚玄,可能人们受后来的神秘化了的'道'的观念的影响,才认为它是有状态的物体,包括'有'和'无'两种性质,由极微小的粒子在寥廓的虚空中运动所组成。它是独立存在的,也不依靠外力推动。宗教迷信的说法,认为上帝是世界的主帝者。但老子说的'道'在上帝之前已经出现;传统观念认为世界的主宰者是'天',老子把天还原为天空,而道是先天地而生的。道产生万物,是天地之根,万物之母,宇宙的起源。"(哲学研究编辑部,1959:23)

老子在《道德经》中提出"道"的概念,并将之作为万物的本原,且进一步提出道化生万物的具体方式,奠定了中国宇宙论的基本模式。后世的思想家以此为理论基础对此进行不断的完善和具体化,使之贯穿整个中国古代思想史。随着西方哲学的引入,中国现当代哲学家则用西方哲学的话语对其进行进一步的阐释、解说和比较研究,使之成为世界思想史中独特的文化资源。

2. 任自然的无为观在中国的阐释和接受

老子在认识到宇宙的起源、存在和运行规律"道"之后,认为人类也应当遵从"道"来处理人与自然以及人类社会的关系。老子说"弱者道之用"(第四十章),是说"道"在发挥作用的时候,用的是柔弱的方法。"道"创造万物和万物的运行不使用强迫的力量,而是自然而然地发生和成长。"无为"就是用弱、自化,正与老子的"道"相呼应。

战国时期的法家思想接受和吸收了老子思想中的"无为而无不为"的自然哲学思想。韩非的法家思想在很大程度上是对老子"无为"思想的继承和发展。按照老子的思想,事物各有自己的德性,顺应事物的德性就是顺其自然,遵循"道"的理念。道法自然,所以人们的一切行为都应该顺应自然,而不能有所作为。韩非在接受《道德经》中无为思想的同时,也对其进行了改造,韩非认为无为而治是有条件的,君主必须完善法令,人们的一切活动都要在法令许可的范围内进行,在此基础上才能实行无为,这样才能做到无为而治。无为而治的思想,在汉初被统治者采用,使得长期战乱之后的汉初的经济得到了很快的恢复,并出现"文景之治"的局面。这也说明老子"无为而治"思想的可行性,后世的统治者都能从无为的思想中受到启发。

　　道家思想的另外一位重要人物庄子,也继承了老子"任自然"的无为思想。庄子认为"凡物皆有道,而各得其德,凡物各有其自然之性。苟顺其自然之性,则幸福当下即是,不须外求"(冯友兰,2009:190)。事物各有其性,各得其乐,所以人们不能用统一的标准去进行规约,而只能顺其自然。庄子用一则寓言故事来说明任自然的无为思想,这则寓言的大意是:一只海鸟来到鲁国郊外,鲁侯为了欢迎这只鸟,就给它酒肉,并为其演奏《九韶》这种高雅音乐来取悦它。海鸟见此情况,头昏目眩,不吃不喝,结果几天就饿死了。庄子认为治理国家也是这样,要做到任自然,这样才能无为而治。顺应自然,就是按照事物本来的样子任其发展,而不随意加以作为。如果君主按照自己的喜好制定一些法令,即使是用心良苦,也未必能有好的结果,就犹如鲁侯为了欢迎海鸟而以雅乐悦之一样,只能适得其反。所以,庄子认为治理国家的最好方式是无为而治。

　　由政治统治扩展到社会生活,"任自然"和"无为"思想也同样获得认可,尤其是在人的修行方面。《道德经》的第十六章提出"致虚极,守静笃;万物并作,吾以观复",意思是要人们排除物欲的诱惑,回归到虚静的本性。任继愈认为,"老子主张要虚心,静观世间万物发展和变化,他认为万物的变化是循环往复的,变来变去,又回到它原来的出发点(归根),等于不变,所以叫做静。既然静是万物变化的总原则,所以是常(不变),为了遵循这一静的原则,就不要轻举妄动,变革不如保守安全"(任继愈,1978)。因此,认识自然规律只有靠内在的自省,下功夫自我修养,才能领悟"大道"。古代的道教奉老子为祖师,将修行场所道观修建在深山老林之中。道士的修行主要以自我修炼为主,"不闻窗外事",这正印证了上面所说的"致虚极,守静笃"的道家思想。道士以《道德经》中的虚静的思想为方式,以达到成为道教神仙的目的。

　　现当代学者则从各种视角来阐释老子"任自然"的无为思想,从而对其进行了不同的解读。任继愈对第四十八章中"为学日益,为道日损,损之又损,以至于无为"的评价是,"老子承认求学问,天天积累知识,越积累,知识越丰富。至于要认识宇宙变化的总规律或是认识宇宙的最后的根源,就不能靠积累知识,而要靠'玄览'、'静观'。他注重理性思维这一点是对的,指出认识总规律和认识个别的东西的方法应有所不同,也是对的。老子的错误在于,把理性思维绝对化使他倒向了唯心主义,甚至陷于排斥感性知识的错误"(哲学研究编辑部,1959:23)。另一派则认为"无为"不是"什么都不要做",而是要顺应自然规律,不乱为,不强为。陈鼓应先生说:"老子认为世界上一切事物都依循着某种规律运行着,掌握着这种规律(或原则),当可洞察事物的真情实况。他认为心灵的深处是透明的,好像一面镜子,这种本明的智慧,上面蒙着一层如灰尘般的情欲(情欲活动受到外界的诱发就会趋于频繁)。老子认为我们应透过自我修养的功夫,作内观返照,净化欲念,清除心灵的蔽障,以本明的智慧,虚静的心境,去览照外物,去了解外物和外物运行的规律。"(陈鼓应,1984:249)陈鼓应认为人本身是具有本明的智慧的,但由于物欲的遮蔽才使本明的智慧不能显现,所以,道家主张通过修行涤除物欲,这样才能使智慧明现。涤除物欲、显明智慧是道家成圣的修行方式。道家的这种修行方式和宋明理学中儒家的修身方式有相通之处,宋明理学家认为人的本性是善的,但由于物欲的遮蔽造成恶或不善的出现,所以人应该消除物欲,这样才能显现本心。

综而观之,以"任自然"为主要特征的无为观是《道德经》思想的主旨所在,也是道家学派最为明显的标志。中国古代不同流派的思想家都带着不同的目的对这一思想进行运用,现当代学者也从西方哲学的视角来对其进行阐释,并指出其中的特色和不足。

三、老子与西方的自然哲学思想

中国和西方从轴心时代开始就形成了完全不同的宇宙自然观,并由此形成了迥异的观察事物的方式。然而,尽管在文化上非同根同族,老子的自然哲学思想在西方还是得到了一些阐释和接受。本节首先对比老子的自然观与古希腊思想家自然观的相似点和不同点,并分析两者之间各自的优势与不足,然后介绍老子的自然哲学思想在西方的接受情况,最后介绍和分析老子的自然哲学观与西方近现代自然科学的关联,并指出老子的自然哲学观对当代自然科学发展的意义。

1. 老子自然观与西方传统自然观的异同

老子学说中的"天地观"是老子自然哲学的代表性观点,与古代西方尤其是古希腊时期的"自然观"相近。老子的"天地"指客观存在的物质世界,是万物存在的空间、基础和总和,包括天上地下存在着的万物和人。古希腊词汇中的"自然"指自然事物、自然现象的总和,不仅关心"客观世界"的存在和变化,还探究所有事物的本性,包括人和社会。两者都关注客观世界以及万物的存在,然究其内涵,会发现两者的相似之处在于对宇宙(世界)本原的看法,其不同之处则在于老子把握自然规律的方式与西方认识自然的方法。

对于宇宙的起源和构成的问题,老子和古代西方的宇宙论大致相同,都持自然主义的宇宙观。关于宇宙(世界)本原,老子论说世界本原的核心概念是"道",万物都是由"道"变化而来,也即是道生一、一生二、二生三、三生万物。古希腊的自然哲学思想与老子的"道"都否认"神"或"上帝"创造万物,都认为宇宙的本原是某种或某几种客观的物质存在,经过由少到多、由简到繁的过程形成万物。如古希腊的泰勒斯被尊为"数学之父"和"哲学之父",他通过观察希腊所处的地理位置和自然生命对于水的依赖等现象指出水是万物的本原,大地浮于水上。赫拉克利特认为,世界是一团永恒的活火。德谟克里特说世界万物是由原子和虚空构成。恩培多克勒认为构成宇宙的四个基本元素:火、土、气、水。毕达哥拉斯是数学家,认为"万物皆数",具体万物的本原是抽象的、非实体的数量关系。而老子的"道"兼具物质性和抽象性两种性质,同时,"道"具有"夷、希、微"的特征,相对于以某种元素为本原,则更抽象,形象性更突出。有学者认为,老子的"道"与西方的"逻各斯"相似。"逻各斯"由赫拉克利特提出,是创造世界的种子,是一种"以太"的物体,尽管人们不能感觉到它的存在,但它的存在是确实的(北京大学哲学系,1961:17—26)。可见,老子的"道"与古代西方自然哲学的起源学说确有相近的地方,不过老子还对其意象化效果进行了点染,显出东方自然哲学的特点。

关于世界的运行方式,古希腊的自然哲学思想本身即存在两种截然相反的观点:一种观点认为世界是不断变化的,认为一切皆流;另一种观点则认为世界从本质上来说是不变的,变化的只是现象,而现象则是不可靠的。但从西方思想的演进来看,后一种观点成为西方思想的主流。泰勒斯、毕达哥拉斯、赫拉克利特等人持前一种观点,认为世界是在不断变化的,不会重复。如赫拉克利特认为"人不能两次踏入同一条河流"。而巴门尼德派等学者持后一种观点,认为"本原"是不变的,会变的都是假象。针对赫拉克利特"一切皆流"的论断,他们提出了"飞矢不动"、"阿基里斯追不上龟"等著名悖论。这种分歧在亚里士多德的学说中有融合之势,亚里士多德综合了古希腊早期自然哲学关于本原的各种学说,提出了著名的"四因说",认为本体有四个方面:"质料"(对应于"水"等基质)、"动力"(对应于"火"等变化)、"形式"(对应于"数"等比例关系)、"目的"(对应于变中之不变的存在),模糊地表达了应从"元素"、"相互作用"、"结构"、"功能"等四个方面去把握整体的"系统思想"(张华夏,1996)。从亚里士多德再到近代的培根及至现代思想家,西方人认识事物的方式是在主客二分的基础上,主体从观察到的现象和事实出发,追溯其原因,并将其进行逻辑的分析和检验,将一切非逻辑的东西摒除。他们对世界的认知是通过主体的感性、知性和理性来进行的,并通过形式逻辑建立其认知结构。

老子的视角则有所不同。"老子从生成宇宙的终极因——'道'出发,可谓以因推果,'道'与现象界的联系始终是一种'本体洞悟的显示'和类比性的推衍。"(李曙华,1999:124)"老子所力图把握的却真正是世界本体,是'诸法实相','道'在某种意义上是直接对应'物自体'的。老子已经洞察'实相'不是现象,'物自体'不可为知解理性的对象,同时已经洞悟语言的局限,因此一开始便排除了运用逻辑的意义和可能。"(李曙华,1999:125)老子进行观察的对象不是作为客体的现象,而是一种本体关照,是对"道"本身的观照。老子认为,要认识"道",也就需要观察。所以,他说,"涤除玄览,能无疵乎?"(第十章)此处,"涤除玄览"就是要涤除现象的遮蔽,穿过知性、理性的偏见,直观万物的真实面貌,从而去体悟"道"的玄妙。在人与自然的关系上,西方人强调主客二分,将自然界作为人的对立面去战胜和征服,这就造成了人与自然的对立,从而引起了人类生存环境的恶化。同时,对感性的压制和对理性的赞誉太高,从而使人和万物失去其存在的丰富性。而老子则主张天人合一、主客不分的境界,人与自然的关系是一种和睦的关系;人与自然不是主体和客体、征服与被征服的关系,而是人与万物为一体的关系。所以,在对待自然方面,老子主张无为的思想,认为圣人要做到无为无欲,"以辅万物之自然而不敢为"(第六十四章)。

2. 老子的自然哲学思想在西方语境下的接受

老子的自然哲学思想在中国明末清初时开始向欧洲传播,这一时期欧洲传教士和学者是主要的译介力量。1820 年,法国的雷慕沙(Jean-Pierre Abel-

Rémusat)发表了《老子其人其书》一文,他认为"道"与基督教的"上帝"是相容的,"道"如同西方的逻各斯,是"超存在、理性与话语三者的统一体"(张娟芳,2003:6)。这是历史上第一次将老子自然哲学思想与西方哲学作比较。由于西方的传教士和学者在介绍老子思想时往往把"道教"的思想混杂在一起,当作一个宗教来加以比较研究,或主要研究老子思想中的"人生哲学",因而忽略了对老子朴素自然哲学思想的译介。

而雷慕沙开启了西方社会对于老子自然哲学思想的大讨论之后,英国科学家、科学史家李约瑟(Joseph Needham)编写了《中国科学技术史》,书中充分肯定了中国的科学自然观,甚至认为欧洲的科学自然观源自中国。李约瑟认为老子对待自然的态度不带任何人为的价值判断,采取"顺其自然"的观点。相比起西方当时盛行的二元对立的"机械论"自然主义思维方式,老子的思想应该被称为"有机自然主义"哲学,是西方自然哲学的发展方向。(李约瑟,1990:538)老子的自然哲学思想在西方语境中与西方近代科学思维相联系,并作为不同的自然哲学发展方向受到关注。

20世纪下半叶,物理学界发生了第三次革命,"以整体为对象的系统科学,探讨系统生成机制的自组织理论和研究复杂系统生长演化现象的非线性科学相继创立,根本上改变了西方科学的世界图景"(李曙华,1999:128)。物理学领域新的发展需要摆脱西方传统的原子论和还原论的认知方式,老子思想中的生成论和整体论将对物理学的发展有着至关重要的借鉴作用。比利时普里戈金和法国的斯唐热在其著作《从混沌到有序》中说道,在新的科学环境下,"我们相信,我们正朝着一种新的综合前进,朝着一种新的自然主义前进。也许我们最终能够把西方的传统(带着它对实验和定量表述的强调)与中国的传统(带着它那自发的、自组织的世界观)结合起来"(普里戈金、斯唐热,1987:57)。他们所说的中国传统的世界观就是老子的道家世界观,这种世界观在现代自然科学领域能够弥补西方传统世界观的不足和限制。

随着自然科学的发展,西方具有形而上学传统的思维方式越来越显示出其局限性,这种局限性既体现在自然科学发展的内部,也体现在人与自然的关系上,因而《道德经》中的自然哲学观越来越受到西方人的关注,这势必成为西方自然观转变和发展的契机。

3. 老子自然哲学与西方现当代自然哲学互通的可能性

老子的自然哲学思想不但在西方历史上获得了认可和接受,在现当代,由于物理学和系统科学的迅猛发展,老子的自然哲学思想出现了与西方现当代自然哲学互通的倾向,昭示了二者之间进一步互通互融的可能性。

在西方物理学的发展中,与老子自然哲学思想相关联的概念之一是关于"场"的概念。西方物理学上"场"的概念也是看不见、摸不着的,却是普遍存在而且相互影响的,这恰与老子的"道"相呼应。物理学中的"混沌理论"更印证了老子与现代西方自然哲学的契合之处。混沌理论起源于20世纪下半叶,被誉为当代最伟大的自然科学发现之一。具体而言,混沌现象是指变化的发生之初非常简单,但经过一定的连续变动之后,却产生始料未及的后果,也就是混沌状态。此种理论否定了简单的自然规律的推断,就是"原因—结果"的推断。混沌理论认为,影响事物变化的因素看起来很小,但产生的效果巨大,使得整个世界看起来混乱,运动变化无法预测。混沌理论试图从看似混乱的状况中,经过长期及全局性分析之后,可以从中理出某种规律。而老子《道德经》第二十一章指出,"道之为物,惟恍惟惚。惚兮恍兮,其中有象;恍兮惚兮,其中有物",即是指万物及其运行无法看清的本质就是"道","道"就是掌控全局的精华。掌握了"道"才能"以阅众甫"观察万物初始的状态。除了"道"以外,老子在《道德经》里还认为,"冲气以为和"的冲气是宇宙在阴阳分裂之前的形态。冲气表现为"惚恍","是谓无状之状,无物之象,是谓惚恍"。这正与西方的宇宙之初只有混沌的说法一致。结合当代的天文、物理等科学普遍认可的"宇宙大爆炸"理论,即认为现在的宇宙是由最初极微小、密度极大的物质发生大爆炸形成的,老子的"道"与"冲气"说更反映了其自然哲学观与西方自然哲学观互通的可能。

此外,现代自然哲学中有一个趋势正在形成,就是由"分科发展"到"系统集成"、由相对"微观"向更大向度的"宏观"的发展,这是在系统科学本身发展的基础上出现的。1969年,普利高津提出了"耗散结构"的思想;1970年,哈肯提出了"协同学"的设想;1971年,艾根提出"超循环理论";1972年,托姆创立了"突变论";1975年,李天岩和约克又提出"混沌说",等等。这些新兴的思想有一个共同对象,那就是系统的演化。(张华夏、叶侨健,1996)从中国的视角来看,老子的自然哲学思想具有独特的系统构成与思辨方式,并有着弥散与普遍联系的特点,或可为西方自然哲学的研究提供新的思路,西方"系统哲学"的思想或可被视为"带有中国古代意味"的自然哲学思想的回归。

随着自然科学的进一步发展,西方自然观越来越显示出其局限性,因此老子的思想与西方自然哲学的碰撞与融合逐渐受到更多的关注。由于科学技术发展使人类生活发生了翻天覆地的变化,人类获得的知识越来越多,未知的领域也在逐步外扩,无法解释的问题越来越多,这对哲学思考尤其是自然哲学的思考提出了新的要求。在此背景下,探讨老子的自然哲学思想与西方自然哲学思想的共同发展具有重要的意义。老子自然哲学思想与现代西方自然哲学思想可以互相启发,都能为对方的自然哲学发展提供思路。由于中国现在的哲学思想尤其是自然哲学思想大多来自西方自然哲学,现当代西方自然科学与自然哲学的思想和研究方法深刻地影响着中国的思想文化。既然中西方哲学思想走在互相融合的道路上,中国学界也不妨借鉴西方自然哲学的思想,来开辟"以西释中"的途径,这样的阐释或许会带来研究方法的改进,也会为中西自然哲学的交流带来新的气象。

第三章 《道德经》生活哲学思想的阐释与接受

老子的《道德经》对伦理、自然哲学等问题进行了深入探讨,其影响远播海外,惠及各国人民。老子的生活哲学,更对人的生活态度和生存方式具有不可忽视的影响。徐复观在《中国人性论史》中说:"道家的宇宙论,可以说是他(老子)的人生哲学的副产物……(他)要在宇宙根源的地方来决定人生与自己根源相应的生活态度,以取得人生的安全立足点。"(徐复观,1963:293)宇宙论被视为老子人生哲学即生活与生存哲学的产物之一,足见老子人生哲学的广博。而老子更关注的是,在宇宙之根的地方发现并确定人类生活所应当持有的态度,使人类得到真正的安宁。老子的生活哲学作为一种生活指引与哲学思考,启发人类追寻更理想的生存状态,在中国与世界文化中均占有十分重要的地位。在中国历史上,其生活哲学的主要目的是缓和社会冲突,解救百姓于苦难,并把人从古代宗教迷信的桎梏下解放出来。他的生活哲学深刻地影响了人们看待世界的角度,为他们的日常生活描绘了一幅自化、自正、自富和自朴的自然图景。在现代,老子对"道法自然"等观点的强调为中国百姓安居乐业提供了思想的源泉,为西方哲学家和大众所借鉴,为中西方生活哲学思想的融合做出了巨大贡献。

本章将讨论老子的生活哲学思想及其在海内外的接受,包括《道德经》中老子生活哲学思想的基本内核,老子的生活哲学思想在中外文化语境中的历史阐释与接受,中西生活哲学思想融合的现状及其对世界文化发展的影响。

一、生活三论

老子《道德经》中的生活哲学思想可分为三个方面:生活认识论、生活实践论和生活道德论。

1. 生活认识论:"道法自然"

老子的生活哲学建立在他对"道"的认识上,并在此基础上塑造和发展了他的生活实践观,因此,研究老子的生活哲学应首先立足于其认识论。

老子的生活认识论从他的"道法自然"的思想中可见一斑。"道法自然"一词出自《道德经》第二十五章:"有物混成,先天地生。寂兮寥兮,独立而不改,周行而不殆,可以为天地母。吾不知其名,强字之曰'道',强为之名曰'大'。大曰逝,逝曰远,远曰反。故'道'大,天大,地大,人亦大。域中有四大,而人居其一焉。人法地,地法天,天法'道','道'法自然。"《道德经》开篇即言:"道可道,非常道"(第一章),"道"难以言说,却又不可不说。根据这一章,可以发现"道"有以下特点:"道"先于天地而存在,"道"是浑然一体之物,循环运行永不停止,"道"是天地万物的根源,"道"流行不息,伸展遥远又返回自身。宇宙间有四大——道、天、地和人,人取法地,地取法天,天取法道,道取法自然。老子的"道"是宇宙生发之源,是构成世界之根本,是万事万物运动之理,是人类认识与实践之法则。"道法自然"中的"自然"并非指自然界,而是指万物运行的自在规律,按老子的说法是"无为"之法则,即遵循事物自身运行的发展,"道法自然"的生活方式离不开统治者与百姓对这一思想的准确认识。

老子的《道德经》指导统治者学习"道"的思想去安排百姓的生活。统治者要尊重"道",顺应"道",百姓的生活才能安宁融乐。"是以圣人之治,虚其心,实其腹,弱其志,强其骨"(第三章),意思是"有道的人治理政事,要使人心灵开阔,生活安饱,意志柔韧,体魄强健"(陈鼓应,2003:88)。也就是说,持"道"之人统治天下,能使百姓的心灵澄明,衣食无忧,有坚韧的意志和强健的体魄,这才是合乎"道法自然"的生活。"天地不仁,以万物为刍狗;圣人不仁,以百姓为刍狗。"(第五章)即是说天地顺应"道法自然",对万物无所偏爱,圣人效法天地也该顺应"道法自然",任百姓怡然自乐。更进一步来说,"道常无为而无不为。侯王若能守之,万物将自化"(第三十七章)。如果统治者认识到"道法自然"是"道常无为",是不干预和不扩张私欲,那么对待百姓也该如此。这样百姓便可以如万物之"自化",保持守真、朴实的民风,过上安定无扰的生活。老子认为,统治者若想稳定民心、巩固疆土,首先要学习"道法自然"的思想,要认识道、天、地和人的关系,要了解"道"之所以能统摄万事万物在于取法"自然"和"无为",正因为"自然"和"无为"才能"无所不为",万物自生自化,一片祥和昌盛,生生不息。除统治者外,百姓也要积极地学习"道"与认识"道"。"道冲,而用之或不盈。渊兮,似万物之宗"(第四章)意思是"道"虽然是无形虚空的,但作用却是无穷的,它是万物的宗主。

百姓要领悟这一无形无穷的力量,在生活中应该顺应此无形无穷的力量,无论是生存抑或劳作,百姓都应时时观察天地之道,并遵从之。老子认为,对待"道"应该"持而盈之,不如其已;揣而锐之,不可长保。金玉满堂,莫之能守;富贵而骄,自遭其咎。功遂身退,天之道也"(第九章)。这是说百姓在生活中应当知足常乐,凡事不宜过量,富贵功名容易使人骄傲,招致祸患,做人做事以功成身退为上。老子希望百姓学习"道法自然"的思想,将"取法自然"的抽象精神贯彻到实际生活之中,用以指导生活的实践层面,达到知行合一的目的。

2. 生活实践论:"知其雄,守其雌"

在生活认识论以外,老子在《道德经》中还详细阐明了基于"道法自然"思想的生活实践方法。老子的哲学是救世哲学,老子号召人们在掌握了对"道"的认识后,要在生活中践行"道",即"知其雄,守其雌"(第二十八章),意为深知自身的雄强,却安于持守雌柔。那么,怎样做才是持守雌柔呢?

老子生活哲学提倡的第一种持守雌柔的方法是"致虚守静"。"致虚守静"并非指退缩或回避,相反是占据主动,即主动选择一种清静安稳的生活方式。老子认为,"致虚极,守静笃。万物并作,吾以观复"(第十六章)。选择这种生活方式要求人们去除外界的干扰,恢复心灵的清明。清明并不代表空空如也,而是"虚空"。人心需如道体一般呈"虚空"状,吐纳自如,永不穷竭,源源生发,蕴含着创造的力量,如此才能回到事物本身,掌握事物循环往复的规律。老子认为,"圣人不行而知,不见而名,不为而成"(第四十七章),依照老子的观点,世界万物运行都遵循着某种规律,圣人了解这种规律,对全局有清醒的认识,是不需要出行、察看和言说的。圣人顺应自然的规律,排除外在的强制性干扰,做事应顺应其自身的发展趋向。举例来说,《孟子·公孙丑上》中讲述了揠苗助长的故事,依照老子"致虚守静"的思想,百姓在农作时不该违背作物本身的生长规律,刻意追求作物生长速度。如果将禾苗往上拔,禾苗反而会快速地枯萎,这是不尊重"道法自然"的必然结果,倘若那位宋国人明白这个道理,就不会做揠苗助长的傻事。老子的"致虚守静"思想破除了宗教迷信编织的谎言,具有警世作用。以此道理来看,古代的群民求雨、祭祀等活动皆是有违"安于雌柔"的活动,对事物的变化和发展起不到丝毫积极的作用。

老子生活哲学提倡的第二种持守雌柔的方法是"上善若水"。水是人类生存必不可少的一部分,学习水之雌柔无疑是老子提出"守柔"的生动一例。老子说,"上善若水。水善利万物而不争,处众人之所恶,故几于道。居善地,心善渊,与善仁,言善信,政善治,事善能,动善时。夫唯不争,故天尤"(第八章)。意思是天下之至善至柔莫过于水,水能滋润万物却不与相争,保持自身的雌柔。因此,水最接近"道"。百姓应该像水一样,居于不争之地,拥有沉静之心,待人接物真诚不矫饰,乐于为他人服务,重信守诺。统治者处理政事应精简处理,发挥所长,把握行动的时机而非恣意妄为。如此不争、守雌便能"驰骋天下之至坚"(第四十三章)。老子认为,天下最柔软的东西能驾驭最坚强的东西,遇到争端,不妨"以柔克刚"。大至争夺领土、权力,小至家长里短、情感纠纷,都不必以硬碰硬,而是可以像水一样化解纷争,以致"水滴石穿":"天下莫柔弱于水,而攻坚强者莫之能胜,以其无以易之。弱之胜强,柔之胜刚"(第七十八章)。在这里也可看出老子对所处时代的忧虑,正因为当局者迷,不能以温和如水的方式来处理国家统一的问题才造成当时诸侯纷争、百姓受苦的局面,因此,采取"上善若水"的方法治理政事及调理生活在当时是十分紧迫而必要的。

老子生活哲学提倡的第三种持守雌柔的方法是"无知无欲"。首先,是保持"无知"。"流俗重'文',老子重'质',老子视'文'为巧饰品,违反了人性的自然"(陈鼓应,2003:149),老子将智慧与虚饰看作可以转化的对立关系,提倡无知,无知即"愚"。第二十章云:"众人皆有余,而我独若遗。我愚人之心也哉!俗人昭昭,我独昏昏。俗人察察,我独闷闷。"老子以自称"愚人"为荣,"愚"是一种淳朴、真实的状态,是一种高修养的生活境界,无知不代表不自知,而是去除虚饰和巧智,只保存质朴的、有关"道"的知识。表面貌似"昏昏"和"闷闷",其实符合雌柔本身的沉静与隐匿,老子摒弃"俗人"的"昭昭"和"察察",是希望人们在生活中收敛锋芒,不要张扬。其次是"无欲"。"无欲"是战胜贪欲的结果,即知足。统治者与百姓若能去除私欲,便能知足常乐、常富:"祸莫大于不知足;咎莫大于欲得。故知足之足,常足矣。"(第四十六章)老子认为不知足会招致祸患,贪得无厌会导致犯罪,懂得满足的人将会永远满足。欲望过多,害人害己,"道法自然"在于守雌守柔,在于去欲而不争,万物方能自足自化。试看如今自然环境恶劣,恐怖主义盛行,老子"持守雌柔"的思想值得每一位向往清净安逸生活的现代人深思。

3. 生活道德论:"常德不离"

老子生活哲学思想的第三个层面是生活道德论。在老子那里,"德"是"道"

在生活准则上的体现，可归纳为德之蓄养、德之复归和德之绵延。

道生成万物，德蓄养万物。老子说，"'道'生之，'德'畜之"（第五十一章）。意思是说，"道"是万物生成的根源，没有"道"，万物无所出；"德"肩负着保存万物本性的作用，没有"德"，万物无所从。"道之尊，德之贵，夫莫之命而常自然。故道生之，德畜之。"（第五十一章）老子之所以强调尊道贵德，是因为认识到如果没有"德"的蓄养作用，那么无意识的"道"生出的万物容易丢失本性，飘荡无所依，因此需要"德"的蓄养，保存事物的本性，遵从自然运作的规律。老子由此进一步提出了"玄德"的概念，"玄德"之妙处在于"润物细无声"："长之育之；亭之毒之；养之覆之。生而不有，为而不恃，长而不宰，是谓'玄德'。"（第五十一章）意思是说，"生长万物却不据为己有，兴作万物却不自恃己能，长养万物却不为主宰，这就是最深的德"（陈鼓应，2003：263）。推而广之，统治者虽为国家之统领，然而并非拥有干预百姓生活的权力，如同天地生养万物并不自认为自己是主宰一样，同样，百姓耕种养禽也该顺其性，展其能，方能使之茁壮肥美。老子认为，这才是真正的"玄德"。

在老子那里，"德"具有复归的作用。"常德不离，复归于婴儿"（第二十八章），即是说"常德"不离，便能返回到婴儿的状态。老子眼中的有"德"之人，是最纯洁质朴之人，似婴儿般纯真柔和。老子在《道德经》中曾多次谈到"反"字，一般具有三个含义，一为相反相成，二为返回运动，三为循环往复。"复归"取第二义，即返回的意思，"德"的复归作用顺应了"道"自身循环往复的运动规律。所以，老子又说："含德之厚，比于赤子。"（第五十五章）赤子，亦指婴儿。老子的生活哲学思想主张生活中德行敦厚之人应该像婴儿那样无知无欲，柔弱却有力，不刻意调节气血而精气至盛，皆因顺应道并以德复归本性的缘故。

"德"可由个人、家庭、乡邻绵延至国家、天下。"善建者不拔，善抱者不脱，子孙祭祀不辍。修之于身，其德乃真；修之于家，其德乃余；修之于乡，其德乃长；修之于邦，其德乃丰；修之于天下，其德乃普。"（第五十四章）"善于建树的不可拔除，善于抱持的不会脱落，如果子孙能遵行这个道理，则世世代代的祭祀不会断绝。若将此'德'贯彻，则天下可持续也。拿这个道理贯彻到个人，他的德会是真实的；贯彻到一家，他的德可以有余；贯彻到一乡，他的德能受尊崇；贯彻到一国，他的德就会丰盛；贯彻到天下，他的德就会普遍。"（陈鼓应，2003：272）在这里，老子谈及"德"的播撒：若是从小单位至天下都能贯彻"德"，那么"德"便能延绵，百姓的生活也能常乐和美。老子进一步将"德"扩展至解决争端怨恨,"大小多少,报怨以德"(第六十三章)。老子看到了大与小、多与少的转化关系,小也是大,少也是多,小小的怨恨可能导致巨大的灾难。统治者治国应"以德报怨",方能减少武力纷争,百姓处理邻里、家庭关系莫不如是,"以德报怨"定能减少生活中不必要的纷争,促进"德"之绵延。

二、在中国的四次阐释和接受

老子的生活哲学思想,自三国至当代历经了多次阐释,每次阐释与接受都伴随着当时的社会、文化与意识形态的变革,反映了不同时代的人对老子生活哲学的向往。本节选取四个历史时期的最有代表性的注本,对老子生活哲学思想在中国本土的阐释与接受进行分析。

1. 三国时期的处世之道

第一次对老子生活哲学进行重要阐释的历史时期是三国时期,其中王弼的《老子注》最具代表性,从以下几个方面反映了当时社会的处世之道。

"贵无"思想与生存压力的缓解。撰写《老子注》是王弼试图解决名教与自然冲突的途径之一,是为了缓解封建制度施加给百姓的生存压力,解放百姓被严重束缚的个人自由,进而发展"以无为本"的"贵无"思想。"贵无"思想淡化了老子"有生于无"的本源思想,认为"无"是世界万物的本体,颠倒了动静关系,强调统治者无论治国、治民都要顺应"无"的思想,希望以此缓解统治阶级与百姓的矛盾,达到减轻百姓生活压力的目的。可以说,"贵无"思想的提出是当时社会矛盾激化的结果,虽然有一定的局限性,但在当时对缓解社会矛盾起到了积极的作用。

至柔之水与至柔之气。王弼赞同老子学习水之至柔的思想,倡导统治者和百姓学习至柔之水,化为至柔之气。如《道德经》第四十三章指出:"天下之至柔,驰骋天下之至坚。无有人无间,吾是以知无为之有益。不言之教,无为之益,天下希及之",即是说,"天下最柔软的东西,能驾驭天下最坚硬的东西。无形的力量能穿透没有间隙的东西,我因此知道无为的益处。不言的教导,无为的益处,天下很少能够做得到的"(陈鼓应,2003:239)。王弼认同老子的看法,并以气与水来作比较:"气无所不入,水无所不经。虚其柔弱,无所不通。无有不可穷,至柔不可折。"(王弼,2008:120)"气"无形、无色、无味,"无所不入"、"无所不经"、"不可穷"、"不可折",王弼借"气"进一步地阐发其"贵无"的思想,运用到生活中去即是以"无"为"有",以"柔"为"刚",化"有形"为"无形",消除烦扰人心的矛盾与争端,以无为、清净为上。

虚静与守静。心境本空明,须"守静"以返回明澈的内心。老子认为,人应该"致虚极,守静笃"(第十六章)。"静"是人心之根本,人要消解心机和成见,"厘清混乱的心智活动,透过静的工夫,乃能深蓄厚养,储藏能量"(陈鼓应,2003:140)。王弼注:"言致虚,物之极笃;守静,物之真正也。"(王弼,2008:35)"虚静"指心灵空明,不带成见,是心灵的一种"无有"之境。人来到尘世后,受到外界的扰乱,原本清明无瑕的心灵被遮蔽了,欲望与混乱作用于内心,这时,人要通过"守静"返回到"虚静"的状态,如此才能在生活中享有精神的一方乐土。

2. 唐宋时期的悟世之道

唐朝对老子有独特的尊奉。虽然韩愈提倡儒学而不尊老子,但是,唐太宗、唐高宗、唐玄宗皆认老子为先祖,在《唐会要》、《新唐书》和《旧唐书》中都有案可查。《新唐书》卷三四《五行志一》载:"武德四年,亳州老子祠枯树复生枝叶。老子,唐祖也。"(欧阳修、宋祁,1975:1900)据《旧唐书》记载,唐太宗令颜师古考订、统一儒家《五经》的文字字义,令傅奕、魏征为《老子》作注,唐高宗李治于乾封元年(公元 666 年)追号老子为"太上玄元黄帝"(刘昫,1975:90)。纵观历史不难发现,凡是积极学习《道德经》的皇帝都有一个共同点,就是认识到治理国家的关键在于治民,百姓生活和美,国家自然和谐。而治民的关键在于治心,治心不能靠强硬的手段,而要犹如清风拂面、了然无痕,老子的生活哲学思想恰是如此。唐玄宗深谙此道,他亲自为《道德经》所做的注本是迄今尚存的最早的御注本,对老子的哲学思想有合理的解读。《道德经》中的治国思想与生活思想对于崇尚和平的统治者来说具有极高的学习和借鉴价值。唐玄宗认为,在生活中注意"气"的调和与时时守静至关重要。第二十八章御注:"归朴则妙本清净,常德则应用无穷,非天下之至通,其孰能与于此者? 修性反德,则复归于道。"第五十二章御注:"人既知身是道气之子,从冲气而生也,当守道清静,不染妄尘,爱气养神,使不离散。"第五十七章御注:"人生而静,天之性也。"(董恩林,2001:79)唐玄宗把自己和百姓都视作"道气之子",唯有守静才能守气,保有不变的常德才能应对万般变化的外界。若是各人各司其职,顺应道气发挥作用,国家自然能长久昌盛。唐玄宗在位四十四年,社会经济空前繁荣,百姓生活安康,留下了"开元盛世"这一历史上浓墨重彩的一笔,这与他善于运用《道德经》的生活哲学思想于治国理政之中是息息相关的。

悟道与修佛。唐朝时期佛道并重,这个时期的特点是以佛解老。代表人物成玄英是唐初道士和道教学者,偏向用重玄思维和佛教术语解老,给老子的生活哲学蒙上了玄妙的面纱,"玄"与"道"的结合构成了一幅别有滋味的生活画面。如第六十二章注:"纵有高盖全璧、富贵荣华,亦不如无为坐忘,进修此道。何者?夫修道可以长生,富贵适为大患"(同上:26),这段注解语言十分直接明了。在成玄英看来,荣华富贵对修道实在没有任何帮助,长生不如无为坐忘最为合宜,这种境界与佛教中的"无著心"类似,或曰看破、放下、自在。成玄英的注本将慈心与道心融合。与世间他物相比,心才是最宝贵的财富。第六十七章云:"以慈心自守虚静,则道心坚固,不可拔也。"(同上)"慈"在佛学修养中地位极高,"慈心"是佛家的一种修行方法,《俱舍论》中无量有四:一慈,二悲,三喜,四舍。"慈心"的意思是要乐于为众生做善事,带给众生快乐。成玄英将佛教思想融入老子的生活哲学,强调在生活中要乐于帮助他人,不仅独乐而且要众乐,他看到老子将"慈"列为所持三宝中第一宝,心有戚戚焉。第五十五章注:"物情颠倒,触类生迷,岂知万境皆空,宁识一身是幻?"(同上:28)成玄英在老子将圣人比作婴儿的妙语中找到了佛教中"空"、"幻"的意蕴,与老子本意不同。老子看到的是天地万物运动的对立统一,指导人们应"常"、"明",佛家看到的是世事纷乱,干脆四大皆空,便不会颠倒生迷,因此二者的本体论全然不同。

性与道皆为朴。宋代儒、道、佛三教并存,"心性论"成为这个时期哲学的中心问题,宋代《道德经》的注解将"性"与"道"结合是一大特色。以苏辙的《老子解》为例,其中"性"字共出现 87 次(陈文苑,2008:12),整本注是围绕"性"字展开阐释的。苏辙认为"性"与"道"一样,具有"朴"、"无名"、"纯"等性质。这里举两例,第三十二章注:"朴,性也。道常无名,则性亦不可名矣"(苏辙,2010:41),第二十八章注:"古之圣人去妄以求复性,其性愈明,则其守愈下;其守愈下,则其德愈厚;其德愈厚,则其归愈大……知其白,守其黑,见性者也……知其荣,守其辱,复性者也"(同上:37)。可以看出,苏辙的注其实是他本人对于"性"之内涵的一种阐发,《道德经》是他立于"道",成于"性"的媒介。由于"性"本身含有"心"的意思,苏辙其实是通过"性"的概念将"道"置于人的内心,拉近了人与"道"之间的关系,突出"心"与"道"一体的概念,使"道"更贴合人的本性,更易于生活层面的实践。

3. 明清时期的参世之道

明清时期注《道德经》者众,各个阶层和学术流派都参与其中,皇帝、大臣、官吏、道士、隐士皆有之。可见,《道德经》到了明清时期依然拥有广泛的读者,对各个阶层的人都有借鉴价值。这一时期的注本除了融合佛、道之说,还加入了修炼丹法的内容。

佛与道的交融。明末四大高僧之一憨山德清,以佛注老,有《老子道德经解》传世。憨山大师融释、道、儒三家思想为一体,这种不单一谈涉世、忘世、出世的方法已经有了多元化思想的萌芽。憨山大师注老主要源于佛道思想有共同之处,比如佛教与老子均倡导"无欲"。《道德经》第十二章谈五色、五音、五味对人的干扰作用,憨山大师注:"此言物欲之害,教人离欲之行也。意谓人心本自虚明,而外之声色饮食货利,亦本无可欲望。"(憨山大师,1997:64)大师认为,五色、五音、五味皆为物欲,若想不为物欲所累,则需离欲、无欲,人心本来便是空且明的,自不必染上任一欲望。又如第四十四章教人勿要追名逐利,注:"此言名利损生,诚人当知止足也。谓世人只知名之可贪,故忘身以殉名。"(同上:105)憨山大师认为生活应当知足常乐,绝不要为了名利而忘掉自己的自然本性,贪得无厌的后果只能是身败名裂。

另一位将佛道思想进行融合进而解读老子思想的是清朝顺治帝。顺治受儒家影响颇深,加之佛教思想影响,具有一种"自罪"的帝王观念,表现为他素来勤于政事,体恤百姓,企求天下太平。所以,顺治的注老是修身治国的儒家情怀,由关注日常之行,扩展至治国之道。他在御注中多次使用佛语作注,可见其融佛解老的趋向。如第三十八章注:"此言世降道衰,失真愈远,教人当返其本也。所言道,乃万物之本;德,乃成物之功。道为体而德为用……故德出于有心,自不能忘,且有责报之心,物难感而易忘。"(释德清,2009:89)这一章是《道德经》下篇第一章,由对"道"的论述转为对"德"的演绎,"德"是"道"与"心"相通的媒介,虽然"下德"之人不知有"道",但却有"心","心"不能忘,故而有"德",因此"道"之于百姓生活的意义在于"德"。除"忘"为佛语外,我们还可以在注本中多次看到佛语的出现,可见佛教盛行对当时老子生活哲学思想的阐释与接受产生了很大的影响。

丹法与精气。清朝时期炼丹盛行,黄元吉尤擅丹法,他所做的《道德经》注是丹法与《道德经》的碰撞,《道德经》中的生活哲学思想在黄元吉那里皆成为炼丹之"心经"。比如,他对"我有三宝"中"慈"的注解:"三宝者何:一曰慈,慈即仁也。仁慈蔼蔼,为天之元,君子体仁,足以长人。且统乎四端,兼乎万善,仁在其中,即道在其中。充之极之,可以包罗天地,贯注古今。此为金丹之本,修士所宜念也。"(黄元吉,2003:159)老子提倡"慈"是为了天下太平,百姓安居;黄元吉的"慈"则是为炼内丹长生不老而服务的,目的不同。再如第十九章注:"此喻修养之道,先要存心养性,心性一返于自然,斯后天之精气,亦返于先天之精气。倘未见性明心,徒以后天气质之性、知觉之心为用,则精属凡精,气属凡气,安得有真一之精、真一之气合而成丹乎?修行人须从本源上寻出一个大本领,真头脑出来作主,于是炼精炼气炼神,在在皆是矣。"(同上:53)在黄元吉看来,存心养性、返于自然是为了练天之精气,因为唯有天之精气才能炼丹,凡精凡气皆不能成丹,完全背离了老子这一章"见素抱朴,少私寡欲"的原意。

4. 当代社会的解世之道

当代是老子生活哲学思想重回大众视野的盛期。随着科学技术和物质生产的快速发展,中国人民的物质生活水平有了极大的提高,逐渐将目光转向了精神生活的丰富性。研究老子的学者重新思考并解析《道德经》的生活哲学,大众读者也参与到对老子生活哲学的探讨之中,国内掀起一股"老子热",围绕着人们自身的生活展开讨论。

从学术层面来看,老子的"谦退"等观点成为学者所关注的生活哲学问题。陈鼓应先生参照最新的简帛本,修订完善其《老子今注今译》,其中尤其提到对老子生活哲学的理解。陈先生认为,老子倡导的"谦退"是要人做事内敛、不露锋芒,"柔弱"并非懦弱,而是要有韧劲,以柔克刚。因此,一般人常以为老子的生活哲学思想是消沉、厌世的,实在是望文生义、不加思考所致。老子的生活哲学思想一方面是为消解当时的社会纷争,另一方面是要人凝练内在生命的深度,发展主体的精神空间,老子的形而上学皆是为了最终落实到实际生活中去,因此,《道德经》由"道"和"德"统摄全文,便也不难理解了。陈先生还认为,现代人应当重视老子的"虚静"等观念,因为"虚静"的心灵才能蕴藏创造的活力因子,培养出高远的志向和朴实的气质,而现代人的生活往往匆促浮华,步履不停,只是贸然躁进,难以孕育深沉的思想,要改变这种浮光掠影式的生活样式,有必要重新学习老子的生活哲学思想,审视人与世界的关系,遵从万物运行的规律。

在大众生活层面,关于老子"生活智慧"的出版物与其他传媒产品出现,传播老子的处世之道,为当代人解答生活的困惑。有的将生活问题分类并予以解答,用老子的哲学思想为处理现代爱情婚姻、家庭关系、人际交往和养生饮食提供方法,比如,姚淦铭的《老子与百姓生活》(2006)。有的添加古文诗句、俗语、哲理故事与说明,以通俗易懂的方式帮助人们理解老子的生活智慧,如余培林的《生命的大智慧:老子》(2007)与罗鲜的《用老子的智慧来生活》(2015)。有的采用漫画及文字结合的方式解读老子,如蔡志忠的《老子说》(1987)与周春才的《老子图典:中国人精神生活的良药》(2011)。除了书籍传播之外,中央电视台还请姚淦铭先生在《百家讲坛》栏目中为观众讲解老子的生活智慧,为人们学习老子的生活哲学思想提供了更多途径。

老子的生活哲学在学者及大众那里又获生机,反映了当代人对自己生活方式的关注。陈鼓应先生认为,"'道'就是人的内在生命的呼声,乃是应和人的内在生命之需求与愿望所开展出来的一种理论"(陈鼓应,2003:23)。存在中的人,其内在生命就必然呼喊着,倾听人内在生命的呼喊是每一时代的人都不容忽视的一部分,这也是人们对老子生活哲学不断进行思考的原因,而老子的生活哲学必定在人们的关注中常读常新。

三、与西方文化的相遇

作为除《圣经》之外被翻译次数最多的书籍,《道德经》在西方的受欢迎及受重视程度不言而喻,在不同的背景下经历了多样化的阐释与接受。本节将从老子与西方生活哲学思想上的区别与契合、老子生活哲学在西方文化中的阐释、西方文化对老子的批评与接受等三方面来进行分析。

1. 与西方生活哲学思想的区别

老子生活哲学与西方生活哲学有很大的差别,这种差别首先表现在两者对生活的认识上。西方哲学更关注生活彼岸的理性世界,其生活哲学往往散乱而稀少;老子的生活哲学则处处体现着对生活具体层面的关切。哲学的希腊文意为"爱智慧",西方强调哲学是爱智者的游戏,从形而上发源,始终与生活存在着一条清晰的界限。西方传统的形而上学认为在生活世界之外存在着一个外在于人的超验世界,柏拉图著名的"洞穴隐喻"说大多数人都生活在黑暗的洞穴世界里,只注视着墙壁上的影子,误认为那就是世界全部的样子,只有少数人能够爬出洞穴,看到阳光照耀、让人眼花缭乱的世界。反观老子的生活哲学,不难发现,老子的哲学思想建立在阴阳互动的基础上,强调的是主客并行,在人类生活中主张人与自然共生共存和相互依存,西方哲学则是寻求事物背后的不变本质。所以,西方生活哲学,尤其是传统生活哲学思想走向了彼岸世界的形而上学,从而脱离了生活层面,形成了主客体二元对立的思维模式,认为在人类生活实践中,人与外部世界是认识与被认识、征服与被征服的关系。直到 20 世纪,西方哲学领域发生转向,由传统的形而上学转向主客统一的生活世界,哲学家开始发现,生活世界是由人的生存活动而展开的人的世界,是主客统一的生活经验世界。尤其是马克思主义哲学的出现使人们重新关注自身的生活环境及生存状况,并让人们认识到,生活世界的现实基础是人的实践活动,而人的实践活动是认识自然、改造自然的活动,马克思主义哲学也由此被称为"生活哲学"(李文阁,2010:19)。

老子与西方生活哲学思想的不同还体现在生活的实践方式和受众的广泛程度上。老子强调生活中的"无为",而西方哲学强调"有为"。古希腊时期,以亚里士多德、斯多葛派等为代表的哲学家们"把哲学作为一种生活方式或存在方式来看待"(同上:20),并呈现出"爱智、尚德"的特点,他们积极探索自然的规律,开办学院,设立多门学科,但大多只限于智者的群体,并未惠及百姓。19 世纪中期,面对人类异化了的生活状态,马克思主义实践哲学号召人们从实践出发去理解现存世界,并针对发现的问题积极地改造世界。他在"肯定人的实践及其社会化活动的历史合理性的意义上重建人与自然的生存论统一关系"(邹诗鹏,2003:7),要求人们重新审视和反省自己的生活,发挥改变世界的能动性,以人的全面发展作为最终目标对生活进行合理化的改造。"有为"进入实际生活的层面,鼓励人们以发展自身来改革生活方式。在马克思主义哲学以后,生活哲学以不同于往日的面貌出现在人们面前,使大众打开视野迎接新的生活方式,"有为"更切近地指导大众生活。西方的"有为"观与老子生活哲学的"无为"观,在历史发展中呈现出一个又一个的不同,但是前者在演化中逐步靠近生活,对普通大众的指导性日益增强。

2. 与西方生活哲学思想的契合

《道德经》与西方生活哲学思想存在着很多契合之处,尤其是在近现代西方社会出现危机、西方哲学家对此做出了批判性反思的时候,中西生活哲学思想在很多方面不谋而合。本节将从尊重规律、自然而为、顺应德性三方面来探讨《道德经》与西方生活哲学思想的契合。

老子的生活哲学和西方生活哲学思想都认为要遵守客观规律。在尊重自然规律方面,两者有很多契合之处。早期中西方生活哲学思想的源头是有很大差别的,但在生活的细节问题上,中西方面对的问题往往是相似的。早期由于对大自然的认识尚未成熟,人在生活中常常处于恐慌之中,如何生存和怎样生活是人类所面临的主要问题。随着人类改造自然的能力增强,人类尝到了破坏大自然的恶果,过一种符合生态环境发展的生活成了人类的共同诉求。老子的生活哲学强调人的生活应遵守万物发展的规律,主张无欲和不争,在西方生活哲学思想中不难找到相似的例子。

老子认为,人应该按照万物运行的规律生活,而不应该违背自然规律而恣意妄为。《道德经》第二十九章云:"将欲取天下而为之,吾见其不得已。天下神器,不可为也,不可执也。为者败之,执者失之。"(第二十九章)这段话的意思是说,不顺应自然而为,而任意地用强力去做,是达不到目的的。"天下"是神圣的,不能强力而为,不能加以把持;违背自然规律,强力而为者,一定会失败;恣意占有而不懂得顺应自然,一定会失去。在顺应自然、按自然规律而生活的思想方面,西方一些哲学家也提出了类似的观点。如斯多葛派将"自然"的规律看作万物运行的规律,虽然没有像老子那样设定一个外在自然的"道",但他们意识到万物运行是有规律可循的,而人的生活也该遵循这种规律,如斯多葛派的塞内加所说,"我们要寻求一种真正的'好',不是表面的好;它是纯粹的、始终如一的,它的深处隐藏着它的价值……斯多葛派的人全都同意这一点:我要尊重自然,明智的意思就是不违背自然,按照自然的规范进行自我修养"(同上:189—190)。可见斯多葛派提倡人应跟随自然的规律生活,在生活中不断寻求那种隐匿的、不变的"好"并追随之。在这里,我们分明听到了老子的声音。"美国文明之父"爱默生

(Ralph Waldo Emerson)洞悉人与大自然建立和谐关系的必要性,意识到人要尊重自然,保护自然,并向大自然学习。他的作品《论自然》让人们认识到自然与人的紧密关系,他指出,"令人产生快乐的力量不在自然当中,而在人身上,或者说,在于两者的和谐之中,我们有必要用这些快乐来帮助我们克制暂时的不快"(爱默生,2009:10)。爱默生认识到人的快乐建立在与自然建立和谐关系的基础上,看到自然自身蕴含着可持续发展的潜力,倡导人学习在大自然中劳作,因为正是人的聪明才智"使自然中的各种成分再生或组合,由此而获得了有用的生存技巧"(爱默生,2009:10)。大自然养育着人,因此人也应该尊重大自然。自然主义者梭罗用自身的生活体验向众人展现了一幅优美的自然与沉思合奏的画卷。他的《瓦尔登湖》记录了其回归自然的生活试验,在此过程中,他发现如果一个人能满足于基本的生活所需,就可以更从容、更充分地享受人生。梭罗在写作时援引了很多中国古代的哲人故事来印证其生活哲学观。他说:"我们如大自然一般谨慎地过一天吧,不要因硬壳果或掉在轨道上的蚊虫的一只翅膀而出了轨。让我们黎明即起,用或不用早餐,平静得并无不安之感;让人去人来,让钟去敲,孩子去哭——下个决心,好好地过一天。"(梭罗,1982:90)这样的画面充满了老子"天道自然"和"无为"的意味。在日常生活中,如果要学习的话,需要跋山涉水地去寻找真理吗? 梭罗答道,"我的木屋,比起一个大学来,不仅更宜于思想,还更宜于严肃地阅读"(同上:92)。由此可见,西方的生活哲学思想也与自然界密切相关,一个生活着的人总是要向自然学习,按照自然的规律生产和活动。

在人类日常的行为生活中,人与自然的关系不是对立的,而是相互依赖的,自然不是人们征服的对象,在这一点上,海德格尔与老子不谋而合。老子认为:"人法地,地法天,天法道,道法自然。"(第二十五章)人与自然的关系不是征服与被征服的关系,人不是要征服自然,而是要顺应自然。在自然面前人们要做到无为,只有无为,天下才能得到治理。所以,老子说:"常使民无知无欲。使夫智者不敢为也。为无为,则无不治。"(第三章)这种顺应自然而为、与自然和睦相处的思想在海德格尔哲学思想中得到极大的倡导。在西方主客二分的思维模式下,人与自然的关系在近现代西方出现了危机。尤其到了近代,笛卡尔提出"我思故我在"的著名论断,主体对客体的认识和支配作用更加显著和膨胀,这种膨胀的主体意识导致了人与自然的关系恶化。西方的机器大工业生产就是人类主体意识膨胀的结果,造成了环境的恶化和人的异化。正如海德格尔所描述的那样:

世界成为图画,人成为主体,现时代这两种决定性事件交相为用,同时也向现代最根本性的事件投去了一束亮光。这个事件初看起来甚至有点荒诞不经:世界越广泛越有效地作为臣服者听命于人的摆布,主体越是作为主体出现,主体的姿态越横蛮急躁,人对世界的观察,人关于世界的学说,也就越成为关于人自己的学说,即成为人类学。(海德格尔,2000:121)

海德格尔认识到了这种危害,提出了不同于西方传统主客二分的哲学思维模式。海德格尔认为,世界不是主体之外的世界,此在和世界在原初就是统一的,世界和此在不是原始对立的,此在和世界是不可分的,此在和世界是相互构成的。海德格尔说:"如若没有此在实存,也就没有世界在'此'。"(转引自:孙周兴,2012:2)海德格尔认为人存在于世,首先要跟物打交道,但人与物的关系不是主体与客体、认识与被认识的关系,而是在接触的过程中产生的,所以,人类与自然的关系是一种亲切而熟悉的关系。这种亲切而熟悉并不是由器具本身提供的,而是由"世界"——"使用境域"——提供给我们的。这个"境域",这个"世界"通常是毫不起眼的,是不受关注的;往往是在我们的使用活动和情况出现问题时才被注意。于是,我们就可以认为,"世界"是一种既显又隐的发生,而正是"世界"的隐而不显才使器具的使用成为可能,器具的存在必须从"世界"角度来理解(孙周兴,2012:2)。这样,人与世界的关系就不是主体与客体的关系,而是相互依存的关系。因此,人与自然环境的关系也由原来的征服与被征服的关系演变为亲切和熟悉的相互依存的关系。在生活以及人类的日常行为活动中,自然也不是征服和改造的对象,而是人类诗意的栖居地。人,诗意地栖居在那里!

顺应事物的德性而生活,不因他人或他物的影响而改变本性,西方哲学在这一方面也有所论述。斯多葛派代表人物芝诺在他的《论人的本性》里主张"按照自然而生活,这就是按照德性而生活"(外国哲学史教研室,1981:181)。海德格尔也表示,不要在他人的行为中丧失自己。海德格尔认为"此在"与其他存在者打交道的方式有两种,一种是与物打交道,一种是与他人打交道,前者被称为"烦忙",后者被称为"烦神"。在"烦神"中人们往往会失去自己的德性或本性而随波逐流,从而丧失自己,沉沦于世。这种现象在西方工业社会中尤其明显:

这种杂然共在把本己的此在完全消解在"他人的"存在方式中,而各具差别和突出之处的他人则又消失不见了。在这种不触目而又不能定局的情况中,常人展开了他的真正独裁。于是,常人怎么享乐,我们就怎么享乐;常人对文艺怎么阅读怎样评论,我们就怎样阅读怎样评论;常人怎样从"大众"中抽身,我们也怎样退步抽身;常人对什么东西"愤怒",我们就对什么东西"愤怒"。(海德格尔,1987:156)

海德格尔认为人存在于世的价值在于保存自己,而不是丧失自己。保存自己,就是顺应人类的德性而为,只有从丧己于其中的他人的存在方式中抽身而出,向死而生,才能真正体会到生命的意义,把生命本身当作目的,这样,才能进入到自己的本真状态而达到澄明之境。老子认为事物各有其德性,所以要顺应自然,所以"是以圣人处无为之事,行不言之教;万物作而弗始。生而弗有,为而弗恃,功成而弗居。夫唯弗居,是以不去"(第二章)。顺应事物的德性,就是使事物按照其本性发展,而不加以人为的规约。不要把自己的意图强加给事物,让事物任自然而为。即使人在生活中可以通过劳作等方式养育事物,也不可以破坏事物的本性,居功自赏。

　　从上述论述中可以看出,老子主张要循规律而行、遵自然而为、顺应德性,这与西方很多思想家的观点有共通之处,可见对于生活着的人,应始终铭记与自然相协调、和睦共处。

3. 阐释、批评与接受

　　老子的生活哲学思想一直受到西方哲学家的关注。总体来看,对老子生活哲学思想的阐释与接受多于批评,西方哲学家大多能立足中西方哲学在根源上的不同,理解老子生活哲学思想与西方生活哲学思想的差异,传播对西方现代人生活有利的部分。西方世界对于老子生活哲学思想的阐释、批评与接受主要以书籍形式呈现,主要分为两类,第一类是由西方哲学家写成的学术著作,第二类是介绍老子生活智慧的通识类或畅销类书籍。

　　西方哲学家一般选择从老子生活哲学思想的关键术语入手,撰写相关学术著作来阐发观点。德国存在主义哲学家雅斯贝尔斯(Karl Jaspers)对老子的生活哲学思想大体持赞赏的态度,在他的著作《大哲学家》一书中为老子专辟一章,以多个译本为参照,考察了作为个体的人以及在国家统治状态下生活的人如何在"道"中生活。雅斯贝尔斯发现,在"道"中生活的人在认识"道"后才能真正地认识自我,可以"在柔中作用"、"自我无所求"并获得"统摄的开放",能够对所有人一视同仁,甚至"报怨以德",他们慈悲、节俭、谦虚,有孩童般的天真纯朴(雅斯贝尔斯,2012:826—828)。雅斯贝尔斯认为老子的巨大贡献不言而喻,他不仅号召人们去领会生活中的规则和秩序,提醒人们不要与这根源分离,否则将会沉沦于虚无。除此之外,他认为老子思想还对隐者、生活艺术家、文学家、术士和西方哲学家等人的思想产生了一定的影响。同时,雅斯贝尔斯也指出了老子生活哲学思想的局限性,如他认为老子希望人们"绝圣弃智"这一点有摒弃人类文化和道德的崇高价值的趋向,会使人们回到顺其自然的被动性中,有可能陷入空想。

另一位具有哲学背景的接受者是安乐哲教授(Roger T. Ames),他的《道不远人:比较哲学视域中的老子》运用比较哲学的方法,选取刘殿爵的译本对《道德经》进行注解,是一部建立在深厚学识和翔实资料上的经典之作。如第七十章注:"大多数哲学教义需要一种思想和价值的考古学,追溯代代相承的支配性原理和概念的演化。这些教义通过诉求这些原理而具有了体系性,因而每一次传承都需要某种正式的开始。在这一点上,《道德经》是不同的。事实上,它恰恰要避开那些教条主义哲学所要促进的东西。在它的'无'形式中体现的是某种直接经验的哲学……《道德经》推崇那些能够培养我们赏识日常凡俗生活乐趣的意识习惯……它们是一种珍品,仅藏在我们中间那些最具慧识之人的襟怀中。"(安乐哲,2004:254)通过这一例,可以看出安乐哲比较哲学的学术背景使他能够结合对西方哲学的把握,抓住老子生活哲学思想与西方生活哲学的差异,从而提供一个认识老子生活哲学思想的新视角。

还有的哲学家专以纠正以往对老子生活哲学思想的误读为己任。科克兰(Russel Kirkland)的著作《道:持久的传统》(*Taoism: The Enduring Tradition*)力图指出以往西方解读《道德经》思想时由于意识形态等因素产生的误读,并进行了纠正。以书中第五章为例,这一章名为"Cultivated Life"(有教养的生活),分为两部分:"Life, death and transcendence"(生活、死亡与超越),"Cultivating reality"(改善现实)。他写道:"理解道家思想最难的部分包括我们怎样理解道家生活的最终目的,这个目的与自然生活有什么关系,比如死亡的问题。"(Kirkland,2004:171)科克兰认为,随着道家研究材料的日渐丰富,一些过去阐释中产生的错误应该得到纠正,比如,他发现很多西方人在阐释《道德经》中的死亡问题时往往持有"启蒙时代"的偏见,为了使现代读者"舒服",对《道德经》进行误读,这种做法实在不可取。科克兰认为,无论是《道德经》还是《庄子》都表现了道家思想对死亡全然接受的态度。科克兰的这本书号召人们在拥有详实资料的今天应该以客观的态度重新看待《道德经》,这是该书的积极意义。

另一类作家采用通识书籍的写作方法将老子生活哲学思想介绍给西方读者。库柏(Jean C. Cooper)的《图解道家思想:圣人的智慧》(*An Illustrated Introduction to Taoism:The Wisdom of the Sages*)围绕《道德经》中的关键术语进行了多层次、详细的解读,对于西方读者了解老子的生活哲学思想起了积极的作用。书中对《道德经》中的"道"、"德"、"阴阳"、"无为"和"自然"等关键术语进行了丰富的阐释。以"无为"为例,作者首先指出,对道家来说,"无为"绝不是"漠不关心"(indifferent)(Cooper,2010:51),"而是全身心地投入生活"(but should be totally committed to life)(同上),作者接着建议,如果对"无为"进行翻译的话,那么,用"non-interference"(无扰)或者"letting-go"(释然)最好不过。对于圣人来说,"无为"是"一种对生活的坦然接受,他坐看寒来暑往,绝不强行做某件事情,只等一切在恰当的时间到来"(同上:52),"无为"是一种"无行动的行动"(actionless activity),"它不是一切行动的终止,而是有目的行动的暂停"(同上:53),"无为"是"心灵与精神的结果,这种开放的心灵与纯净的精神不管在何时何地都能自由驰骋"(同上)。最后,库柏注意到"无为"是一种非暴力(non-violence)行动(同上:54),对于国家间的和平、社会的安宁以及百姓安居都有着极为重要的意义。这本书运用中西比较方法对相关术语进行多层次的解读,对西方读者学习老子的生活哲学思想起了促进作用。

西方世界看到了老子生活哲学的经典性,巧妙地将其与西方生活现实结合起来,写成有关生活智慧的畅销书。国际知名心灵导师戴尔(Wayne Dyer)的作品《改变思想,改变生活:遵循老子的智慧之道》(*Change Your Thoughts, Change Your Life:Living the Wisdom of the Tao*)运用老子的生活哲学思想帮助现代人减轻生活压力。这本书是他在看过《道德经》的上百个译本后参照十个最受欢迎的译注本写成的,旨在通过老子的生活哲学思想指导现代人过上一种内心安宁、舒适的生活。整本书包含81章,包含了生活中容易出现的各类问题及解决办法,并设定标题如"Living with Flexibility"(灵活地去生活),"Living

Without Enemies"(在生活中不要树敌)和"Living by Letting Go"(学会放手)等,书中分享了老子的"雌柔"、"不争"和"虚静"等生活智慧,教育现代西方读者学习用道家思想指导他们的生活。

对经典的喜爱不分国界,老子的生活哲学思想因其前瞻性和适用性一直受到西方各界的重视,西方世界在老子生活哲学思想方面取得的成果为老学研究注入了新鲜的血液。随着中西方文化交流的频繁化与多元化,老子的生活哲学必将吸引更多的专家与读者加入研究和讨论,收获更丰硕的果实,造福人类。

四、中西生活哲学思想融合的现状及其对世界文化发展的贡献

随着全球化的发展,中西方文化交流也呈现出一片繁荣景象。尤其是哲学——人类文明中最珍贵的财富,理所当然得到了重视、发扬和传播,其中,生活哲学思想更是由于与人的生存和生活息息相关而备受关注。中西生活哲学思想的融合,由于时代精神变迁的推动,显现出多种新的趋势。

中西方生活哲学思想融合更为频繁。自 1993 年起,老子国际研讨会每年都会举办,为中西方生活哲学思想的融合起到了积极的推动作用。据荷兰学者沃尔夫(Knut Waif)介绍,"截至 20 世纪 90 年代,《老子》的西文译本总数达到 252 种,涉及 17 种欧洲文字……这些外文译本极大地激发了外国人学习中国文化和老子道学思想的热情"(姜守诚,2006:125)。《道德经》的频繁传播为如今哲学上的生活世界转向提供了详细资料及交流平台,为西方哲学注入了东方血液,世界再次将眼光投射在独具魅力的东方哲学之上。

现代中西方生活哲学思想的交流还呈现出多元的态势。在文化多元的大背景下,传媒技术进一步发展,为中西方生活哲学思想的交融提供了广阔的视野。除了进行学术交流如举办学术交流会议以外,还通过教育交流的手段,建立海外教育中心,开展国际交换生项目,开放世界著名大学网络公开课程,使中西生活哲学思想以新技术承载的"传道授业"的方式扩大影响;并在民间推广与中西生活哲学有关的书籍,全面而生动地推进中西方生活哲学思想的多元交流。

中西方生活哲学思想的融合有"反朴"的趋势。"反朴"即返回原始的淳朴状态,在结合现代哲学思想的基础上,不忘从传统哲学思想中寻求解决问题的办法。21 世纪以来,中西方关注的问题逐渐聚拢在全球人类面对的共同问题即人

的生存问题上。人的生存涉及人与快速发展的技术、与逐渐恶化的生态环境之间的关系。"反朴"趋势的出现，说明人类开始重新审视生活中的人与世界万物的关系，即老子的"道"的思想。只有重视中西方的生活哲学思想的关联，认识到中西方生活哲学思想融合的迫切需要，才能从根本上体会"反朴"之于人类生存的重要性。在"反朴"力量的驱动下，人们将更加尊重自然的发展，与自然更为和谐地相处，实现遵"道"的美好图景。

如今的时代是一个文化多元化的时代，由于传媒的迅猛发展及传播的快捷性，文化以一种多元化的形式发展，国家或民族在社会发展中不仅继承本民族的优秀文化，也吸收其他国家或民族的优秀文化，形成以本国或本民族文化为主、外来文化为辅的文化倾向。文化多元化不仅使人类的眼界更加开阔，增加了对其他国家或民族文化的包容性，也通过不同文化的比较对自己国家或民族的文化产生了更深刻的理解。20 世纪以来，老子的生活哲学思想频频出现在西方的新兴理论、电影和书籍中，体现了中西生活哲学的融合，这种文化多元化促进了国家或民族之间的和谐交流，对世界的政治、经济和社会有着深远的影响。许多对中国文化感兴趣的西方人来到了中国，过上了"中国式"的生活，用中式思维思考问题，也有很多对西方文化感兴趣的中国人到了西方，享受西方的思考方式和生活方式。我们看到，现今不管是西方还是中国，都能以开放的视野去看待中西生活哲学思想，了解两种思想的相似及不同，选取感兴趣的思想方式改变自己的生活。这正是老子的"包容"和"释然"等思想润养万物的结果。

中西哲学的交流是世界文化交流的一部分，未来世界文化将越来越多元化、开放化。随着现代生活水平的不断提高，人们对于构建和谐生活提出了新的要求，生活哲学意识逐渐增强。因此，老子的生活哲学思想也将得到更多新的阐释，对其生活哲学思想的跨文化研究势必发挥更大的作用。

第四章 《道德经》神秘主义思想的阐释与接受

伴紫气,驾青牛,老子在函谷关留下了恍兮惚兮五千字后,飘然而去,不知所终。传奇式的作者,晦涩的语言,老子的《道德经》一直披着神秘的外衣伫立于世人面前,两千多年以来,留给后人无限的猜想和阐释。

"玄之又玄,众妙之门"(第一章),老子为后世诸人开启了一段玄妙之旅。如果套用鲁迅评价《红楼梦》的话"一部红楼梦,道学家看到了淫,经学家看到了易,才子佳人看到了缠绵,革命家看到了排满,流言家看到了宫闱秘事",我们同样可以说,一部《道德经》,帝王看到了政道,兵家看到了诡道,道僧看到了修炼之道,佛徒看到了色与空,理学家看到了理和气……老子究竟想要告诉我们什么?"道"又是什么? 老子说得很含糊,"有物混成,先天地生。寂兮寥兮,独立而不改,周行而不殆,可以为天地母。吾不知其名,强字之曰'道',强为之名曰'大'"(第二十五章)。"道""视之不见","听之不闻","搏之不得","迎之不见其手;随之不见其后"(第十四章),这样一个"无状之状,无物之象"的"惚恍"的神秘状象构成了老子哲学的典型特征,老子其人也被认为是"中国神秘主义和形而上学的首创者"(贾未舟,2010:77)。

正如秦学颀所说的那样,"道"可能是中国哲学里最神秘的一个术语。(秦学颀,2004:112)老子开篇就指出:"道可道,非常'道';名可名,非常'名'。'无',名天地之始;'有',名万物之母。故常'无',欲以观其妙,常'有',欲以观其徼。此两者,同出而异名,同谓之玄。玄之又玄,众妙之门。"(第一章)这个不具有言说性的"道"给后人提供了无限言说的可能性。"道"究竟是"无",是万物之上的更高存在,还是"有",是形下的实存体? 如何才能得"道"体"道"? 老子说最好的办法是"绝圣弃智"(第十九章),是"塞其兑,闭其门"(第五十六章)。老子是不是完全摒弃了知识,走上了反智、反理性的道路?"载营魄抱一,能无离乎? ……天门开阖,能为雌乎?"(第十章)这是与道合一时的精神快感还是对修身养性的具体指导? 晦涩的言辞,众说纷纭的解读,玄之又玄的思想,老子哲学在某种程度上印证了西方人对"神秘的东方"或"非理性的东方"的构想。那么,《道德经》的神秘性又体现在什么地方? 东西方对此又有什么样不同的解读? 本章将带着这些问题,介绍老子神秘主义思想在中国和西方的阐释与接受情况,以便我们对老子哲学思想的神秘的一面有基本的认识和了解。

一、神秘主义与《道德经》

人类对客观世界的认知总是有限的,对于他们无从所知的东西总是充满好奇和恐惧。原始人认为有一种超自然的神秘力量掌握了他们的生老病死和休咎吉凶。于是,他们借助占卜、祭祀、巫蛊等活动企图与这些灵力交流,以期把握事物的本质和自己的命运。对这种不可战胜力量的敬畏,人们产生了与这种力量结合的愿望。这就是神秘主义的起源。

中国古代文明被认为是萨满式文明,这与"巫之兴也,盖在上古之世"(王国维,2010:1)是分不开的。巫文化经过先秦文化哲人的提炼和反思,向着理性化的方向发展,成就了《道德经》的神秘主义哲学形态。

1. 神秘主义的含义

神秘主义(mysticism)一词源于希腊语动词"mysterion",词根"my-"来自动词"myein",即"闭上眼睛"的意思。闭上肉体的眼睛时,就应该睁开心灵的眼睛以静观内心深处。如同老子所说要"塞其兑,闭其门"(第五十六章),这样才能达到"玄同"的境界。公元前5世纪左右,古典哲学家们开始用神秘一词解释宗教。传统上认为,基督教的神秘主义肇始于古希腊,大法官狄奥尼修斯(Dionysius)提出了宗教生活的三种方式,即净化、启示和结合,这三种方式使人性得到神化。他认为,人的"灵魂可以超脱出现有的秩序与不可知的上帝结合"(Louth,1981:159)。"结合"是神秘主义的核心,"有神论的神秘主义寻求与神的结合,而不是追求同一性;一元论神秘主义寻求与普遍原理的同一性;非宗教的神秘主义也寻求与某种东西的结合,或者极类似一元论,寻求与所有东西的结合"(帕林德尔,1992:16)。人一旦与这不可名状的神或某种终极所在结合就会产生狂迷的快感,并视之为人生的终极意义。普遍主义者认为神秘主义是一种普遍的人类经验,为各个文化和宗教所共有。他们认为神秘主义拥有以下基本特征:拥有不可言说的圣性,无时间感;化一感,将身心与万物合一;直观洞察的愉悦体验。这些

特征也就构成了神秘主义研究的理论框架。(Clarke,2000:142)

我国学者王六二综合了多家的观点,指出广义上神秘主义为宗教和其他文化形式中用理智无法来理解、表述和把握的部分。从狭义上来看,神秘主义则是指与神相遇或合一。神秘主义的特征是:本体论上主张神的超越性与内在性的结合,超越性是指神超越于世界,内在性是指神内在于自然、人心;认识论上主张神不可知;方法论上主张与神直接相通。(王六二,1996:4,8)神秘主义强调认识对象不可知,无法用理性去思考,具有非理性主义的性质,同时,由于神的存在也无法证明,所以,在认识论上神秘主义主张直观、顿悟和契合。由此观之,《道德经》具有浓厚的神秘主义思想。

2.《道德经》中的神秘主义思想

“道”是老子哲学的理论基础,它在《道德经》中出现了七十多次,但意义却不尽相同,它有时是形上之道,有时是修德之道,有时是生活之道,全篇以道和德构架起老子的宇宙观、政治观和人生观。从形上的层面来看“道”,首先它不可被言说,“道可道,非常‘道’”(第一章),可以被言语表达的道就不是永恒不变的道,“吾不知其名,强字之曰‘道’”(第二十五章),“道”也无法命名,因为它表现的是无限,而一旦有了名就被限制住了。诚如溥林在描述神秘主义者接近上帝时所说:“我们的语言力不从心……我们愈是往上攀升,我们的语言愈局限于我们所能形成的观念;所以当我们进入那超越理性的黑暗之中时,我们将发现自己不仅词语不够用,而且实际上是无言与不知”(溥林,2008:36)。其次,“道”是万物的根源,“吾不知谁之子,象帝之先”(第四章),“‘道’生一,一生二,二生三,三生万物”(第四十二章),“‘道’生之,‘德’畜之,物形之,势成之。是以万物莫不尊‘道’而贵‘德’”(第五十一章)。由此可见,“道”是万物得以生成的原因。再次,“道”只有圣人通过直观自省才能与之合一,所以,老子说“不出户,知天下;不窥牖,见天道。其出弥远,其知弥少。是以圣人不行而知,不见而明,不为而成”(第四十七章)。老子反对以感官实践去认识客观世界,他认为只要排除一切欲望,让心灵像镜子一样明亮就能体验到“道”,以获得最高的精神境界,于是提出了“涤除玄览”(第十章)、“致虚”和“守静”(第十六章)的方法论。波纳文图拉也认为,“深思意味着只须擦拭并磨光我们心灵的镜子”(溥林,2008:41),这与老子的“涤除玄览”不谋而合。狄奥尼修斯也说,如果人的心灵要接近存在本身,他就要“致力于神秘的静观……抛弃感官和理性的运作,抛弃一切可见和不可见的东西,抛弃一切存在和不存在的东西,尽可能地保持无知,同那超越一切本质和知识者合一"(波纳文图拉,2004:50)。"道"实际上与人类经验完全隔绝,它无法被感知,因为它"视之不见","听之不闻","搏之不得"(第十四章),它也无法通过理性而被认知,因为"为学日益,为道日损"(第四十八章),"道"只能通过冥想来领悟,展现了其超越的神秘特质。最后,"道"既具有内存性又具有超越性。内存性就是指"道"存在于一切事物中,既存在于自然中,也存在于每个人的内心。庄子在《知北游》里是这样描述"道"的无所不在的:

> 东郭子问于庄子曰:"所谓道,恶乎在?"庄子曰:"无所不在。"东郭
> 子曰:"期而后可。"庄子曰:"在蝼蚁。"曰:"何其下邪?"曰:"在稊稗。"
> 曰:"何其愈下邪?"曰:"在瓦甓。"曰:"何其愈甚邪?"曰:"在屎溺。"(庄
> 子,2007:190)

所谓"道在屎溺"就是讲的"道"的内存性。"道"同时也是超越的,因为无论万事万物如何变化,"道"总是横亘不变的。"道常无为而无不为"(第三十七章),"道"总是没有目的,无心而为,但又没有东西不是出于它的作为,任何东西都不能离开它而存在。傅佩荣指出,"无为"就是源于"道"的超越性,而"无不为"就是"道"的内在性。(傅佩荣,2012:215)

类似于"道"的还有"无"和"一"。"'无',名天地之始,'有',名万物之母"(第一章),"天下万物生于'有','有'生于'无'"(第四十章),这里"无"就是"道",是指万物生成的根源。同样,"天得'一'以清;地得'一'以宁;神得'一'以灵;谷得'一'以盈;万物得'一'以生;侯王得'一'以为天下正"(第三十九章)。"是以圣人执一为天下式"(第二十二章),这里的"一"也是指"道"。"载营魄抱一,能无离乎"(第十章),人的魂和魄希望能够合二为一,即与"道"化一,这些都表明"无"与"一"也是超验的、神秘的。

秦学顾认为,《周易》和《道德经》把夏、商、周三代巫术文化理性化了,把其中神秘主义的世界观和思维方式提炼为一种哲学形态,对中国两千多年来的文化产生了极为深远的影响。他将中国神秘主义的世界观总结为以下四点:一、世界的本质是道。道是天地万物的本原,是万物之宗。二、万事万物都有道,世界的

万事万物都是道的体现。道在人类社会的体现就是仁、义、礼、智、信等道德观念。三、所有的事物都是相互依赖、不可分割的。神秘主义追求的最高目标是认识到所有事物之间的联系与统一,并使自己与终极的实在合而为一。四、所有的事物都是运动的、变化的。宇宙是有生命的有机体,既是精神的,又是物质的。(秦学顾,2004:111—112)将这些特点用于解释《道德经》的神秘主义特性似乎再恰当不过了。

二、在中国的历史描述与批判

《道德经》在中国文化史上地位显赫,且神秘莫测,以至于两千五百余年来趋者甚众。无论是帝王将相还是文人墨客都从不同的角度对《道德经》诠疏笺注,阐发玄旨,作注者评论者不计其数。虽说《道德经》"玄之又玄",但"玄"并不是神秘主义,从河上公、王弼到陈鼓应、傅佩荣,从形上之道到形下之器,学者们会说《道德经》神秘,这神秘大多是指行文艰涩,给人一种难以理解的深奥的神秘感,但涉及神秘主义阐释得很少,基本上是 20 世纪 80 年代以后才出现。如赵汀阳所说,对《道德经》的神秘主义解读是一种现代主义解读,大概和西方的知识论问题和知识论神秘主义的传入有关。上文提到了神秘主义的四个特征,即:一、非理性;二、神/终极存在具有超越性;三、神/终极存在不可知;四、人追求与神/终极存在相结合的神秘体验。《道德经》里面到底有没有神秘主义思想,这与每个人对"道"、对神秘主义以及老子哲学观的理解息息相关。研究者和接受者们从神秘主义的一个或几个特征出发,对《道德经》里的神秘主义思想或认或否,或批或赞,体现出不同的理解和解读倾向。

1. 对直观神秘主义的批判

由于老子重视内心直观自省,很多学者因此认为老子的认识论反映了其唯心主义和直观神秘主义的观点,并对此进行了批判。

北京大学哲学系中国哲学教研室编写的《中国哲学史》(2001)批判了老子的神秘主义思想。编者指出:"五色令人目盲;五音令人耳聋;五味令人口爽"(第十二章),"不出户,知天下;不窥牖,见天道。其出弥远,其知弥少"(第四十七章)等说明老子在认识论上是排斥感性认识的,他拒绝从客观世界、从实践经验中寻找真知。"塞其兑,闭其门"(第五十六章)的主张说明老子提倡闭目塞听,崇尚内心直观。"为学日益,为道日损。损之又损,以至于无为"(第四十八章),表明老子要求人们减少知识,减少欲望,以达到一无所知。该书编者认为老子的这些思想体现了他的神秘主义的内心直观,表现了他否定知识、否定人生的消极态度。

韦政通认为老子反对经验之知,鼓励直觉之知。他说,"不出户,知天下"的"知"为一种"直觉之知","不依靠一种观点,不依靠任何符号,而是直入事物的内部,与事物融而为一的观物法"(韦政通,2009:110)。在韦政通看来,老子的神秘倾向过于玄虚。杨翰卿认为老子的认识论是神秘的,因为老子的"得道"需要"致虚极,守静笃",要求人不要受到私欲和外界活动的干扰;需要"涤除玄览",把内心的一切欲望都去掉,以直通"道",这种"塞其兑,闭其门,挫其锐,解其纷,和其光,同其尘"的方法"陷入了排斥感性和理性的神秘直观,具有浓厚的神秘色彩"(杨翰卿,2004:67)。

2. 对与道合一的神秘体验的描述

除了对直观神秘主义的批评以外,中国语境下的《道德经》阐释还包括对与道合一的神秘体验的描述。神秘主义的核心之一是"结合"。在基督神秘主义中,"结合"是指修炼者与上帝合而为一;在《道德经》中,神秘主义者看到的是修炼者的修炼过程,以达到与道合一。

张荣明在《从老庄哲学至晚清方术——中国神秘主义研究》一书中,从政治、军事、道教、佛教等七个角度分析了各家对《道德经》的阐释,指出《道德经》之所以能诱发歧解,其神秘之处在于它的思想内涵和语言文字。张荣明认为《道德经》一书的思想"与上古气功有千丝万缕的联系,而气功往往会使人产生一系列难以言喻的神秘体验"(张荣明,2006:19)。在气功修炼的过程中,人会产生一种身心愉悦、飘飘欲仙的感觉,这正是神秘主义滋生的源泉(同上:66),而修炼的最终目的就是达到个体与宇宙的合一。"载营魄抱一,能无离乎?专气致柔,能婴儿乎?"(第十章)是具体的气功修炼方法,指精神要同身体合一,排除杂念,像婴儿那样柔和自然地呼吸。当"天门开阖"(第十章)时,修炼便达到了最高境界,头顶的"天门"打开,灵魂离躯体而去,与道合一,获得永生。

中国道教协会副会长任法融道长研究道学30余年,他以"道教义理及虔诚信仰的情感来注释《道德经》"(熊铁基等,2002:406),完成了《道德经释义》。他认为《道德经》中的玄理奥义只有在个体修炼和直觉沉思中才能体会,他自己参悟到的"道""既不是有形的'物质',也不是思虑的'精神',更不是理性的'规律',而是造成这一切的无形无象、至虚至灵的宇宙本根"(同上:409)。任法融指出,人道合一是老子追求的最高境界,要达到这个境界就要修身养性,他认为老子在第十章、第二十八章和第三十三章都阐述了修炼的过程。"载营魄抱一……天门开阖"(第十章)是指修炼过程中要使体内元神和元精结合,清静神心。"知其雄,守其雌,为天下溪"(第二十八章)是指要收视返听,意守丹田,这样才能性命双修,常德永葆。"知人者智,自知者明。胜人者有力,自胜者强。知足者富。强行者有志。不失其所者久。死而不亡者寿"(第三十三章),是指要深藏内敛,心无杂念,意志坚强,这样才能与天地为一,与道合真。(同上:411)任法融虽然没有提及神秘主义四个字,但他对《道德经》的理解和阐释却是完全符合神秘主义的特点的。

3. 对神秘主义解读的驳斥

一部分神秘主义解读者认为老子对世界的体认是非理性的,老子的"道"是形而上的终极存在,但同时还存在另一部分学者并不认同这样的观点,他们认为老子不具有神秘主义思想。

张松如在《辟唯心主义先验论与神秘主义直观说》一文中指出,将老子的认识论理解为唯心主义先验论与神秘主义的直观说有违老旨,未尽老义。张松如认为"不出户,知天下;不窥牖,见天道。其出弥远,其知弥少"(第四十七章)应该与后面第五十四章的"以身观身,以家观家,以乡观乡,以邦观邦,以天下观天下。吾何以知天下之然哉? 以此"一起解读,这样我们就可以看出老子并没有完全否认感性观察的作用,他只是认为纯粹的感觉经验靠不住,无法深入事物的内部,认识事物的全部。对于"为学日益,为道日损,以至于无为"(第四十八章)的理解,张松如对一些学者所持有的认为老子宣传"反理性主义"、"蒙昧主义"以及"神秘主义的直观"的观点进行了反驳。他采用了河上公的注释,指出这里的"学"是"政教礼乐之学","道"是"自然之道",这样,"日益"、"日损"就毫无神秘意义了,而是指"'政教礼乐之学',是带着一定社会功利目的的人以他们的喜怒爱憎好恶为'情欲'文饰而成的,而'自然之道',则必须除去这些由个人'情欲'造成的伪饰"(张松如,1992:58)。这反映了老子对背离"自然之道"的"礼"的批判。

赵汀阳认为中国古人主要关注的是生活问题,或者对生活知识进行艺术的诠释,而不对其进行科学的探究,他们的知识追求与超验问题无关,鲜有超越性的信仰,他们更愿意相信那些能够亲身体会和践行的贯穿在万物万事之中的道。基于此,赵汀阳对《道德经》开篇首句"道可道,非常'道'"的解读提出了质疑,他认为将其理解为"可说的道就不是永恒的道",是对老子原义的误读。老子反对刻板,反对墨守成规,按照老子的思路,赵汀阳认为"可道"应解为"可因循"。"道可道,非常'道'"的真正含义是"凡有规可循之道,就不是一般普适之道",可循之道就是指那些能用伦理、经术、政教和礼法规范化、制度化和程序化的东西,也正是老子在《道德经》各章里不断反对的那些东西。赵汀阳指出,对"道"的理解关乎对老子整个思想的理解,将"可道"理解成"可说"就将老子的思想划归到了神秘主义知识论的范畴,而这种误读可能和西学的传播有关。(赵汀阳,2011:8)

综上所述,我们可以看出国内对《道德经》中神秘主义思想的阐述大多语焉不详,并未对神秘主义做出清晰明确的界定,多是以一个或几个特点笼统带过,少见系统性的研究。

三、在西方的解读与去神秘主义

西方世界对于《道德经》是否是神秘主义主要围绕"道"是否具有超验性或者神性而展开。对于《道德经》神秘主义的肯定、否定或者批判,西方学者在不同的时期不同的文化需要下有着不同的立场,但总体趋势是经历了一个从神秘主义解读到去神秘主义解读的过程。

1. 基督教神秘主义解读

基督教神秘主义认为上帝是最高的存在,与上帝(或者超验的存在)合一,即在心灵的静观中达到"人神合一"是每一个基督教神秘主义体验者的最高追求。在《道德经》传入西方的最初阶段,许多学者对此都是做这样的解读,在《道德经》里找到上帝的影子。英国汉学家理雅各研究了《道德经》的第一个拉丁译本,指出译者翻译此书旨在阐明中国人很早就熟知"三位一本"和"道成肉身"的概念了。(Legge,1962:xii)1820年,法兰西学院第一位汉学教授雷慕沙发表了《老子生平及其作品》一文。在该文中,雷慕沙声称,在《道德经》第十四章里出现的"夷"、"希"、"微"("视之不见,名曰'夷',听之不闻,名曰'希',搏之不得,名曰'微'")暗合希伯来语"Yahweh",意指上帝耶和华。雷慕沙认为老子的"道"是创世者,是宇宙形成的第一动因,含有绝对存在、理念、言词等三层意思,类似于西方的"逻各斯"。所以,他将"道"翻译成西方人最为熟悉的"logos"(逻各斯)。老子的"道"是否就是古希腊哲学和《圣经》中的"逻各斯"? 姚小平从历史的维度阐述了"logos"的起源、发生和发展,指出"logos"自赫拉克利特始就被赋予了神性,"logos 神秘主义是西方语言哲学观的代表"(姚小平,1992:34)。"logos"只可意会,不可言传,它是永恒存在的,为人类所共有的;它主宰着一切,是世界万物之源;它是"一",唯一的智慧,唯一的神;它为灵魂所固有。简言之,"logos"是"世界与神的统一,自然与精神的统一,神秘主义与理性主义的统一"。(姚小平,1992:35—36)由此,我们可以看出将"道"翻成"logos"(逻各斯)体现了译者对《道德经》的神秘主义诠释。

　　1842 年,雷慕沙的学生儒莲(Stanislas Julien)出版了《道德经》的全译法文版,这被认为是第一部准确反映老子思想的译本,自此也进一步激发了西方人研究《道德经》的热情。法国汉学家马伯乐(Henri Maspero)和康德谟(Max Kaltenmark)认为"道"是超验的存在,神秘体验的最终目标就是与"道"合一,《道德经》里暗含了体道的技巧。英国汉学家韦利在他的译本《道及其力:〈道德经〉及其在中国思想中的地位研究》中首先用一大半的篇幅阐述了他对《道德经》以及"道"的理解。他说,"道"既是道路,又是方法,但在道家看来,"道"是"宇宙的运行方式;从抽象和哲学的角度来看,近似于上帝……所以西方人对此概念应该没有理解困难"。(Waley,1958:30)在论述神秘体验时,韦利引用了《庄子·田子方》里老子体道的故事,说孔子去见老子,发现老子一动不动,形如枯木,超然物外,后问他是怎么回事,老子答曰:吾游心于物之初。为了便于西方人理解,韦利将此修炼比喻成印度的瑜伽。(Waley,1958:116)

　　史怀哲(Albert Schweitzer)认为,老子使神秘主义发扬光大。史怀哲指出,同任何神秘主义一样,老子忽略通过感性来获取经验,认为人不能为各种感官所左右,人只有靠本来已具有的精神才能领悟世界的精神本质。他贬低通过自然方式而获取的知识,要求人们放弃外在知识,绝少探讨客观世界,认为"世界的道只能通过人内心的道去获知,所以这不是一个认识道的过程,而是一个体验道的过程"(史怀哲,2009:57)。老子否定人以作为的方式进入客观世界中去,他认为最好的作为就是自我发生,自然而然,通过无为而起到作用。史怀哲认为道家神秘主义强调的不是"无为",而是"无为而治",通过精神方式实现的东西要远远多过行为,"这实际上是最深刻的对生命和对世界的肯定,并达到了最高层次的治"

（史怀哲，2009：66）。史怀哲说西方人只要理解了这一层的道理，才能真正理解道家的神秘主义。史怀哲指出其他所有的神秘主义都来源于对生命和世界的否定，而道家的思想却是建立在对生命和世界的肯定之上的。（同上：66）他对老子予以很高的评价，他说"康德和黑格尔是西方思想上的巨人，老子则是人类思想上的巨人。他以一系列基本的问题，如对生命及世界的肯定以及最高境界的治，给了人类思想巨大的洗礼。与老子思想相比，尽管康德和黑格尔非常伟大，但他们仍然只是探讨了一些潜在的和边缘的问题"（同上：67）。

这些学者从《道德经》中看到了"道"的超验性，以及得"道"的非理性途径，而这些正是基督教神秘主义的特征，所以，我们认为他们对《道德经》进行了基督教神秘主义解读。

2. 中国式的神秘主义解读

上文提到了西方学者对《道德经》的基督教神秘主义解读，然而，并不是所有学者都认同"道"具有超验性，有的认为"道"以及体"道"过程都具有中国特色，所以《道德经》是具有中国特色的神秘主义。

史华兹（Benjamin Schwartz）认为神秘主义是《道德经》最大的特色，但是这个神秘主义是有中国特色的神秘主义。他断言，道家神秘主义"从根本上讲仍然是中国式的并且完全自成一格的神秘主义"（史华兹，2008：253）。史华兹首先归纳了神秘主义的特征：存在一个言语无法描述的终极实在；这种终极实在是人类意义世界的根源，为世界上的存在物赋予了意义；人类能够与这种终极的实在取得神秘的合一。史华兹认为《道德经》除了具有以上神秘主义的共性之外，还具有自己独特的个性，这首先体现在"道"这个术语的使用上。"道"在儒家那里，指社会秩序；在《道德经》里面指包含一切的秩序，一个指称秩序的词是与神秘事物相对立的，它似乎不应该具有神秘含义。但是，中国文化里的这个秩序又不是理性和逻辑可以分析的秩序，它是"内在主义的整体"，不可捉摸，所以仍然具有神秘主义的性质。其次，《道德经》里并没有论述关于实现神秘主义所需要的技术。再次，老子的神秘主义是肯定自然的神秘主义。"天地不仁，以万物为刍狗"（第五章），老子的自然是自发运行的，没有经过预先规划的，这与18至19世纪西方科学的自然主义有相似之处。但史华兹指出，这种自然而然并不缺乏神秘性，借助于这种形式，存在自发地"从非存在之中产生出来，并要复归非存在"，这本身

就是神秘的。（史华兹，2008：274）

葛瑞汉（A. C. Graham）、科恩（Livia Kohn）和拉法格（Michael LaFargue）的观点又不完全相同，他们认为，中国人的意识里并没有超验的绝对存在的概念，"道"并不是不可言说的绝对实体。因此，他们指出，老子的神秘主义拥有自己的特点，不可以纳入普遍范式，在很多重要方面和西方的模式不尽相同，其最大的特点就是它是不需要形而上的绝对实体的神秘主义（Hardy，1998：179），也就是科恩所称的世俗的神秘主义。科恩进一步指出基督教神秘主义强调神秘体验，体验者获得神的启示或洞见，充满了愉悦的确信感；而老子的神秘主义强调的不是体验者的经历，而是体验者身心的转化，他的身心有没有融入宇宙，他有没有做到无为。基督神秘主义的终极目标是与上帝化一，上帝在西方传统里是超验的存在，是完完全全的他者；老子神秘主义的终极目标是与道化一，但是道却是内在的，它无处不在，既存在于自然中，也存在于每个人的内心。（Clarke，2000：146）

蕾妮（Lee Dian Rainey）解读《道德经》神秘主义时首先摆出了神秘主义的四个特征：不可言说性，知悟性，暂时性和被动性。她认为《道德经》里的"道"是不可言说的"道"，老子使用的语言是神秘主义者擅用的似非而是的隽语，以及诸如"无为"、"无欲"、"无知"等否定用语，蕾妮同时又指出《道德经》的神秘主义独具特色。她的观点和科恩相似，认为老子神秘主义是专注于自我修炼的世俗神秘主义，老子的"道"不具有超验性。蕾妮另外还指出西方神秘主义者寻求与超越日常生活的终极存在合一，类似于滴水融入大海，而老子的与道合一却是带给体验者对日常生活的全新洞察。（Rainey，2014：209—212）可见，老子的"道"是否具有超验性，是一个颇具争议性的问题，而"道"的中国特色，更让"道"呈现出纷繁的色彩。

3. 去神秘主义解读

除了以上种种阐释和批判之外，还有不少学者跳出神秘主义的范式，直接探讨"道"的非超验性，剥去其神秘主义的外衣。

李约瑟是从反超验的角度来解读老子神秘主义的。与一般西方学者的看法相左，他不同意老子的反智是反理性的神秘主义，他认为老子反对的不是知识，而是知识分子，是"尚贤说"。李约瑟从《道德经》里看到的是老子的原始科学观和反对墨守成规的思想。他将《道德经》里的"科学"的自然主义和欧洲早期的科学观进行比较,指出自然主义和科学的结合是现代科学思想的摇篮。追求客观、拒绝臆想的科学和追求人道合一的神秘主义自然格格不入。

安乐哲和郝大维(Roger T. Ames & David L. Hall)指出,"道家并不认为在现象背后存在着某种永久的真实、某种不变的基体、某种在变化的偶然性背后本质限定等方面的东西"(安乐哲 & 郝大维,2004:17),"道"是"这个世界可以察觉的循环和变化,环绕我们周围且贯注我们身上"(同上:29),《道德经》想要阐述的是"如何最大限度地取益于个体——这每一独特经验的结合体。这正是赋予我们生活以意义的东西"(同上:13)。在他们看来,老子的思想是非超验的,非神秘主义的,并将《道德经》翻译成"Making This Life Significant"(道不远人)。他们认为关于《道德经》书名的很多翻译,诸如亚历山大(G. G. Alexander)的 *Lao-tse:The Great Thinker with a Translation of His Thoughts on the Nature and Manifestation of God*(《伟大的思想家老子及其他对自然和上帝之光的思考》),迦耳斯(Paul Carus)和铃木(D. T. Suzuki)的 *The Canon of Reason and Virtue:Lao Tzu's Tao Teh King*(《理性美德之宝典:老子的〈道德经〉》),以及最广为流传的韦利的翻译 *The Way and Its Power:A Study of the Tao Te Ching and Its Place in Chinese Thought*(《道及其力:〈道德经〉及其在中国思想中的地位研究》)等都反映了译者在西方哲学视域下的理解,为《道德经》强加了西方的上帝、理性和形而上学的解读。

陈汉生(Clad Hansen)将去神秘化推进了一步。在《中国思想的道家理论》里,他从历时的角度分析对比了孔子之道、墨子之道和孟子之道,最后指出老子之"道"的含义。他认为,将《道德经》里的"道"理解为"绝对存在"是一种误读,"道"不具有形而上的性质,任何将"道"翻译成带定冠词的大写的"道"都是错误的,它只是小写的道,是指导人正确行为的话语形式,《道德经》通过"道"表达了语言对社会指导意义的怀疑。陈汉生说:"道家思想是一个关于'道'的'道';它讨论话语,制定规则。它是关于所有'道'的一系列理论。……老子想要逃避语言的社交功能。"(转引自 Hardy,1998:179)陈汉生将"道可道,非常道"阐释为"任何规定性的体系一旦诉诸话语就不再是永恒的指导"(同上:180)。张娟芳认为陈汉生与众不同的阐释是因为他没有用西方的文化背景来解读《道德经》,而是带着文化之间存有异质性的理念,用中国文化的自身传统来阐释老子。(张娟

芳,2003:32)

就像一千个读者就有一千个哈姆雷特一样,每个人心里都有一本自己的《道德经》。在阐释面前我们很难断言孰是孰非,但我们可以清晰地看到西方在理解和接受《道德经》神秘主义时自身视域的移动:他们从最开始完全从己方视域出发看待《道德经》,到尝试与之融合,找出其中的异质性,最后试图跳出自己的思维范式而从中国历史文化的背景中来寻求答案。从这条线索中,我们看到了中西文化交流和对话的曲折与艰辛。

四、《道德经》的神秘主义思想对世界文化发展的影响

著名英国科学史家、生物学家、两次诺贝尔奖得主李约瑟说:老子似乎用惊人的洞察力看透个体的人和整个人类最终的命运。(李世东等,2008:78)随着对客观世界探索的深入,人们发现《道德经》里的神秘主义思想早在千年前就为当代指明了前进的方向。

当近代物理学走进了原子和亚原子时代,物理学家们讶然地发现,他们曾经以为构成物理世界基本单元结构的原子、原子核等并不是物质的终极成分,这个世界也许并不存在基本粒子,而且粒子是过程而不是物体,"每个粒子都包含有其他粒子,同时又是它们之中每一个的一部分"(卡普拉,1999:286)。这亚微观粒子的世界是一个几乎无法用普通语言表述、超越了感觉世界的四维时空体。自然界并不是由一些基本的实体组成的,它的各种成分既互相组成,又组成它们自己,我们只能通过自然界本身的自洽性来认识自然界。(卡普拉,1999:273)物理学家透过物质的表面穷极万物本源之后,突然发现其实这一切,老子在2500年前通过内观和神秘主义直觉便深刻意识到了。老子说,"反者道之动"(第四十章),自然界的一切现象都是在相反对立的状态下形成的。"有无相生,难易相成,长短相形……音声相和,前后相随"(第二章),现象界的一切都是相互联系、相对变动的,一切对立物都隐含着同一性。老子说,(道)"寂兮寥兮,独立不改,周行而不殆……人法地,地法天,天法'道','道'法自然"(第二十五章)。道无声无形,周而复始地运动着,它无须遵循任何立法,它的本性就是自然而然。西方人从现象世界出发对物质本质进行理性的探索,东方人从内心出发,通过神秘主义的至虚守静认识到事物的真相,他们殊途同归,得出了一致的结论。卡普拉感

慨道:"察知近代物理学的宇宙观与东方神秘主义观点之间深刻的和谐一致,是一个广泛得多的文化变革中不可缺少的一部分。它将导致关于现实的新观念的出现,这种观念要求我们的思想概念和价值观发生根本的改变。"(卡普拉,1999:2)卡普拉认为,当今世界的诸多问题,核危机、饥荒、环境的破坏等归根结底还是观念的问题。塑造并主宰了西方社会数百年之久的文化是建立在机械的宇宙观、优胜劣汰的人生观和重理尚阳的社会观的基础之上的。这种价值观认为宇宙由基本的模块机械地组成,人人都为生存而战,崇尚工具理性,认为女性应该从属于男性。当理性和技术穷源溯流事物的本质,发现与东方神秘主义的洞察如出一辙时,人们意识到这个世界亟需一场变革,一个关于思维范式的变革,这种新的思维范式把世界看作是一个整体,认识到所有现象都是相互联系的,每个个体都融入在自然界的周而复始之中。卡普拉将这种世界观称为生态学世界观,这种世界观也正浮现于其他的学科中,并势必将改变整个社会。(同上:313)这一观点也正应合了老子的神秘主义思想,他通过形而上的"道"解释了宇宙现象,重视万物的自生自长,纯任自然,并借此进一步提出"自然无为"、"虚静"、"不争"等种种观念,要求人们减少占有的冲动,以创建一个和谐的社会。

诚如海森伯所指出的那样,"在人类思想发展史中,最富成果的发展几乎总是发生在两种不同思维方式的交会点上。他们可能起源于人类文化中十分不同的部分——不同的时间、不同的文化环境或不同的宗教传统。因此,如果他们真正地汇合,也就是说,如果它们之间至少关联到这样的程度,以至于发生真正的相互作用,那么,我们就可以预期将继之以新颖有趣的发展。"(海森伯,转引自卡普拉,1999:扉页)当两千多年前的《道德经》逐渐对西方解开其神秘的面纱时,整个世界也会如一道光启一样,融入"道"中,与天地为一,获得生命的超越。

下篇：《道德经》在异文化语境中的翻译与效果

　　《道德经》早在公元 7 世纪就开始向国外传播，最先由玄奘译成印度文，后来又传到日本等国，16 世纪又通过西方传教士传入欧洲社会，被译成拉丁文、法文、德文、英文等版本。尤其是进入 20 世纪以后，《道德经》在西方的影响迅速扩大，新的译本如雨后春笋般诞生，掀起了《道德经》"译介热"。中国道教协会副会长张继禹曾指出，《道德经》的外文译本已经达到 500 多种，涉及三十多种语言。又据联合国教科文组织统计，《道德经》是除《圣经》之外被译成外国文字发行量最多的世界文化典籍。在《道德经》外译本中，德文、英文、法文的最多，这三种语言每种的译本都超过了 100 个。根据河南省社会科学研究院研究员丁巍等的考证，《道德经》有 240 种德文译本，182 种英文译本，109 种法文译本，11 种意大利文译本，12 种俄文译本，10 种荷兰文译本，4 种瑞典文译本，3 种保加利亚文和捷克文译本，2 种西班牙文译本，丹麦文、芬兰文、挪威文、世界语、冰岛文、葡萄牙文和匈牙利文译本各 1 种。（辛红娟、高圣兵，2008：79—80）根据笔者近年在英国的研究，仅从剑桥大学图书馆进行检索，就可见 200 多种关于《道德经》的译本和研究成果。可见，《道德经》已在世界范围内形成广泛的接受态势，而且其相关译介和研究成果还在迅猛增长。因此，在本书下篇中，主要从翻译的视角切入，对《道德经》在西方译介和传播的过程中所面临的问题和策略进行深入探讨。

　　下篇内容主要包括第五章至第十一章。在第五章中，主要从宏观层面关注《道德经》在主要流传国家的基本译介情况，介绍《道德经》在西方译介和接受的主要类型，重点梳理《道德经》在德国、俄国、法国、英国、美国等国的翻译概况，描述《道德经》在西方译介的基本轨迹。

　　从第六章开始，着重从微观层面出发，分析《道德经》译介过程中的得与失，包括对文化危机中的翻译与意识形态问题、翻译中的"文化不等值"、道家之美与翻译之美、道家之诗与翻译之诗，以及文化差异与翻译误读等现象、问题和策略的探讨。

关于文化危机中的翻译与意识形态，在下篇的第六章将展开详细探讨。在西方不同的历史时期，《道德经》的译介都刻上了意识形态的印记，也保留了意识形态对译本进行操纵的记忆。殖民主义意识形态的彰显与受阻，以及多元文化意识形态的出现，导致译者制作出不同的译本形态，无论是从整体思维倾向还是从微观的篇名、文化负载词和语篇全域来看，意识形态对翻译的影响巨大，其效果是，在传播中国文化的同时也部分地导致了文化的扭曲和误解。

《道德经》中有很多中国文化特色词汇和中国哲学特有词汇，如何传译这些具有中国文化特征的表达法，是决定译本成败的关键。翻译是一种跨文化行为，由于文化的差异，译者的理解产生偏差，再现原文时也会因为文化的不同造成译本文化上的"不等值"。第七章以韦利的英译本为例，从中国历史文化词汇、汉语特色词汇和《道德经》哲学词汇三方面出发，讨论翻译的"文化不等值"现象及其原因，并提出改进方案。

《道德经》在内容、行文等方面都体现出中国语言文化独有的美学特征，这是老子《道德经》的魅力所在。如何再现原语文本中的美学特色，对《道德经》译本的美学效果起着至关重要的作用。第八章通过比较、分析《道德经》原本中的母性之美、辩证之美、玄妙之美和悖谬之美，以及理雅各、韦利和林语堂三位译者的《道德经》英译本的传译效果，揭示了《道德经》在英译过程中的审美问题，探讨了其美学意蕴在英译过程中的再现手法，并指出今后的翻译传播方向与策略。

《道德经》原本的语言简洁，但所含意义深奥，其词与物之间并非一一对应，因此，对翻译是巨大的挑战。第九章从词与物、句与义的基本层面着手，对《道德经》的语言特色以及译者所采取的翻译策略进行分析。在词汇层面上主要关注哲学术语、文化词汇和普通名词的保留和改变；在句法层面上主要探讨意义的切割与连贯、语言形式的再现和逻辑的勾连等具体问题和表现策略。

在诗学层面，《道德经》呈现出多样开放的诗学特征，尤其是其丰富的修辞手段，给译者以巨大的考验。第十章即从诗学角度切入，考察《道德经》原本及译本的诗学特色，以及译者们采用的翻译诗学策略。通过对《道德经》中字词、句法、修辞三个层面的诗学翻译特色的分析和策略的研究，揭示不同的诗学翻译策略与文化传播之间的关系。

翻译并非在真空中进行，要受到种种文化因素的制约，译者也不可避免地带有自己的文化"先结构"，这样的先结构制约了译者对原文的再现方式。翻译作为一种文化行为，受到文化差异以及译者先结构的潜移默化的影响，使译者在翻译中不自觉地发生"误读"。第十一章以韦利、理雅各和林语堂的译本为例，比较分析文化"先结构"、思维习惯、语言差异、社会系统差异和物质生活差异所导致的文化误读；同时以文化误读为探入点，分析译本的得失，并提出翻译改进方案。

第五章 《道德经》在国外的译介概况

自早期被传教士译成西方文字以来,《道德经》就一直受到西方的关注,西方人带着不同的目的来翻译和解读《道德经》,希望在其中找到解决各自问题的答案。最早翻译《道德经》的来华传教士,希望在《道德经》中找到基督教三位一体的存在,为其在中国的传教活动找到文化的契合点。比如,耶稣会士马若瑟对《道德经》的拉丁文注解就属这种情况。这种情况不仅存在于耶稣会士当中,一些汉学家也会把自己思维的先结构带入《道德经》的翻译中去,使《道德经》的译本披上了基督教的外衣。之后,经历了机器大工业的发展和第一次世界大战的西方社会陷入危机,对自然的破坏和残酷的战争给西方人的心灵造成了极大的伤害,这使西方一些学者看到了西方文化和机器文明的弊端。在不断的求索中,他们在《道德经》里找到了希望。他们发现,老子哲学思想中的无为、任自然以及人与自然和睦相处的思想,恰好能够拯救西方工业化所带来的混乱。于是,他们将老子的哲学思想作为挽救西方社会的一剂良药,代表人物有德国汉学家卫礼贤(Richard Wichelm)、魏尔奇(Holmes Welch)和英国汉学家李约瑟。(张娟芳,2003:8)时至现代,西方哲学出现发展的危机,西方世界再次试图从东方哲学经典《道德经》中寻找西方哲学发展的新出路。特别是帛书版《道德经》的发现,把翻译、研究《道德经》的"老学热"推向了新的高潮。这一时期的译者更加注重《道德经》翻译的准确性,由此出现了大量的依据帛书版翻译的《道德经》译本,还包括采用中西对比的研究方式来比较西方哲学和老子哲学思想的异同的系列成果。后现代哲学思想与老子哲学思想的不谋而合,更是为《道德经》的语际传播开辟了新的路径,《道德经》在西方各国的译介也呈现出丰富多彩的局面。本章即从几个主要接受国的情况出发,历史地描述《道德经》在不同文化语境下的翻译概况,以呈现其基本传播路向、发展轨迹和影响效果。

一、《道德经》在德国

《道德经》在德国的接受与影响最为深广，不少诗人、哲学家、传教士对老子的哲学思想感兴趣，广泛研究老子及《道德经》，并取得了令人瞩目的成就。

最早的德译本《老子》出版于 1870 年，由德国作家斯特劳斯（Victor von Strauss，1809—1899）翻译。斯特劳斯的译本不仅是《道德经》在德国的最早读本，而且从出版到 1959 年期间曾四次再版，这在某种程度上说明了老子思想在德国有较大的影响。在斯特劳斯的译本中，他认为"道"即"神"，"道"的概念等同于"神"的精神。在此，我们看到早期德译本将东方之"道"涂上西方宗教色彩的典型案例。

在《道德经》的众多德译本中，德国汉学家、传教士卫礼贤的《老子道德经》可谓最受欢迎。此译本于 1911 年在杜塞尔多夫—科伦出版以后，反响强烈，再版达八次之多。1925 年，卫礼贤发表了《老子及其道教》，同样也是用基督教精神来理解"道"，把"道"当作"意识"来看待。（北辰，1997：103）卫礼贤所译的道家著作，对德国学者和作家产生了直接影响，并为德国人了解中国传统思想做出了杰出的贡献。1930 年荣格在《纪念理查德·威廉（即卫礼贤）》的讲话中指出："东方的精神的确拍打着我们的大门。我觉得，在我们这里，实现这种思想，已成为一种集体现象。这种现象来势之猛，超过一般人的想象。"（马祖毅、任荣珍，1997：76）从荣格的讲话中，我们不难发现卫礼贤所翻译的《道德经》在德国形成了难以想象的效果和巨大的影响力。

除斯特劳斯和卫礼贤以外，研究老子及《道德经》的德国学者和译者还有很多。比如，加贝伦茨（Georg von der Gabelentz）1889 年用英文在《中国评论》上发表了《老子的一生及其学说》，东德汉学界知名人士艾克斯（Eduar Erkes）于 1945年用英文翻译出版了《〈河上公本老子〉译注》，此译本译自王弼的版本，颇受欢迎，再版了五次。自 20 世纪 70 年代以来，德国又涌现出几位研究《道德经》的中青年学者，如师从康德谟教授的索安（Anna Seidel），任教于美国波士顿大学的科恩（Livia Kohn），慕尼黑大学的莱特（Florian C. Reiter），海德堡大学中文系主任瓦格纳博士（Rudolf G. Wagner），等等。

在哲学领域，受翻译的影响而接受老子思想的德国哲学家有莱布尼茨、康德、黑格尔、谢林、雅斯贝尔斯和海德格尔等。

莱布尼茨是较早接受并成功运用老子思想的哲学家之一。在来华传教士的帮助下，布莱尼茨了解了中国的哲学思想和文化，并试图翻译《道德经》。他根据老子的阴阳学说提出的二进制思想，是现代数理逻辑的雏形（刘瑞强、刘瑞琦，2006：89）。

康德是通过早期来华传教士对《道德经》的译介来了解老子哲学思想的。康德在1794年的一个演说中提到了老子，并对老子思想加以否定性的评论："中国哲人努力在暗室中闭目塞听，以便去思索和感受他们的这种无。"（艾尔伯菲特，2010：10）或许主要是从传教士那里对老子哲学思想得到片面的了解，康德对老子思想给予了否定性评价，之后也没有更多关注。康德对老子思想的否定，还在于老子思想与他的思想格格不入，康德对此既找不到启发，也无法用老子的思想来说明自己的观点。艾尔伯菲特认为，康德之所以对老子思想进行否定性的接受，是因为康德哲学是意识哲学，是关于主体如何去认识客体的哲学。而"在老子思想中没有主—客体分离的话题，因为它从一开始就被避开了，如果人们依循着'道'来生活和处事的话。"（艾尔伯菲特，2010：11）所以，康德对老子哲学思想采取的是不屑一顾的态度。

黑格尔也对老子哲学思想进行过阐述。黑格尔是通过法国汉学家雷慕沙的相关著作了解到老子的哲学思想的，但他把老子的道家思想与道教混为一谈了。他指出，"还有另外一个宗派即'道家'。这一宗派的信徒不是官员，不与国家宗教有关……老子的书，'道德经'，并不在正式的经书之内，也没有经书的权威……他们献身于'道'的研究，并且肯定人若明白道的本原就掌握了全部的普遍科学，普遍的良药，以及道德；——也获得了一种超自然的能力，能飞升天上，和长生不死"（黑格尔，1959：124）。这显然是对老子思想的误读。最后，黑格尔认为"道"就是原始的理性，"产生宇宙，主宰宇宙，就像精神支配身体那样"（黑格尔，1959：126）。所以，他认为"道"应该翻译为"理性"。尽管黑格尔所论述的老子的"道"，与其绝对理念很相似，但黑格尔以欧洲中心主义的思维方式，认为东方没有发展出真正意义上的哲学。在他看来，这只是原始理性，是哲学的预备阶段。黑格尔的误读让人意识到，经过二度阐释的哲学往往存在变形之处。

谢林也非常关注老子哲学思想，他提出了"潜势"的哲学观点。他认为，有三种潜势（Potenz）："第一种潜势"是"纯粹无之存在"（-A）或者"纯净的能存在"。

第二种是"纯粹存在"（A）。第三种不仅是行为也是潜势，叫作"在非存在中存在或者存在中非存在"（艾尔伯菲特，2010：14）。谢林把老子的"道"解释为"门"或"入口"，认为"道"是通往存在的入口，并认为它和自己所说的第一种潜势非常相似。这是谢林对老子思想中"'道'生一，一生二，二生三，三生万物"的宇宙万物生成方式的阐释，认为"道"就是非存在者成为存在的一种潜能。谢林对老子哲学思想的阐释，目的是用老子的哲学思想来证明自己的"潜势"说。

雅斯贝尔斯在《历史的起源与目标》一书中提出了人类历史的"轴心期"的思想，这一思想与老子关系甚密。雅氏认为，在公元前500年前后的时期内，人类历史进入一个轴心期（Axial Period）。"在中国，孔子和老子非常活跃，中国所有的哲学流派，包括墨子、庄子、列子和诸子百家，都出现了。"（雅斯贝尔斯，1989：8）在西方则出现了巴门尼德、柏拉图等哲学家，印度出现了《奥义书》和佛陀，巴勒斯坦出现了以赛亚等先知。雅斯贝尔斯的这种分析，是要把整个世界的历史纳入其考察的对象，而不是仅仅以西方为中心进行分析。与其"轴心期"的思想一样，雅斯贝尔斯要把东西方的哲学都纳入他的研究视野，从而试图构建其世界哲学史的设想。在他看来，亚洲的哲学思想和西方哲学思想一样，共同构成世界哲学史的一个环节。所以，在他的《大哲学家》一书中，他把老子与阿那克西曼德、赫拉克利特、巴门尼德、龙树等哲学家一起归到"原创性形而上学家"这个类别。雅斯贝尔斯不仅认为老子哲学思想在世界哲学中占有重要的位置，而且他本人也从老子哲学思想中得到启发，"从老子的'道'中看到了他自己哲学中的核心概念'统摄'，他不仅认为这两者可以相互比较，甚至认为在某种程度上这两者可以互为解释"（李雪涛，2012：433）。雅斯贝尔斯认为按照西方分类标准分类的形而上学、宇宙起源说、伦理学等类别，"在老子那里，所有这一切都包容在'一'之中，这是老子敏锐深刻的基本思想"（雅斯贝尔斯，2005：816）。基于此，雅斯贝尔斯得出"道"就是"统摄"的结论。显然，雅斯贝尔斯对中国的哲学流派给予了高度的认可。

海德格尔是通过中国学者萧师毅深入了解到老子哲学思想的，并且和萧师毅一起翻译过《道德经》的部分内容。海德格尔非常喜欢老子的哲学思想，他请萧师毅把《道德经》第十五章的两句话"孰能浊以静之徐清，孰能安以动之徐生"写成中文，并悬挂在墙上。从海德格尔的著作里面，还可以找到老子哲学思想的影子，至少可以说海德格尔在老子那里找到了知音。海德格尔在《物》的一篇文章中,在讲到物之物性的时候举了一个关于"壶"的例子,来说明壶之所以成为用于容纳东西的器皿,不在于壶的壁和底部,而在于它的虚空。"当我们灌满壶时,液体就在充灌时流入虚空的壶中。这种虚空(die Leere)乃是器皿具有容纳作用的东西。壶的虚空,壶的这种虚无(Nichts),乃是壶作为有所容纳的器皿之所是。"(海德格尔,2005:176)海德格尔关于壶的这个例子,可以从《道德经》中找到同样的比喻。在《道德经》第十一章有这样几句话,"三十辐共一毂,当其无,有车之用。埏埴以为器,当其无,有器之用"。"埏埴"是指将用水去拌和粘土。也就是说把粘土制造成器皿,只有当器皿中间是虚空的时候,才具有器皿的本质。海德格尔的"壶"的例子和老子的例子是同出一辙。海德格尔在《语言的本质》一文中提到,老子的"道"就是指道路,而把它翻译作理性、精神或逻各斯都不太合适。"道"之所以是指道路,在海德格尔看来,"'道'或许就是为一切开辟道路的道路,由之而来,我们才能去思考理性、精神、意义、逻各斯等根本上也即凭它们的本质所要道说的东西"(海德格尔,2004:191)。海德格尔的这种观点,是要运用现象学的观点,来重新思考西方传统哲学中的一切概念。"道路的现象学和在古汉语语境中的'道'的含义由此重新归于相互应合之中。"(艾尔伯菲特,2010:20)

除了传教士、汉学家和哲学家受到老子哲学思想的影响外,德国的诗人也受到了老子思想的启发。剧作家、诗人布莱希特(Bertolt Brecht)就是其中之一。布莱希特接触中国哲学最早就是从阅读老子的《道德经》开始,他受到老子思想影响的最大体现就是1938年创作的叙事诗《老子在流亡途中著〈道德经〉》,大意是善良的中国哲人老子在国内为穷人说话,受到邪恶势力的迫害,难以存身,只能狼狈逃出关外。在亡命途中为了明志,老子愤然写下了流传百世的《道德经》,并且预言:弱水终能战胜顽石,善良终能战胜邪恶,即老子所说的"天下莫柔弱于水,而攻坚强者莫之能胜"(第七十八章)。诗中柔弱胜刚强的思想表现了布莱希特战胜法西斯的乐观精神。这首诗不仅具有鲜明的现实意义,还显示出布莱希特在中国古典哲学方面的深厚素养。(刘颖,2008:148)

受老子思想影响的另一位诗人是施华滋(Ernst Schwartz),他于1916年8月6日出生于奥地利的维也纳,在中国生活了二十二年,对中国的儒家、道家、佛学都有精湛的研究,直到老年还能背诵梵文佛经。他翻译的德文版《道德经》被公认为几种译本中对原文理解最深、表达最好的版本。从20世纪70年代到现在印行了十几版,共近七十万册。施华滋还著有《德国学者论〈道德经〉》,在文章中他谈到了对"道"和"德"的理解与翻译。

二、《道德经》在俄国

老子《道德经》在俄国的翻译与传播也颇为广泛。19世纪,对老子思想在俄国的传播做出贡献的有传教士俾丘林(N. Y. Bitchurin)、科学院院士魏西里夫(V. P. Vasilyev)及其弟子格奥尔基也夫斯基(S. M. Georgievsky)等人。

早在沙俄时代,汉学家丹尼尔(西维洛夫)就已译出《道德经》,1915年由喀山大学教授扎莫塔依洛以《丹尼尔(西维洛夫)档案资料中未公布的〈道德经〉译文》为题予以发表,载于《敖德萨图书志学会通报》1915年第四卷第5、6册。(李明滨,2007:36)

俾丘林是俄罗斯著名的汉学家,第一个较为系统地译介了老子学说。他于1842年在《祖国之子》杂志上发表《老子及其学说》。他认为,老子与宗教没有任何关系,后世的老子继承者脱离了老子的思想方式,构建新原理,进而创立了道教。(辛红娟,高圣兵,2008:80)在俾丘林那里,老子的思想学说与中国道教没有关系。

科学院院士魏西里夫于1873年发表了《东方的宗教:儒教、佛教和道教》,1888年又发表了《道教》,对老子思想在中国思想史中的地位和老子思想学说本身都有精到的研究。格奥尔基也夫斯基于1885年在《中国历史的初期》中提出"道"是宇宙的物质,是宇宙的力,是宇宙的理性。在1888年的《中国的生活原则》中,他进一步指出,《道德经》的哲学学说具有唯物主义的思想。(北辰,1997:104)另外,莫斯科神学院教授格拉哥列夫(S. S. Glagolev)在《中国的宗教》中称,老子的"道"不是神,而是"万有的自然法则"。(北辰,1997:104)可见,老子思想中的宇宙观、朴素的唯物主义思想和自然哲学思想在俄国遇上了知音。

俄国文坛泰斗托尔斯泰(Lev Tolstoy)热爱中国传统文化,翻译和研究孔子、墨子、老子和中国的佛经。他的教育思想中勿以暴力抗恶、道德上自我完善和博爱等深受中国传统思想文化的影响。在诸子百家中,他最钦佩老子。不过他是从基督教的角度来接受老子学说的,认为"老子学说的实质与基督教是相通的"(李明滨,1998:100),把老子的"无为说"等同于他的"不抗恶说"。早在1877年,托尔斯泰就开始阅读和研究老子的著作,1884年开始翻译《道德经》,1895年他校订了在俄国研究神学的日本人小西氏翻译的《道德经》,1910 年主编出版了《中国贤人老子语录》,并将撰写的《论老子学说的真髓》一文收入其中,1913 年出版俄译本《老子道德经》[或《〈道德经〉(关于道教的论述)》]。托尔斯泰从中国的传统文化中汲取了思想养分,丰富了自己的思想和学说。他接受了老子的思想,主张道德修养中必须节制和克服肉体的、物质的贪欲,借以攀登灵与精神的崇高境界。(李明滨,1998:102—103)显然,托尔斯泰对老子学说予以高度的认同,在翻译和研究《道德经》的过程中对老子的伦理思想和生活观都给予了高度的肯定和广泛的接受。

到 20 世纪中期,翻译和研究《道德经》的学者不断涌现。俄国诗人佩列列申(V. F. Pereleshin)首次采用俄国诗歌的形式翻译了《道德经》。他使用的是郑麟的英译本,在目次上做了较大的调整,把"道"译作大写的俄语词"真理"(Istina)。(北辰,1997:105)在《道德经》研究上取得成就的还有莫斯科东方学研究所瓦西里耶夫(L. S. Vasilyev)、莫斯科大学的卢基扬诺夫博士(A. E. Lukiyanov)和圣彼得堡东方学研究所的托尔奇诺夫(E. A. Torchinov)等人。

虽然《道德经》俄译本不多,但对东欧国家的影响极其深远。正是俄罗斯的巨匠,推动了匈牙利等东欧国家的《道德经》的翻译和研究,同时也对世界其他国家对《道德经》的接受形成了广泛的影响。

三、《道德经》在法国

法国也是广为接受老子思想的西方国家之一,学者们也一直致力于《道德经》的翻译和研究。

《道德经》最早的法译本《道德经译注》是由传教士傅圣泽(Jean Francoise Foucquet)约于 1729 年译成的。之后,有关《道德经》的法译文、著作层出不穷。在法国,研究老子及《道德经》最有名的是法国汉学家雷慕沙和儒莲。

雷慕沙于 1832 年发表了《关于老子的一生及作品的备忘录》,并用法文试译了《老子》的第一、二十五、四十一和四十二章。儒莲于 1842 年在巴黎出版第一本完整的《老子》法译本,纠正了雷慕沙论述中的附会牵强之处。这个译本在翻译过程中参考了中国人的许多注本,基本上正确表达了《道德经》哲学思想的内容,被认为是最佳译本。但由于受宗教神秘主义的影响,他认为《老子》的"道"和人们的行为、思想、判断、理性是两回事，借助"道"并不能理解"神"，主张采用"自然"一词，这个词既不是思想也不是理性。（北辰，1997：102）可见，在儒莲的翻译中，"自然"才是老子《道德经》的真谛。

法国耶稣会士戴遂良（Léon Wieger）以翻译道家经典和论及中国宗教和思想而闻名，1911年出版了《道教》第一卷《总目录》，第二卷于1913年出版，题为《道教的天师》，共分三部分：《老子》、《列子》和《庄子》。

研究老子的老一辈汉学家还有伯希和、马伯乐和康德谟。伯希和（Paul Pelliot）精通汉文、俄文、藏文、突厥文等多种语言，他的著作有《摩尼和化胡经》（1903）和《围绕〈道德经〉译成梵语的问题》（1932）。马伯乐（Henri Maspero）除了研究中国古代历史以外，还对中国的道教进行了研究，著有《老子和庄子以及圣人的生的神秘体验》（1934）一文。他认为，道家致力于创造一个对世界的科学化的表象。马伯乐关于道教的著作还有很多，如《关于道教的考察》（1922），《道教的神仙——就其如何与神交感而言》、《古代道教中的养生法》（1937），《中国六朝时期的人的宗教信仰和道教》（1940），等等。康德谟（Max Kaltenmark）曾师承汉学家伯希和和马伯乐，主要研究中国的宗教思想，尤其是道教思想。1950至1953年曾在巴黎大学北京汉学研究所任所长，回国后于1965年发表了《老子与道教》，1969年美国斯坦福大学出版社出版了此书的英文版，这本书对道教和道家做了全面介绍。1979年，他在第二次国际道教研究会议上宣读了《〈太平经〉的思想》，此文同年收入他在耶鲁大学出版的文集《道教面面观》。康德谟还培养了不少道教研究人才，他们现在都是西方道教研究的代表性人物，如施博尔、赛德尔、罗比内等。

在中青年学者中，对老子思想研究颇有成就的当推罗比内（Isabelle Robinet），她是康德谟的高足，毕业于巴黎汉学研究所，1977年发表的《七世纪以前的〈道德经〉注本》，通观了从西汉严遵的《道德真经指归》到唐初成玄英的《道德真经义疏》，受到英国剑桥大学东方学教授巴列特（T. H. Barrett）的高度评价。（北辰，1997：102）

四、《道德经》在英国

英国也是老子思想传播最早的国家之一。英国传教士理雅各专注于研究比较中国的道教与西方的基督教,于 1861 年在香港翻译出版了《老子道德经》,1875 年出任牛津大学首任汉学讲座教授,1880 年在伦敦发表了《中国宗教:儒教、道教及其与基督教之比较》,1882 年为《大不列颠百科全书》第九版第 14 卷撰写"老子"辞目,1891 年译出《东方圣书》的第 39 卷《道德经》。当代著名的道教学者施博尔(Kristofer Schipper)教授认为,理雅各是一位超越欧洲中心论的人,他所提出的诸如道家的起源、老子的真伪、道家思想的传播等问题至今仍有现实意义。(北辰,1997:102)

1870 年,伦敦的亚洲学会会员、英国驻香港领事馆的外交官沃特斯(Thomas Watters)在香港出版了《老子,中国哲学研究》。他认为,"道"最好的译名是"自然"(Nature)。(北辰,1997:102)

汉学家韦利于 1934 年在伦敦出版了《道及其力:〈道德经〉及其在中国思想中的地位研究》。目前,此译本在西方的影响最大,到 1968 年共再版 8 次。韦利在翻译的过程中采用"文字翻译"方法,力求精准地传达原文要旨,对原作的术语有详尽的考据和解释,系统地阐述了中国先秦哲学和老子思想的地位,为外国人理解中国古典文化思想提供了有益的参考。(杨柳,2014:28)

英国科学家李约瑟博士对老子非常崇敬,自称自己为"名誉道家"。他不是单纯地从哲学的角度来研究《道德经》,而是从道教与科学的关系来理解道家学说,认为道家思想表现出强烈的科学、民主特性,在政治上也有着革命性。他在《中国的科学与文明》中将中国几千年来的科学文明公之于世,对中国历史地理、儒释道、宗教、军事技术、化学与炼丹术、养生之道、植物学、生物学、社会科学与文学等诸多方面都有详细介绍,为中国科学技术走向世界做出了贡献。他同时认为,道家学说为西方哲学的发展指示了新的方向。(同上)

《道德经》在英国的传播还得益于另一位翻译家翟理思(H. Giles)的大力推动。翟理思最大的贡献在于他发动的那场旷日持久的道学大战,即对《道德经》的原本的真伪问题及其汉学家们的翻译问题所展开的长达几十年的学术争鸣与批判。双方以翟理思和理雅各为代表,从 1886 年开始在《中国评论》上发表了唇枪舌剑的批判文章,翟理思认为《道德经》的译本有多处重复和谬误,因而怀疑其原本的真实性,而对于其认为可能是真实的那一部分,他指出了翻译中的诸多误释与误译。而以理雅各为代表的英国汉学权威和法国译界巨擘则坚定地维护《道德经》的权威性和真实性。(Giles,1885—1886:235)(Legge,1888:195—214)

双方的激战一直持续到 20 世纪,范围波及全世界,从而为《道德经》在英国的接受和影响的扩大奠定了基础。

五、《道德经》在美国

在美国,"老子热"的掀起大约肇始于 20 世纪下半叶。据资料记载,在华盛顿一家书店里就有 17 种不同的版本。先后有 1961 年出版的 J. C. H. 吴翻译的《道德经》,1963 年纽约出版的詹文锡的《老子之道》,1975 年出版的美籍华人哲学家张钟元的译著《道:一种新的思想方法》。1977 年,美国密执安大学出版的美籍华人哲学家林振述的《老子道德经及王弼注英译本》。1992 年,美国加州翻译家米切尔也翻译了《道德经》,有八家出版公司争相出版该译本,1993 年又由美国哲学博士雷诺执笔翻译出版了新的译本。至 21 世纪,又出现了许多新译。

《道德经》在美国的影响十分深远,不仅体现在文学创作上,也体现在社会的各个阶层中,包括高官政要、科学家和企业管理家在内的精英们都对《道德经》青睐有加。最著名的接受者是美国总统里根,1988 年 1 月 26 日美国前总统里根在国情咨文中曾引用老子名言"治大国若烹小鲜"来阐述治国方略。被西方评论家称为"美国莎士比亚"的奥尼尔(Eugene O'Neil)很爱读老子的《道德经》,他在《札记》中记载了老子对唯物质主义和贪婪的谴责,并表明自己被老子的那种隐士身份深深地吸引。老子的哲学思想成为他写作剧本的源泉,也使他对东西方从哲学到文学的交融和交流做出了卓越的贡献。(刘瑞强、刘瑞琦,2006:88)不少地区、大企业、社区以《道德经》为基本原理,编写各种心理学、修养学、健身学等教程,以提高社区和企业的整体素质。可见,《道德经》中所提倡的遵循自然的思想与美国的文化潮流也有契合和相通之处,被美国各界所接受是势在必行的。

六、《道德经》在其他国家

除以上国家之外,《道德经》在西方其他国家也得到广泛传播。在瑞典、荷兰、澳大利亚等国家,对老子及《道德经》的研究也取得了不少成果。老子的思想对这些国家的汉学家、哲学家们也产生过巨大的影响。

瑞典的汉学研究知名度极高,其汉学研究代表人物有比较语言学家高本汉(Bernhard Karlgren),马悦然(Goran Malmqvist)等。高本汉精通汉语,曾于

1918 年在戈登堡大学开设瑞典第一个中文讲座,著有《宗教:中国古代》(1964)、《老子中的诗歌部分》(1932)、《老子考》(1975)等。马悦然是高本汉的学生,曾任斯德哥尔摩大学中文系主任、欧洲汉学协会会长,著有《1900—1949 现代中国文学》(4 卷)。

在荷兰,研究道家哲学颇有成就的有包雷(Henri Borel)、戴闻达(J. J. L. Duyvendak)和许理和(Erik Zurcher)。包雷,曾任莱顿大学汉学院院长,著有《中国的哲学家——老子》(1897)、《无为,建立在老子思想基础上的幻想》(1903)、《老子的道与无为》(1919)、《按照老子哲学的生活节奏》(1921),这些著作有不少被译成英文、德文和法文出版。戴闻达,历代汉学研究院院长之一,于1942 年将老子的《道德经》译成荷兰文出版。这个译本在荷兰广受好评,后来曾被转译成法文本和英文本。许理和,对古代中国与中亚历史感兴趣,长期研究佛教和道家学说,并取得了不小的成就。1991 年 5 月在中国台湾汉学研究中心举办的"中国人的价值观国际讨论会"上宣读了题为《老子在东方和西方》的论文。他说:"在西方人眼中,《道德经》一书无论从任何西方的思想派别来看,都是中国最重要的哲学典籍,也最富于中国智慧。但其中许多研究并不完全是哲学性的,有的用福音的语词来解读老子,有的将老子的'道'与叔本华的'世界魂'或柏格森的'生命冲力',或是印度的'大梵天'相比拟。虽看法各有不同,但都表现出对老子《道德经》的重视。最初西方人推崇儒家思想,后转为重视道家。西方人对老子的理解,随着他们对于中国观点的变化而变化,而往往只是把老子作为他们的观点的一种外在见证罢了,每一个时代都能利用《老子》作为灵感的源泉。"(北辰,1997:103)

总之,老子的《道德经》在世界各国特别是西方各国的翻译呈现出日新月异的面貌,对老子《道德经》的认同、接受、质疑和批判也随着时代的发展而不断变化,从宏观到微观,对老子的《道德经》的译介和解释都彰显出中国古典文化的精深和奥妙。

在以下的章节中,我们将从意识形态、文化、语言、诗学和美学层面来进一步考察《道德经》翻译过程中的问题、原因与对策。

第六章　意识形态与文化危机中的翻译

《道德经》在西方的跨语译介与传播，多次经历了文化危机的考验和文化意识形态的冲击和洗礼。众所周知，西方现代化进程是一个以资本主义发展为动力、以牺牲传统为代价的线性断裂的过程，其文化是阶级斗争与殖民扩张史的表征。随着资本主义发展遇挫与殖民扩张的衰退，西方文化和身份在后现代化反思的浪潮中陷入危机。身处危机之中的西方国家蓦然发现，东方国家在后殖民主义现代化进程中，非但没有落入利己主义与身份破裂的窘境，还将西方完美主义与东方的传统主义进行了巧妙的融合，形成了一个生机勃勃的"他者"文化身份。在这种文化中，传统与习俗得到了更新与发展。雷蒙德·李（Raymond Lee）认为，东西方文化发展迥然不同的命运源于文化构建基础的差异。（Lee，1999：32）对西方国家而言，引入东方传统文化对于力求拯救文化危机的西方国家有着重要的借鉴作用。然而，东方传统文化的引入势必引发东西方意识形态的斗争。这种意识形态斗争的结果直接影响他国文化进入西方的方式——或"卑躬屈膝"，或"抬头挺胸"，或"乔装打扮"，或"素面朝天"。东方传统文化以何种方式进入西方国家，对于东方国家保持他者文化身份与拯救西方文化危机具有重要意义。《道德经》的译介与传播即呈现了东方传统文化迈入西方世界的具体情状。在本章中，笔者试图从意识形态概念的衍变入手，展示作为文化引入者的译者如何以翻译为媒介，在意识形态的制约下选择恰当的文本与翻译策略来实现文化认同和融合，以此为东方传统导入西方进而化解文化危机提供一定的启示。

一、意识形态概念的衍变

作为影响文本与翻译策略选择的意识形态，经历了漫长的演化史。19 世纪初，法国的理性主义哲学家特拉西（Antoine Destutt de Tracy）就在其著作《意识形态的要素》中提出了"意识形态"的概念，并将其定义为"观念的科学"，旨在提

090

倡用理性的思想去观察并理解外在世界。

至马克思（Karl Marx）的《德意志意识形态》，将该词引入政治领域，并将其与"统治阶级"一词建立联系，意指"真实生活存在的反映，是统治阶级用来支配社会的物质生产资料和精神生产资料，进而获取阶级利益的工具"（Marx，1965：52）。

在随后的发展过程中，葛兰西（Antonio Gramsci）将意识形态视为统治阶级操纵民众思想、获取文化领导权和政治统治权的一种工具（Gramsci，1983：425），是统治阶级以潜移默化的方式获得民众支持和认可的手段。

阿尔都塞（Louis Althusser）则将意识形态冠以"温和"之名，提出了"意识形态国家机器"的概念，并详细阐述了意识形态的功用，丰富了马克思主义的意识形态观。（Leitch，2001：1476）

伊格尔顿（Terry Eagleton）将意识形态理论与文学批评相结合，延伸了文学的社会功用，他指出文学的功能不仅仅是给予美感和愉悦，还在于反映社会现实，主动生产意识形态。（Leitch，2001：2241）

沃洛希洛夫（V. N. Volosinov）通过意识形态语言化这一概念将意识形态引入语言学界，从社会学视角将意识形态定义为某个群体成员对于语言在社会中的角色和使用所形成的一系列默认的观点和规范。（Volosinov，1986：14）

翻译文化学派的旗手勒菲弗尔（André Lefevere）则将意识形态引入了翻译研究领域，提出了意识形态操纵论。在《翻译、改写以及文学名声的制控》一书中，勒菲弗尔提出，意识形态、诗学以及赞助人这三大因素是操控翻译的主要因素。其中，意识形态起决定作用，制约着赞助人和诗学的作用方式。（Lefevere，1992：preface）

意识形态概念的跨文化和跨学科发展为本章的研究提供了理据。以下，笔者将从意识形态角度出发，对文化危机中《道德经》的翻译及其制控因素、原因和策略进行详细的探析。

二、意识形态对译本选择的制约

一个完整的翻译过程涉及多个阶段，从文本选择、译者选择、翻译策略的选择、字词句和文体风格的选择，再到文本的生成、出版和流通，均受到意识形态的操控。在选择原语文本时,翻译活动的发起者可能受经济利益的驱使,也可能受教育目的和其他因素的驱使。原语文本的选择权貌似在翻译发起者手中,实则受意识形态的操控,翻译发起者只不过是意识形态的执行者。而作用于翻译发起者的意识形态可能是主流意识形态,也可能是其所属的集团意识形态,即使是个人意识形态也是主流意识形态和集团意识形态在个人身上的展示。在《道德经》漫长的译介史中,以它在英语世界的翻译最众,其传播出现过三次高潮,第一次翻译高潮发生在 1868—1905 年,这三十多年里,有 14 部英文译作诞生。第二次翻译高潮出现在 1934—1963 年,是《道德经》翻译史上的第二个黄金时期。而从 1973 年出土长沙马王堆帛书开始到现在为止是《道德经》译介史上的第三次高潮。(辛红娟,2008:48)这三次译介高潮的出现并非偶然,是意识形态在翻译领域作用的必然结果。下面,笔者将分析每个阶段的历史背景,描述操纵《道德经》进入翻译程序的意识形态发展路线,进而揭示《道德经》在各个阶段脱颖而出成为译介焦点的内在和外在原因。

1. 殖民主义意识形态的产物

在 1868 年至 1905 年间,即《道德经》译介的第一个高峰时期,出现了 14 个英文译本,其中 13 个译本由英国人完成,1 个由美国人完成。这一时期的英文译本多由德文、法文和拉丁文转译而成。在此期间,英国的海外殖民扩张达到了巅峰。19 世纪中叶,英国发动了两次侵略中国的鸦片战争,在 1900 年镇压了中国义和团运动并染指西藏。到 20 世纪初,英国的殖民地已经遍布世界各大洲,成为世界上最大的殖民帝国。在武力殖民的暴力扩张之下,文化殖民势力也随之潜入。西方国家推行文化殖民主义,旨在实现对殖民地人心的征服和控制,而其核心之举就是推广以西方为中心的意识形态。殖民者们意识到要想实现思想的统治,对殖民地国家产生精神感染力,必须改变殖民地人们的宗教信仰。因此,继武力殖民成功之后,大量的基督教传教士开始进驻中国,传播西方国家的宗教意识形态。

然而,要使当时信奉儒、释、道的中国人成为基督教教徒绝非易事。当传教士发现机械式的传教活动收效甚微时,便开始尝试同化中国人宗教思想的其他途径。神父布维(Joachim Bouvet)曾经提出,"世界上最容易促进中国人思想和心灵皈依我们圣教的办法,是向他们指出圣教与他们那古老的原则及合理哲学相吻合"(李晟文,1995:26)。通过这种途径去证实基督教的思想与真谛早就以语言的形式在中国典籍中得以保存,以此证明基督教历史悠久,同时凸显基督教的优势,最终吸引准教徒。第一部英文译本转译于拉丁文译本,经由瑞普(Mattew Raper)呈现给皇家学院,瑞普在其译本的前言中声称"中华民族早先就已经知道三位一体和上帝存在等奥秘"(Legge,2008:2)。在儒、释、道三家体系中选择道家思想为载体,与《道德经》所传达的意识形态有着密切的联系。在儒、释、道三大宗教中,儒家思想和佛家思想具有一定的封闭性,不如老子学说具有普适性,而《道德经》这部著作所表达的某些思想和《圣经》有着相通之处。例如,《道德经》认为"道"是世间万物的起源,世界始于混沌,"道"生一,一生二,二生三,三生万物。这种关于万物起源的说法与基督教世界始于混沌、上帝开天辟地的创世论不谋而合。不仅如此,道家思想中的"谦卑"、"顺"以及"上善若水"等为人处世之道和基督教的教义也非常吻合,也正是这种内因与外因的共同作用使得《道德经》成为文化殖民主义翻译浪潮的首选。这一时期较具代表性的译者分别为湛约翰(John Chalmers)、巴尔福(Frederic Balfour)以及理雅各。这三位译者皆是基督教的信奉者,其中巴尔福是一位神学家,而湛约翰和理雅各则是到中国推广基督教的传教士。这种译者身份注定了他们笔下的译本浸染着基督教神学的意识形态和笔调,而译本也不可避免地沦为基督教神学推广的载体与衍生物。以理雅各译本为例,他在译本的前言中抱怨道:上帝在《道德经》中就出现了一次,即在第四章中:

　　"吾不知谁之子,象帝之先",该句被译为:

　　"I do not know whose son it is. It might appear to have been before God. "(Legge,2008:47)

原句中的"象帝"在中国文化中指主宰万物的天帝,而非基督教中的"上帝"。老子认为万物之宗为"道","道"先于造物主的存在而存在。该句翻译中将"象帝"译为"God"(上帝),实为偷梁换柱,先入为主地佐证了"上帝"在中国文化中存在的历史悠久性和权威性。此外,理雅各在其译作的序言中还公然批评将《庄子》一书中的"天"译作"God"的做法。他认为将"天"译作"上帝"是对上帝的一种亵渎,因为"天"在中文中不仅有造物主的含义,还可指如"天子"这样的凡人领袖。

因此,他认为直接将"天"译成"上帝"是欠考虑的翻译行为。通过这番言辞,他向读者传达了基督教权威地位不容撼动的思想,以及基督教优于其他宗教的信息和立场。

除英国神学家和基督教传教士之外,同期的美国译者卡洛斯(Paul Carus)在其译本的前言中也声称:"尽管道是一个抽象的哲学概念,貌似没有给基督教留下任何余地,实则(该书)不断地提及上帝。他(老子)将上帝即'理性'定义为'万物之父'。其次在第四章节中又将'理性'置于君主之先,而在第七十章中,将道又称作为'语言之祖'以及'行为之师',这些都是拟人手法,用以指理性。"(Carus,1913:preface)这种不断地在《道德经》中寻找上帝身影的做法,反映了译者从自身宗教意识形态视角对译本的显性阐释。因此,这一时期《道德经》译介高潮的兴起反映了西方国家尤其是英国为了巩固其武力殖民成果而向殖民地国家灌输其宗教意识形态来实现文化殖民的意图。这种意识形态潜移默化的渗透和灌输颇具葛兰西意义上的意识形态色彩,最终目标是帮助西方国家实现对殖民地人民思想的统治和制控,为东方文化和西方文化对话交流中的不平等关系的形成以及以西方为中心的翻译话语的形成埋下伏笔。

2. 意识形态发展遇挫的良药

1934年至1963年是《道德经》译介的第二个高峰期,此时正值世界范围内的人民经历战争之殇后的疗伤期。继西方殖民达到巅峰之后,世界上几个主要资本主义国家在国际舞台上的地位发生了巨变。这种经济发展的不平衡改变了帝国主义国家之间力量均衡的局面,国家实力和所占的资源成反比。新老帝国主义国家为了争夺霸权开始重新瓜分殖民地,继而引发了两次世界大战。在世界大战的重创之下,西方国家陷入了经济以及精神上的困顿,西方学者开始反省战争的症结,并寻找治愈战争之殇的良药。正是在这种社会背景下,西方国家出现了译介《道德经》的第二次浪潮。

这一时期出现了25个译本,译者中也出现了中国学者的身影。这一译介高潮期始于英国汉学家韦利,他于1934年出版的《道及其力:〈道德经〉及其在中国思想中的地位研究》融合了译文和论说,对老子的生平、无为观、道、德、圣、唯实论、《道德经》的表现方式、各种中文注释本、阴阳与五行学说和《道德经》的世界地位均有详论。韦利翻译的动机与目的与前一时期的译者有着质的区别。在其译本的前言中,韦利强调中国作为世界的一部分,在人类研究史上一直以来被西方人所忽略,或者仅仅一笔带过,从未有西方学者系统地介绍过中国哲学思想。(Waley,1958:Preface)他还提出前一时期的十二个译本并未将《道德经》放置在现代语境中去阐释,并批评这些译者以传播基督教意识形态为目的,故意扭曲文本内容。通过指出译者的基督教传教身份和译者的目的,韦利试图匡正以往中国古典文化从属西方文化的地位,恢复《道德经》的权威身份。

这一时期的中国译者林语堂在 1948 年推出了他的英文译本。道家思想是林语堂一生中深切认同的思想,在其自传《八十自叙》中,他就曾以老庄道家弟子自诩。(杨柳,2005:154)而父亲作为基督教传教士的身份也使他深受基督教教义的影响,因此,他曾以对联自勉:"两脚踏东西方文化,一心评宇宙文章。"(林语堂,1987:32)通过翻译和创作,他不断地向西方世界传达中国传统文化,希望恢复中国传统文化在国际上的地位。在其译作的前言中,他坦言:"在基督教问世前一个世纪,道家早已是黄帝和老子的一门科学。""在他强调不要抵制邪恶的过程中,老子成了托尔斯泰这些思想家和道德家的先驱,即基督教的谦卑和忍耐力的先驱倡导者。"(林语堂,1994:11)通过这些陈述,林语堂扶正了道家思想的正统地位。也正是在该译本中,林语堂提出如果希特勒能够有一点点老子的精明,那世界就不会发生战争,并免去诸多的流血行为。因此,世界上的领袖应该多读老子关于战争的演说、军事策略以及平和心态的言说,使得自身无私无欲,虚静无为,不贪求功绩与蓄积货财,即"小国寡民,使有什伯之器而不用,使民重死而不远徙,虽有舟舆,无所乘之;虽有甲兵,无所陈之。使民复结绳而用之,甘其食,美其服,安其居,乐其俗。邻国相望,鸡犬之声相闻,民至老死,不相往来"(第八十章)。这种对于理想国度的描绘正好符合为了争夺资源、满足私欲而经历战火的西方国家人民的憧憬,这种文本内容的契合和外在意识形态的诉求促成了《道德经》第二次翻译高潮的到来。

这一时期的其他译本,如布莱克尼(Raymond Blakney)1955 年推出的译本、刘殿爵在 1963 年推出的译本,都在不同程度上捍卫了道家思想,将《道德经》名正言顺地引入西方国家,而非以卑躬屈膝被奴役者的形象进入西方国家。这些译者希望通过西方读者对《道德经》的广泛阅读和接受来扩大中国传统文化的影响力,塑造文化权威地位,以期能够为当时西方的思想注入一剂良药。但是,同一时期仍旧出现了一些基督教徒的代表译作,例如丽尔瑞(Timonthy Leary)

1965年推出的译作,他对《道德经》大刀阔斧地修改,使它成为一个宣扬基督教思想的"容器"。这种翻译行为证实了第一时期和第二时期意识形态的转变和衔接并非一蹴而就,而是一个缓慢的过程。第一时期意识形态作用的余热在第二时期仍然吸引着一些译者投身到翻译中来,但是已经不能满足主流意识形态的新需求。因此,这些译本逐渐地被边缘化,被挡在主流文学体系之外。第二时期《道德经》的译介为中国传统文化在西方国家的传播建立了良好的开端,以一种积极的、正面的形象融入西方文化,为后期中国传统文化和身份的构建打下了良好的基础。

3. 意识形态发展多元化的产物

第三次翻译高潮始于 1973 年马王堆帛书的出土,而后译本数量呈井喷式增长。由于这一时期操纵译本选择的意识形态展现出多元化与异质性的特点,《道德经》的译本也走向多元化,具有异质性。柯瑞(Nina Correa)在其译本序言中对这一阶段的译本特征的描述最为贴切:"《道德经》意在让我们找到自己的思想,没有译本是错误的译本,只有属于你自己的译本。"[1]

从这一阶段的译者数量来看,中国译者的数量远远超过了西方国家的译者,几乎是西方译者的两倍。这一现象的出现与我国近年来开展文化自省行为有着密切联系。随着改革开放以及中国在国际交流的舞台上崭露头角,人们开始意识到中国古代思想是我国传统文化重要的篇章,是我们文化身份的重要象征。因此,对增强我国在国际文化交流中的影响力与文化"软实力"的诉求十分迫切,使这一阶段《道德经》的译本数量在中国出现大幅度的增长。

与此同时,西方译者也在各种意识形态因素的影响下推出了多种《道德经》译本。有些译者延续了基督教的意识形态,从该视角重新阐释《道德经》,如马布里(John Mabry)1994 年的译本。虽然这些译本的产生也是基督教意识形态作用的结果,但和第一阶段的译本存在质的差别。首先,第一阶段意识形态殖民化驱使下产生的译本重在强调基督教的优越性以及道教的从属性,而第三阶段基督徒对《道德经》的重新阐释旨在寻求该文本对于基督教发展的启示。其次,不同于第一时期偷换概念、篡改原意的译法,这一阶段译者倾向于以直接的方式告知读者其视角,如马布里在译本的序言中明确宣布他的译作是从基督教视角对《道德经》的解读。

这一阶段还出现了"个性突出"的译作,如坤什(Tom Kunesh)从无神论视角对《道德经》进行的阐释。在其译本中,坤什将"道"一词全部译作"无神论",并将原文中一些句意进行篡改,使其顺应无神论思想,用以证明无神论古已有之。还有一些译者偏离传统的宗教和哲学视角,重在阐释《道德经》对现实生活方式的启示,如马丁(William Martin)的译本。马丁声称该译本是保持良好夫妻关系的指导用书,在书中他将"道"定义为维持幸福、健康关系的根本,且建议读者将该译本放在手边,经常阅读。这一时期,从哲学视角对《道德经》进行阐释和翻译的译者,大多是在先前译本的基础上重新推出译作,旨在修正前者或前期译本中的谬误,如林道尔(David Lindauer)等。其余译者则是从自身阅读体验出发重译《道德经》,如多诺休(Brian Donohue)在译作中提到其译作只是基于多年阅读《道德经》的个人体验,意在去掉先前译作的学术性,使其回归口语化和生活化。

这一阶段中国译者的异军突起,反映了国家对文化软实力的重视。这不仅有助于国家在跨文化交流的国际舞台上强化文化话语权,而且促进了自身文化身份的构建。因此,在以翻译为媒介的跨文化交流过程中,要成功地输出本国意识形态且对西方国家产生影响,应该从文本的内在因素着手,选择切合他者意识形态需求并以正确的形式输出,才会对我者文化身份的构建以及软实力的提升起到积极作用。

三、意识形态对翻译策略选择的制约

意识形态对翻译策略的选择至关重要。1813年,德国的哲学家和翻译家施莱尔马赫(Friedrich Schleiermacher)曾指出,"翻译只有两种方法,要么译者尽可能让作者安居不动,让读者去接近作者;要么译者尽可能让读者安居不动,让作者去接近读者"(Schulte & Biguenet,1992:42)。受到这一理论的启发,美国的翻译理论家韦努蒂(Lawrence Venuti)在《译者的隐身》中提出了归化和异化这两种翻译策略。其中,归化是指"以民族主义为中心,把外国的价值观归化到译语文化中,把原作者请到国内来",异化是指"把外国文本中的语言和文化差异表现出来,把读者送到国外去"(Venuti,1995:67),从中可以看出意识形态的踪迹。下面,笔者以篇名和文化负载词为例,分析意识形态在《道德经》的翻译过程中对翻译策略的制约作用。

1. 意识形态对篇名翻译策略的制约

数百年中,《道德经》篇名的翻译在异域文化环境的更迭中呈现出纷繁复杂之态。除采用音译法的译者外,几乎每一位译者都将自身的理解及其翻译理念投射在篇名翻译之中。同一阶段的译者往往通过对译本重新定名来表现其译本的独特性,以此突出其对《道德经》的独到见解以及重译经书的必要性。

细观各阶段译者采用的篇名,虽然表层意义的指向迥然,如有的译者称从哲学视角翻译,有的则从政治视角出发,但是篇名深层次的意义指向却显示出一定的同质性。这种同质性是同时期的主流意识形态对译者翻译策略制约的表现,也是本阶段译者对于译本理解的共性所指。例如,第一阶段的译者所采用的书名有:

> The Speculations on Metaphysics, Polity and Morality of "The Old
>   Philosopher": Lau-tszu (John Chamlers, 1868)
> Lao-Tsze, The Great Thinker, With a Translation of His Thoughts
>   on the Nature and Manifestation of God (Geroge Gardiner
>   Alexander, 1895)
> The Simple Way Lao-tze: The Old Boy (Walter Gorn Old, 1904)
> The Canon of Reason and Virtue—Being Lao-tze's Tao Teh King
>   (Paul Carus, 1913)

很明显,这一阶段的译者对于篇名翻译采用了极端归化的译法,甚至可以说是篡改了原作的题名,通过对译本名的重新阐释,来限定原著的翻译基调和意图。如湛约翰将翻译与玄学、政治以及道德等搭建联系,将其对老子思想的阐释限定在这三个视角上。而事实上,《道德经》一书远不止这三方面内容。而亚历山大则将其视作承载基督教思想的作品,是神的思想在中国文化环境中的表征,将老子视为远在中国的"基督教传教士",故篇名中包含了"上帝显灵"这种人为扭曲的证据。美国译者卡洛斯则是从理性和美德两方面阐释老子思想,"理性"一词一直是西方哲学的圭臬,"美德"则是基督教弘扬之本,篇名中两词的使用正是西方国家以自身的文化消融异质文化的明证。译者欧德(Walter Gorn Old)将老子思想凝聚为"简单"(Simple),并且在译文中将题名中的"Way"阐释为《圣经·新约》

中基督教所布之道。(Old,1904:6)通过这种篇名附会的译法,建立起基督教与道教之间的宗教对话。总而言之,这一阶段的篇名翻译采用透明流畅的归化译法,在篇名中添加基督教核心词汇,如"上帝显灵"、"美德"、"理性"等,这说明该时期的译者在翻译时受殖民主义意识形态的影响,希望寻求道教与基督教之间的共通之处,服务于耶稣会士在中国的传教活动。

随着阶段性主流意识形态的变更,第二阶段的篇名翻译也呈现出一定的趋同性和差异性。下文试举几例来论述该阶段篇名的翻译特征,如:

The Way and Its Power:A Study of the Tao Te Ching and Its Place in Chinese Thought(Arthur Waley,1958)

Tao Te Ching(Chu Ta-Kao,1937)

The Way of Life According to Laotzu:An American Version(Witter Bynner,1944)

The Wisdom of Laotse(林语堂,1994)

The Way of Life:A New Translation of the Tao Te Ching(Raymond Blakeney,1955)

Tao Teh King by Lao Tzu Interpreted as Nature and Intelligence(Archie Bahm,1958)

The Way of Lao Tzu(Chen W.,1963)

A Translation of Lao-Tzu's Tao Te Ching and Wang Pi's Commentary(Paul Lin,1977)

上述英文篇名在翻译时除初大告(Chu Ta-Kao)采用了音译法外,其他译者都采用了归化翻译策略,并重新拟定了篇名。韦利在篇名翻译中使《道德经》复归中国文化语境,表明其为中国思想的重要组成部分,旨在剥离其在前期翻译中被强加的与基督教牵强附会的关系,这与他本人在译本前言里所阐释的翻译目的一致。而后继译本篇名中"way of life"(生命之道)、"wisdom"(智慧)、"intelligence"(才智)等词的添加均说明,这一时期的译者翻译《道德经》的深层次目的是用道家的生活方式为现世人生提供指导,这恰是第二阶段用良药医治殖民主义思想之痛的诉求表现,这种在篇名中的共同呼吁以及对道家生活方式的阐释,正是在客观上迎合读者内心需求的一种译法。

而第三时期篇名翻译中采用音译法的译者数量逐渐增多,即使用异化翻译策略的情况增多。这是因为一方面译者数量增加,另外一方面译者的"我者"文化自觉性开始复苏。中国译者在翻译过程中更注重对自身文化身份的维护以及文化资本的积累,而外域译者的篇名翻译随着意识形态的多元化也开始走向多样化。例如:

The Tao of Leadership: Lao Tzu's Tao Te Ching Adapted for a New Age(John Heider,1985)

The Tao Te Ching: A New Translation with Commentary(EM Chen, 1989)

Dao De Jing Way Power Book(Sanderson Beck,1996)

Lao-tzu and the Tao-te-ching(Michael LaFargue,1998)

Lao Tzu's Tao Te Ching: A Translation of the Startling New Documents Found at Guodian(Roert Henrick,2000)

The Daodejing of Laozi(Philip Ivanhoe,2003)

A Chinese Reading of the Daodejing: Wang Bi's Commentary on the Laozi with Critical Text and Translation(Rudolf Wagner,2003)

Dao De Jing: The Book of the Way(Moss Roberts,2004)

The Classic of the Way and Virtue: A New Translation of the Tao-te Ching of Laozi as Interpreted by Wang Bi(Richard John Lynn, 2004)

Dao de jing(Lao Zi): *A Complete Translation and Commentary*(Georg Moeller,2007)

从上述译例可发现,译者基本使用音译的方式来译介篇名,且多数译本强调是对前译者译著的重译或修订。这是因为一方面经过数百年的域外传播,《道德经》的音译名已在海外读者中获得了一定的认知,《道德经》作为中国文化代表的身份已获得认可。另一方面,帛书的出土带来某些章节顺序的调整和信息的更正,帛书译本应运而生,如韩禄德的译本。

从上述分析来看，《道德经》篇名翻译的策略是逐级从归化走向异化的过程。这种发展态势既是由主流意识形态的变化带来的，也是由外部文化环境的变迁与文化对话过程的变化所导致的。

2. 意识形态对文化负载词翻译策略的制约

在《道德经》中，文化负载词俯拾皆是。本节以"道"的翻译为例，剖析意识形态对译者选取翻译策略时的影响。"道"作为道家思想的核心，是《道德经》阐释和翻译中最具争议的词汇，其一词多义性也是引发学者与译者争论不休的源头。冯友兰在《中国哲学简史》一书中对"道"进行过阐释，区分了"道"的三种含义：1）无数现象的起源，该含义源于文中"似万物之宗"；2）变化的起源，该含义来源于"'道'生一，一生二，二生三，三生万物"；3）不可感知的超然之物，即"周行而不殆"。（冯友兰，1985：42）而陈鼓应则将该词阐释为另外三种含义，这三种含义也是目前较为主流的阐释：1）一种无法命名的形而上学现实，这种现实独立存在并且经久不衰，源于"道可道，非常'道'。名可名，非常'名'"；2）自我管理原则的体系，这些原则包含了循环交替，源于"祸兮福之所倚，福兮祸之所伏"；3）人类行为的规范，源于文中"无为"、"自然"以及"上善若水"等为人处世的指导方针。（陈鼓应，2012：67）

《道德经》译介的第一阶段的译者对于"道"主要有以下译法：第一，采用音译法，将其译作"Tao"或"Dao"，如湛约翰、巴尔福、理雅各、麦克拉根（P. J. Maclagan）、翟理思、欧德等。这类译者或直接采取音译手法，或采取在音译后加注的方法，例如，湛约翰（1868）将其注为"道理（Reason）"，而巴尔福将其注为"自然法则（Principle of Nature）"。第二，有些译者采用归化法，直接将其译作"道路（way）"，如金斯米尔（T. W. Kingsmill）、赫辛格（I. W. Heysinger）。这一阶段还有两位译者的翻译体现了意识形态对其翻译的强力操控：亚历山大（G. G. Alexander）（1895）将其译作"上帝（God）"，而帕克（E. H. Parker）（1903）将其译为"上帝保佑（Providence）"。请见下面两个案例。

原文：道可道，非常"道"；名可名，非常"名"。（第一章）

译文 1：God (the great everlasting infinite first cause from whom all things in heaven and earth) can neither be defined nor named. For the God which can be defined or named is but the Creator，the Great mother of all those things of which our senses have cognizance. (Alexander，1895：1)

译文 2：The Providence which could be indicated by words would not be an all-embracing Providence，nor would any name by which we could name it be an ever-applicable name. (Parker，1903：1)

两位译者采用归化法将"道"译作"上帝（God）"或者"上帝保佑（Providence）"，亚历山大还在注中添加基督教教义，将基督教和道教相关联，以此来证明基督教在中国的古籍中早有记载。这种将"透明化"、"流畅"的归化译法发挥到极致的做法，证明了这一时期的中国文学在多元系统中处于边缘地位。即使是在中国被视作典籍的《道德经》，在输出的过程中也会遭到西方译者的任意篡改。因此，《道德经》的这段译史对于目前中国的跨文化交流具有启示作用。要想在国际文化交往中对他国产生精神感染力，并使他国尊重我国的文化，国家应该加强"软实力"的建设，才不会使得我国文化沦为他国文化的附属物。

第二阶段多数译者承袭第一阶段译者的音译译法，但是采用归化策略的译者数量逐渐增多，将"道"译为"道路"（Way）的译者有布莱克尼（Raymond Blakney）、韦利、拜伦（Tom Byrn）等。其中，宾纳（Witter Bynner）的译法较为标新立异，他将其译为"存在（Existence）"。他的译本名为《〈道德经〉——老子的生活方式》(Tao Te Ching—The Way of Life According to Laotse)。全书重在向西方人介绍老子这种"无为"与"自然"的生活方式，劝解西方人学习这种生活方式。因此，宾纳希望从这一视角来宣扬《道德经》中人类生存的方式，这种阐释和译法是第二阶段意识形态植入的缩影。

到第三个翻译高潮时期，"道"的翻译随着意识形态的作用也开始变得多样化，沿袭旧法译为"Tao"的译者有朗布纳多（Stanley Lombardo）、布伦（David Bullen）等；译作"道路（Way）"的有艾尔肯（Douglas Allchin），柯李瑞（Thomas Cleary）等；译作"准则（Law／Principle）"的有许渊冲、布莱斯（Derek Bryce）等。这三种译法在这一时期数量相当。较为突出的译法有上文提到的坤什，将"道"译作"无神论（Atheism）"，如下例所示：

原文：道可道，非常"道"；名可名，非常"名"。（第一章）

译文：The atheism that one can come to by argument is not true atheism.（Kunesh，1993：1）

此译法展现了坤什所在团体的意识形态的旨趣以及坤什对老子无神论思想的认知和肯定。

从核心词汇"道"的译法，我们可以管窥译者在选择合适的策略翻译文化负载词时所受到的意识形态的影响。在跨文化交际中，如果想要保留我国文化的异质性，我国译者在翻译这些典籍中的文化负载词时，应该首先考虑意识形态因素，将意识形态导入字词层面，这样才能以一种隐性的方式实现对读者的意识形态渗透，使文化认同和融合成为可能。从提倡文化的多样性角度出发，意识形态在字词层面的渗入要求译者在翻译过程中多采用"异化"手法。目前，中国译界已经开始提倡"异化"说，谋求异质性的呼声正隆，对于身份的认同使学界可以追求差异共存。（杨柳，2010：116）这正是我国建设"软实力"的要求在翻译中的表现。

四、意识形态对《道德经》语篇全域的制约

勒菲弗尔认为，主流意识形态不仅决定了译本的选择、译者的翻译策略，还将影响到解决语篇全域冲突的方法。语篇全域是指原著作者或译者所能接受或者所熟悉的事物、风俗习惯等。（Lefevere，1992：87）在翻译过程中，原作反映的语篇全域有时会和译入语的语篇全域发生矛盾，造成译入语读者不予接受的情况。这时，意识形态会对译者产生影响，采用顺应译入语语篇全域的方法去解决这些冲突或矛盾。本节以《道德经》翻译过程中关于语篇全域的实例来解析意识形态在解决语篇全域矛盾时所发挥的作用。

1. 语篇全域词汇层面的顺应

译入语与原语语篇全域之间的矛盾，使得译者在翻译某些词汇时陷入两难境地。有时是因为这个词汇在译入语中缺失，无法表达，如《道德经》中的关键词"道"。也有些词汇在译入语中并未缺失，但直译却会使译文陷入一种"次文学"的境地，使译作成为不为读者接受的"粗俗"作品。（Lefevere，1992：89）

在《道德经》中，老子在多个章节里运用了一些和"性"相关的表达来描述"道"的起源以及君子处世的方式，如第六章："谷神不死，是谓玄牝。玄牝之门，是为天地根。绵绵若存，用之不堇。"此句旨在说明"道"在虚静之中散发着勃勃生机，就像那幽深玄妙的母牝一样，孕育滋养着大地万物。其中"谷神"是指溪谷之神，因其千变万化，育生万物，所以用来指代"大道"。而"玄牝"指母畜生殖器，玄牝之门则是大道化育天地万物之出处，"门"指母畜生殖器的阴户。（许渊冲，2011：112）在第五十五章中，老子为了阐释无私无欲、柔弱不争的意义，将君子比作"赤子"，无欲无敌。"含'德'之厚，比于赤子。毒虫不螫，猛兽不据，攫鸟不搏。骨弱筋柔而握固。未知牝牡之合，而朘作，精之至也。"其中，"未知牝牡之合而朘作，精之至也"是指婴儿虽年龄幼小不懂得男女交合之事，其生殖器却常常勃起挺立。针对诸侯之间争抢好胜、交战不已的动乱局面，老子在第六十一章提出了一些国与国之间关系的处理原则。"大邦者下流，天下之牝，天下之交也，牝常以静胜牡。"其中，"牝常以静胜牡"指雌雄交配时雌性总是以持虚守静而胜于雄性。这些词或短语并不符合译入语的"文化典本"（Culture Script），因此，几乎所有译者都采用不同方式进行处理，要么使用委婉语进行替代，要么采用"零翻译"（直接省去该词或者该句子不译），鲜有译者将其直译。笔者各取一个时期一位译者的译文为例：

原文：玄牝之门，是谓天地根。绵绵若存，用之不勤。（第六章）

　　　未知牝牡之合而朘作，精之至也。（第五十五章）

　　　牝常以静胜牡。（第六十一章）

译文1：The Spirit of the Depths is immortal; it is called *the Azure and the Mother*. The passage through which these two influence emerge and enter is called the root of the visible creation. (Chapter 6)

Before the principle of sexual connection was known, the [cosmic] *embryo* was formed; this was because the germinating essences [of the Yin and Yang] had come together. (Chapter 55)

The maternal or female principle, by means of quiescence, ever vanquishes [the inquietude of the male principle]. (Chapter 61) (Frederic Balfour)[2]

译文 2：And the doorway of the Mysterious Female, is the base from which Heaven and Earth sprang. (Chapter 6)

Not yet to have known the union of male and female, but to be completely formed, Means that the vital force is at its height. (Chapter 55)

The female by quiescence conquers the male; by quiescence gets underneath. (Chapter 61) (Waley,1958:73)

译文 3：The vale spirit never dies. It is the mysterious womb. (Chapter 6)

They know nothing about sex, but their organ can be stirred. (Chapter 55)

In the intercourse of the world, the female win the male by lying still in a lower position. (Chapter 61)(许渊冲,2011:124)

巴尔福在翻译"玄牝"、"天下之交"时，分别用"Azure and Mother(碧空与母亲)"、"Embryo(胚胎)"以及"The maternal and female principle(母性和女性原则)"来翻译，即用委婉词替代与译入语语篇全域相冲突的词汇。而第二阶段的译者韦利则将"玄牝"译作"Doorway of Mysterious Female(女性的神秘之门)"，而"朘"则直接采用零翻译的策略略过不译，以此来解决原语与译入语之间的语篇全域矛盾。而到了第三阶段，中国译者许渊冲将"玄牝"一词译作"Vale spirit(溪谷的灵魂)"也是利用委婉语替代的翻译策略，而对"朘"则采用了上义词"Organ(器官)"来替代。译者采取委婉语替代或者零翻译的译法在翻译史上比比皆是。勒菲弗尔在《翻译、改写以及对文学名声的制控》(1992)一书中曾经提及《利西翠旦》一书中男性生殖器一词在该译本的翻译中分别被译者用"手"、"鼻"、"腿"、"救生索"、"把手"以及"任何东西"来替换，或者采用零翻译略过不译。而针对上述《道德经》例子中的相关词或短语，第一时期译者均用委婉词替换或者采用零翻译的译法。虽然道家认为"阴"是万物之始，对于女性是万物的起源予以认可，但是，将东方文化词汇或概念输入到西方国家时，在没有任何注释的情况下，很容易使基督教教徒们将其视作一种"粗俗"的表达。因此，该时期没有译者将其直译。而第二时期和第三时期的译者沿用了第一时期译者的译法，这和当时的意识形态和读者的期待密不可分，第二时期译者多将该文本视作当时思想疾患的良药,这就要求译入语文本不能违背当时的审美意识形态。译者认为,如果将"阴"直接译出,势必贬低《道德经》的文学地位,影响其医治思想的"药效"。因此,消除这一异质因素才能使其被读者接受。而到了第三时期,虽然随着各方意识形态的介入,有些译者开始采取直译的手法来处理上述三个例子中的词语(第六章、第五十五章、第六十一章),但依然较为保守。如上面例子中的译者许渊冲也只是对上述一处进行直译,对另外两处仍然采用委婉语替换的方式来翻译。

2. 语篇全域句意层面的顺应

从以上分析来看,意识形态在词汇翻译的过程中操控译者的措辞,使其顺应译者所在的意识形态要求。从句意层面来看,当句意所传达的意识形态与译者身处的主流意识形态相冲突时,译者会对句意进行修改,使其顺应所在团体的意识形态。例如,第五章中"天地不仁,以万物为刍狗;圣人不仁,以百姓为刍狗"。该句本来是表达天地原本就没有私亲偏爱之心,将天下万物视作秸秆捆扎的羊犬求福之物,而圣人也应该将群臣百官视作祭祀用的秸秆捆扎的羊犬,使其各行其职,各尽其事。在第一阶段的翻译中,该句传达的"天地不仁"与基督教上帝仁爱的思想相冲突。因此,在第一时期的译本中,几位译者对该句都进行了改动,使其顺应译入语的宗教意识形态。如:

原文:天地不仁,以万物为刍狗;圣人不仁,以百姓为刍狗。(第五章)

译文 1:If Heaven and Earth were not benevolent, they would regard creation in the light of grass (which is worthless) and dogs (which are killed). If the Sage were not benevolent, they would likewise regard the people in the light of grass and dogs. (Balfour)[3]

译文 2:Heaven and earth do not own their benevolence, to them all things are straw dogs.

The Sage does not own his benevolene; to him the people are straw dogs. (Chu Ta Kao,1913:26)

译文 3:Heaven and earth do not act from (the impulse of) any wish to be benevolent; they dealt with all things as the dog of grass are dealt with. The sages do not act from（any wish to be）benevolent；they deal with the people as the dogs of grass are dealt with.（Legge，2008：63）

前两位译者均将原句的意思彻底颠覆，以此来表达上帝或天地具有仁爱之心，如果没有仁爱之心，则会视百姓为刍狗。而理雅各虽然没有彻底颠覆句意，但是在句中添加了冲动（Impulse）一词，使得原句的隐含句意发生了改变，暗指上帝的仁爱并非一时的冲动，而是一种永恒的仁爱。理雅各通过添加备注在语句中增加了一层暗示意义，而这种暗示也是译者为了使译本顺应宗教意识形态对句意进行的修改。

从上述例子来看，如果想要实现文化认同和融合，除了选择契合意识形态需求的译本，以及在字词翻译过程中植入本国意识形态，还要处理好语篇全域的矛盾，忽视矛盾将使得译本不被读者接受，阻碍文化交流的进程。

五、文化流动中的翻译与意识形态

本章以《道德经》为例，阐述了意识形态对译本选择、翻译策略以及解决语篇全域矛盾的影响。从分析结果来看，《道德经》之所以在西方世界成为翻译频次最高的中国典籍，并在百年译史中促发三次翻译高潮，与意识形态的变迁有着密切的关系。从外部因素来看，西方的主流意识形态在发展的过程中经历了殖民主义扩张、发展遇挫以及走向多元这三个阶段，而这三个阶段都需要引入新的思想来引导西方的发展。从内部因素来看，《道德经》中所阐释的"世界起源"、"无为而治"以及"战争观"等思想契合意识形态发展的需求，这就使《道德经》能够率先从东方典籍中脱颖而出，成为基督教传教士以及后续译者的翻译对象。因此，《道德经》译介高潮的发生背景与西方国家的意识形态的变迁史相契合，是意识形态发展的必然结果。

在具体的翻译过程中，译者的翻译策略也会受到意识形态控制。本章以篇名与核心概念"道"的翻译为例，分析了意识形态在译者选取归化和异化翻译策略时的影响。在翻译过程中，不同阶段《道德经》的篇名翻译经历了从归化向异化的线性演变过程，每个阶段的篇名翻译都打上了意识形态的烙印。而对于

"道"的翻译,有些传教士采用归化译法直接将"道"替换成"上帝(God)"或者"上帝保佑(Providence)"一词,抑或采取三种阐释——"道路(Way)","方法(Law/Principle)"与"道理(Reason)"——中的一种,在第三阶段甚至采用"无神论(Atheism)"来替换"道",这都是译者在字词层面上植入意识形态的译法。这种在翻译过程中经由文化负载词植入意识形态的译法,能够温和地实现"他者"文化与思想的传播,不被读者反感,继而才能实现文化接受和认同。

最后,在翻译过程中,原语的语篇全域和译入语的语篇全域通常会产生一些矛盾,例如《道德经》中涉及女性和婴儿生殖器官的敏感性词汇,如果直译到译入语中,将会降低译本的读者接受度,或者使得译本显得"粗俗"。因此,在整个《道德经》的翻译史中,译者多采用委婉语替换或者采取零翻译的方式略过不译。而当句意和译者所在的主流意识形态相冲突时,译者会毫不犹豫地对原句意思进行修改甚至颠覆。这种顺应译入语文化典本的译法也是意识形态对语篇全域监控和操控的显性表现。

因此,当代译者将东方文化引入西方时,不可忽视意识形态在翻译中的制约作用。想要在文化输出的过程中保留自己的"异质"文化身份,实现文化认同和融合,须根据当前意识形态的需求选择恰当的文本以及翻译策略,并考虑语篇全域矛盾的解决方案。这样,东方传统文化的输入才能从根本上为西方文化提供一定的启示。

第七章 《道德经》翻译中的"文化不等值"

在中西文化交流中,翻译随着思想意识的变化而更改面貌,呈现不同的翻译形态。文化的动态性特质为翻译带来生机,同时,文化的多样性也给翻译提出了许多难题。《道德经》作为中国思想文化的经典,其文化词汇、术语与意象纷繁复杂,内涵深刻细腻。要将这些丰富的中国文化符号移植到译语文化中,"等值"问题便首当其冲。本章将选取韦利的《道德经》英译本作为专案研究,从"文化不等值"角度对《道德经》中凝结着中国历史文化的文物形象的翻译进行分析,并对语言文化的表征形式如汉语特殊词类、哲学词语的翻译问题进行探究,从而对文化符号在翻译中的出场和消隐进行深入的阐述。

一、"文化不等值"的内涵

"文化不等值"的问题长期隐藏于跨文化翻译之中,对翻译尤其是深具文化特色的翻译活动影响极大。

"文化不等值"与翻译中的"对等"(equivalence)理论息息相关。根据笔者在《20世纪西方翻译理论在中国的接受史》(2009)中的研究,"对等论"起源于前苏联,属于语言学派的翻译理论。1953年前苏联翻译理论家费道罗夫(A. V. Fedorov)在《翻译理论概要》中正式提出"翻译对等论",意指翻译的整体话语与原语话语的效果对等,翻译对等论由此发展成为具有科学性质的理论话语,并得到广泛的探讨。之后,雅各布逊(Roman Jakobson)提出"有差异的对等";奈达(Eugene A. Nida)提出了"动态对等"(后改为"功能对等"),追求原文读者和译文读者相似的审美效应;卡特福德(J. C. Catford)提出了"篇章对等"的概念;凯德(O. Kade)提出了"全额对等"、"选择性对等"、"近似性对等"和"零对等"等四种类型,从词汇层面拓展了翻译的对等观;科勒(W. Koller)则把对等置于规范性概念之列,将其分为外延对等、内涵对等、语言规范对等、语用对等和形式美对等。(杨柳,2009:2—4)对等理论在 20 世纪 50～70 年代一直占有重要的理论地位,直到 80 年代文化学派的出现才逐渐衰微。

本章所说的"文化不等值",是根据"对等论"所做的理论延伸,指的是在翻译过程中由于原语与译语的文化不等值而导致的文化语汇失真、文化内涵缺失、文化意象变形甚至扭曲的现象。在中国的文学和文化作品外译的过程中,翻译的"文化不等值"会使中国文化的独特个性与魅力在走向世界的过程中变形甚至消失。《道德经》作为一部中国文化哲学经典,其蕴含的文化内容必须得到有效的传译。本章所选的翻译文本是著名翻译家韦利的译本,虽然该译本在西方大获成功,但依然存在着诸如文化的变形、误读和遮蔽的问题。因此,本章拟从韦利译本着手,探讨《道德经》中的中国历史文化形象、特殊词类的用法及哲学词汇在翻译中的"文化不等值"问题。

二、韦利及其英译本简介

韦利(Arthur Waley),出生于犹太家庭,从小聪颖过人,尤其对语言和文学有着浓厚的兴趣,精通多种语言。1903 年,韦利在英国拉格比学校读书并获得剑桥大学皇家学院奖金。进入剑桥学习后,他师承迪肯森(G. L. Dickingson)和摩尔(G. E. Moore)两位学者。两位老师都酷爱东方古代文明,对韦利的影响深刻。在他们的指导下,韦利对东方古代文明进行了更深层次的学习。1913 年离开剑桥后,他开始在大英博物馆东方馆工作,负责整理东方版画和绘画。自 1929 年因健康关系辞去博物馆工作后,韦利开始撰写有关翻译的书籍,其中大部分与中国文化相关。

韦利是著名的汉学家、翻译家,对中国文学和思想经典进行了大量传译和介绍。他翻译了《诗经》、《楚辞》等诗集以及逾百首中国古诗,其语言优美,节奏动人,译作一经出版就引起了极大轰动。他翻译的《西游记》、《红楼梦》、《金瓶梅》等最大限度地保留了原文的故事性和主要人物的鲜活品格(杨柳,2014:28),他自成一派的翻译风格、著作等身的勤奋态度使他成为汉学家中一颗璀璨的明星。

韦利是一位多产的汉学家和翻译家,一生著述和译注多达 240 种。1934 年,韦利在伦敦出版了英译本《道及其力:〈道德经〉及其在中国思想中的地位研究》。他是以一个学者的身份对待《道德经》的翻译的。在翻译过程中,他采用了"文字翻译"的方法,为的是精准地传达原文要旨。除此之外,他还对书中的重要术语进行了考据和解释,将译文与论说结合,不仅介绍老子的生平、主要哲学思想、哲学术语以及《道德经》中的表现方法,还对各种中文注释本、阴阳与五行学说、《道德经》的世界地位等进行了论述,为不熟悉中国文化的西方读者提供了有力的帮助。(同上)该书自出版后,几乎每隔五六年就要重印一次,被公认为《道德经》众多英译本中影响力极大的一个版本。不同于以前的英译本,韦利的译本不是基督教传播的工具与附庸,而是努力探求老子思想、忠实传达原著、尊重原著哲学思想的翻译,以此拯救欧洲的"思想危机"(辛红娟、高圣兵,2008:82),因此,韦利的译本具有较高的参考价值。

韦利学识广博,对《道德经》的理解、翻译的准确程度相对较高,但是,由于翻译本身的复杂性和中国文化的深奥莫测,韦利的译本中依然存在不少"文化不等值"的问题。以下,将从三个方面进行具体探讨。

三、中国历史文化的不等值

首先探讨的是翻译中的历史文化的不等值。

语言是社会的产物,是在社会历史中逐渐形成的。中西方历史生活的差异是客观存在的,由此带来的语言差异在翻译中造成了许多文化传输的不等值现象,韦利翻译的《道德经》中就有不少这样的例子。以下,仅举两例加以说明。

1. 拱璧

拱璧,是需要两手拱抱的大玉璧。而"玉"在中国文化中是品德美好、地位尊贵的象征。《说文》有云:"玉,石之美。有五德:润泽以温,仁之方也;䚡理自外,可以知中,义之方也;其声舒扬,尃以远闻,智之方也;不桡而折,勇之方也;锐廉而不技,絜之方也。"古时,常以"玉"比喻"君子之德",如《礼记·曲礼下》记载:"君无故,玉不去身。"在公元前3000年,中国已经开始用玉作为仪式上的装饰,玉带有礼器的性质,如《周礼·春官·大宗伯》记载的"以苍璧礼天"即是明证。因此,"玉"在中国文化中亦有"神圣"的喻义。然而,如果译者在翻译时不了解玉石在中国所享有的特殊文化待遇,就有可能在翻译中无意识地造成文化不等值。如:

111

原文：故立天子，置三公，虽有拱璧以先驷马，不如坐进此道。（第六十二章）

译文：Therefore on the day of the Emperor's enthronement

Or at the installation of the three officers of State

Rather than send a team of four horses, preceded by a disc of jade,

Better were it, as can be done without moving from one's seat, to send this Tao. (Waley，1998：13)（本章中各案例的下划线为笔者所加）

韦利将"拱璧"译为"a disc of jade"，其表层意义可谓等值。但是，审视其深层的文化意义，"jade"在英语中的意义与"玉"在汉语中的意义并不等值。根据《韦氏大学词典》的解释，"jade"在英语中的喻义如下：1. a broken-down, vicious, or worthless horse（疲惫的老马）；2. a：a disreputable woman（名声不好的女人）；b：a flirtatious girl（举止轻浮的女孩）。可见，从文化等值角度来看，jade 在英语中的"轻浮"、"衰老"之义与"拱璧"在汉语中的"美好"、"尊贵"、"神圣"之义相去甚远，若不加以解释说明，极易造成理解上的偏差。

2. 左契

在中国古代的礼制中，以左为卑，以右为尊。如《仪礼·乡射礼》中有这样的记载："当左物，北面揖。"郑玄注："左物，下物也。"由于中西方礼制的差异，在翻译时，"左"的文化意义很难译出，《道德经》中的"左契"在翻译中就出现了不等值的现象。如：

原文：和大怨，必有余怨；安可以为善？是以圣人执左契，而不责于人。有德司契，无德司彻。天道无亲，常与善人。（第七十九章）

译文：To allay the main discontent, but only in a manner that will certainly produce further discontents can hardly be called successful. Therefore the Sage behaves like the holder of the left-hand tally, who stays where he is and does not go round making claims on people. For he who has the 'power' of Tao is the Grand Almoner; he who has not the 'power' is the Grand Perquisitor. 'It is Heaven's way, without distinction of persons, to keep the good perpetually supplied.'(Waley,1998:167)

"契",即券契、合同、合约。古代之契被剖分为左右二契,订立契约双方各执其一,合之以为信。债务人执左契,负责履行义务。债权人执右契,有向债务人索取债务之权利。《战国策·韩策》记载:"操右契而为公责德于秦魏之王。"鲍彪注:"左契待合而已,右契可以资取。"因此,老子用"圣人执左契"形容出圣人谦卑无为、虚怀若谷的形象。

然而,在英语中,"left"并不具有礼制上的意义,却常常与政治意义上的"左翼政党"(left wing)联系在一起。"left"代表的是倾向"革命"或"改革"等较为激进的精神,与老子用"左"表示谦卑、退让的意义不免有些南辕北辙之感。因此,以"the left-hand tally"来翻译"左契"时,其文化内涵中的"不等值"较为明显。

四、汉语特殊用法的不等值

汉语作为一种历史悠久的语言,有许多特殊的用法,在文本中往往能够产生特别的效果。由于英汉语言系统的差异,汉语的许多特殊词类在英语中无法找到对应的翻译,由此造成的"文化不等值"现象尤其值得注意。本节将从拟声词、集称词、重言词、词类活用等四方面对韦利《道德经》译本中的文化不等值现象进行分析。

1. 拟声词

拟声是某个民族根据其语言所固有的语言系统对客观世界的声音进行改造加工的结果,是特定语言与自然声音相结合的产物。各种语言的音系结构、词汇形态各不相同,各民族对同一声音的听觉感知和模拟习惯也可能不一致,加之民族文化传统上的差异,不同语言中的拟声词在语音形式上就可能出现多种差异,甚至大相径庭。(李国南,2001)所以,在对拟声词进行翻译时,如果处理不当,其文化内涵很容易丢失,如:

原文:唯之与阿,相去几何?
　　　善之与恶,相去若何?
　　　人之所畏,不可不畏,

荒兮,其未央哉!(第二十章)

译文:Between *wei* and o̲

What after all is the difference?

Can it be compared to the difference between good and bad?

The saying 'what others avoid I too must avoid'

How false and superficial it is! (Waley,1998:41)

根据《古汉语常用字字典》的解释,"唯"是拟声词,摹拟应答的声音,相当于现代汉语里的"是"。如《柳毅传》中所说:"毅伪退辞谢,俯仰唯唯。"《说文》也有这样的解释:"唯,诺也。"根据傅惠生对韦利译本的校注,wei(唯)是指下级对上司的应答语;o(阿)是指上级对下级的应答语。(韦利,傅惠生,1994:43)因此,"唯"在此处表示的是"唯唯诺诺",是代表"恭敬"的应答声;而"阿"则代表"怠慢"的应答声。通过这一对拟声词的使用,老子表达了自己为人处世的立场:人们以恭敬的应声应我,则以我为贵,于我则为荣;人们以怠慢的应声应我,则以我为贱,于我则为辱。(贺荣一,1994:150)而贵或贱、荣或辱,又有什么区别呢?

114 以汉语为母语的读者,或者熟练使用汉语的读者在读到"唯"和"阿"的时候,可以联想到其在日常生活中表达的意味,进而理解它们背后的含义。但在英语的拟声词系统中,"wei"和"o"都并不属于应答语。在韦利的译本中,我们发现他对"wei"和"o"作了注释,但其解释是两个词都是表示"yes"之意,只是前者为正式用语,后者为非正式用语。(Waley,1998:41)因此,韦利的翻译既没有完全表现出原文应答语所包含的文化内涵,也不能将相应的意义传递给英语读者。

2. 集称词

汉语中的集称词具有一定的数量意义,但有些集称词由于其特殊的文化内涵,所代表的意义随着历史的发展及词义的演变已经虚化。人们在使用这类词的时候,并不关注其所代表的事物本身,而更注重其文化意义。如"九州",若追溯其来源,可知其代表的是大禹治水后将中国所划分的冀、豫、雍、扬、兖、梁、青、荆等九州(杨金鼎,1987),但是,实际上"九"的意义早已淡化,人们更多的是将其作为"中国"的代称,如宋代诗人陆游所做的《示儿》:"死去元知万事空,但悲不见九州同。"再如"四海",本指传说中的"东海"、"西海"、"南海"和"北海",后来常作为"天下"的代称,如"四海之内皆兄弟"。由于集称词的文化意义较深,典故较多,所以在翻译时很容易造成文化不等值的现象,如:

> 原文:<u>五色</u>令人目盲;<u>五音</u>令人耳聋;<u>五味</u>令人口爽。(第十二章)
>
> 译文:<u>The five colours</u> confuse the eye,
>
>   <u>The five sounds</u> dull the ear,
>
>   <u>The five tastes</u> spoil the palate. (Waley,1998:25)

"五色"代表"青黄赤白黑","五音"代表"宫商角徵羽","五味"代表"酸甘苦辛咸",它们分别涵盖了"颜色"、"音阶"、"味道"在当时的所有分类,所以"五"并不特指此五种"颜色"、"音阶"、"味道"本身,而是指其所代表的人类文化。老子在此对过多的"色欲"、"声乐之欲"与"口腹之欲"予以否定,从而表达其"无欲"的主张。

对于英语读者来讲,由于语言文化习惯的差异,他们并不一定了解这些汉语数字背后所代表的事物及其所隐含的文化深义,因此,翻译起来要做特殊处理。在上例中,韦利仅仅将其翻译为特指的"五种颜色(the five colours)"、"五种声音(the five sounds)"、"五种味道(the five tastes)",难免会使译文读者感到茫然。译者在翻译时,有必要加以适当的注释,说明"五色"、"五音"和"五味"所包孕的文化内涵以及与老子"无欲"之思的关系,从而克服由于文化差异所引发的理解困难。

3. 重言词

重言词,是指两个相同的汉字重叠在一起所组成的一个词,或摹仿物的声音,或形容事物的形貌状态。以《诗经》的语句最为典型,如"关关"形容鸟鸣声,"灼灼"指花盛开。根据重言词与单字的意义关系,可将重言词分为三类,包括同义的重言词、引申义的重言词和通假义的重言词。

当重言词的意义与单字意义相同即为同义的重言词时,该词意义较容易理解,如"巍巍乎,舜、禹之有天下也而不与焉!"(《论语·泰伯第八》)中的"巍巍"一词。朱熹《集注》曰:"巍巍,高大之貌。"《说文解字》亦云:"巍,高也。"可见,"巍巍"与"巍"同义。

而引申义与通假义的重言词表意较为晦涩,如"堂堂乎张也,难与并为仁矣"

（《论语·子张篇第十九》）中的"堂堂"一词。郑玄注："言子张容仪盛，而于仁道薄也。""堂"的本义指古代房屋的正屋，在阶上室外，《说文·土部》释曰："堂，殿也。"引申有"美丽、盛大"的意思。此处"堂堂"中的"堂"是对本义的引申。再举一例，"周监于二代，郁郁乎文哉！吾从周"（《论语·八佾第三》）中的"郁郁"一词。朱熹《集注》曰："郁郁，文盛貌。"朱骏声《说文通训定声·颐部》释曰："郁，假借为馘（彧）"，"彧"有"文采明盛"的意义。又有《直音篇·邑部》载："郁，文盛貌。"可见，"郁郁"是对"郁"的假借字的引申。

要理解后两类重言词的意义，对于以汉语为母语的读者来说尚且不易，更不用说对于以英语为母语的译者有多难了。因此，翻译这两类词时极易出现文化不等值的现象。如：

原文：圣人在天下，歙歙焉，为天下浑其心，百姓皆注其耳目，圣人皆孩之。
（第四十九章）

译文：The Sage, in his dealing with the world, seems like one dazed with fright;

For the world's sake he dulls his wits.

The Hundred families all the time strain their eyes and ears,

The Sage all the time sees and hears no more than an infant sees and hears. (Waley, 1998:105)

"歙歙"乃重言词，鸟之收拢翅膀称为"歙"，因此"歙歙"指闭合之貌，经引申指"心无所属、随和的样子"。

"歙歙焉"与"圣人无心，以百姓心为心"（第四十九章）的精神是相通的，"歙歙焉"所形容的是圣人把自己的聪明才智藏起来，不闻不问，一任自然的样子。译者将"歙歙焉为天下浑其心"译为"dazed with fright"，将"歙歙"的"随和"之意译为"害怕"，明显偏离了老子塑造的无忧无惧的圣人形象。

4. 词类活用

在上古汉语文献中，动词的"使动"与"意动"这两个特殊用法十分常见，也容易混淆。辨别这两种用法虽然有一定的规律可循，但更需要联系文本的上下文以及作者的写作背景来理解。值得注意的是,这类词往往是理解文意的关键所在。如在"既来之,则安之"(《论语·季氏》)中,"安"若理解为"意动",则其意为"既然来了,就以此处为安吧",本句当是对"民"的劝慰;若将"来"、"安"皆理解为使动,则意为"既然使人来了,就要使其在此处安居乐业",本句当是对治理者的劝谏,所表达的观点大不相同。因此,阅读或翻译上古文献时,应当特别注意文献当中动词的不同用法,否则,就可能造成翻译时的文化不等值。如:

原文:使民复结绳而用之。甘其食,美其服,安其居,乐其俗。(第八十章)
译文:He could bring it about that the people should have no use for any form of writing save knotted ropes, should be contented with their food, pleased with their clothing, satisfied with their homes, should take pleasure in their rustic tasks. (Waley,1998:170)

"甘"、"美"、"安"、"乐"为本句理解的关键,如果翻译这几个词时发生偏差,极可能"失之毫厘,差之千里"。若以"甘"、"美"、"安"、"乐"为形容词活用为动词的使动用法,则本句的意义当为"使人民的食物甘美,使人民的服装华美,使人民的生活安然,使人民的风俗充满乐趣",但此种理解显然违背老子一贯提倡的不以外物为累、不以外物为欲的精神。因此,本句的"甘"、"美"、"安"、"乐"都属动词的意动用法,意为"以其食为甘,以其服为美,以其居为安,以其俗为乐",强调要使"民"从心理上觉得"甘美"、"舒适"、"安然"、"快乐"。老子意在通过本句强调不要以物质上的高级待遇为欲,应当尊重内心感受,实现精神层面的圆满自足的享受。这也符合老子一贯强调的"无欲"、"纯朴"的精神。

由于英语中缺乏相应的"意动"用法,韦利的译文对"甘"、"美"、"安"、"乐"四字的翻译,采用"be+动词过去分词/形容词"的形式,即表示"被动"的结构,或采用表示主语心理状态的"系表结构",意为"人民应当被提供(充足的)食物以使其满足,被提供(漂亮的)服饰以使其愉悦,被提供(舒适的)住所以使其安心,应当从他们的习俗当中获得快乐",或者意为"人民应当满足于他们的食物,愉悦于他们的服饰,满意于他们的住所,从他们的习俗当中应当获得快乐"。前者偏重于满足人们的各种物质要求,而后者偏重于对人民提出各种限制性的要求,都有一定的道理,不过这两种处理方式都与老子所提倡的回归纯朴后的心灵享受的旨趣有所不同,文化上的不等值便难以完全克服。

五、哲学词语的不等值

《道德经》作为一部哲学典籍,建立了一个完整的哲学体系,被认为是与儒家经典《论语》并行的重要宝典。其中,老子提出并使用了许多重要的哲学术语。正确翻译这些词语,对于等值传达道家思想非常重要。然而,在韦利的译本中,一些哲学词语的翻译未能完全实现等值。

1. 德

"德"是老子哲学体系中的重要术语,在《道德经》中多次出现,其含义也不完全相同,这给译者辨识其深义带来了困难。在韦利的译本中,共有二十二处将"德"译为"power",如:

原文:上<u>德</u>不<u>德</u>,是以有<u>德</u>;下<u>德</u>不失<u>德</u>,是以无<u>德</u>。……

故失道而后<u>德</u>,失<u>德</u>而后仁,失仁而后义,失义而后礼。(第三十八章)

译文:The man of highest '<u>power</u>' does not reveal himself as a possessor of '<u>power</u>';

Therefore he keeps his'<u>power</u>'.

The man of inferior '<u>power</u>' cannot rid it of the appearance of '<u>power</u>';

Therefore he is in truth without'<u>power</u>'.

...

That is why it is said:After Tao was lost, then came the'<u>power</u>';

After the'<u>power</u>'was lost, then came human kindness.

After human kindness was lost, then came morality.

After morality was lost, then came ritual. (Waley,1998:79)

原文:有<u>德</u>司契,无<u>德</u>司彻。 (第七十九章)

译文:For he who has the'<u>power</u>' of Tao is the Grand Almoner; he who has not the '<u>power</u>' is the Grand Perquisitor. (Waley,1998:167)

"德"作为道家思想的重要概念,有其特殊涵义。不同于一般意义上的"三从四德"与"美好品德"中的"德",《道德经》之"德"指的是"朴德"。"朴德"乃道治主义者的必修之德,修行此德的意义在于返朴。返朴之后,才能任自然,能任自然,才能顺自然之道而行。"朴德"也是"道治主义"的"总枢德",其下共摄有诚信、谦下、柔顺、不争、俭朴诸德。(贺荣一,1994)其涵摄之德也就诠释了"德"的内在涵义。韦利将"德"译为"power",也许是想强调其作为道治主义工具的意义,但是,圣人执"朴德"而治天下的方式为"我无为,而民自化;我好静,而民自正;我无事,而民自富;我无欲,而民自朴"(第五十七章)。

然而,"power"在英语中的意义却与"朴德"的涵义差距较大。根据《韦氏大学词典》和《牛津高阶英汉词典》中"power"各个义项的解释,"power"的意义明显偏重于"control"(控制)、"authority"(权威)、"strength"(力量)等意义。因此,此处以"power"来阐释老子提倡的"任自然"和"无为而治"的主张,难免会有些背离。

2. 圣人

"圣人"一词在《道德经》中共出现三十四次,也是理解《道德经》的重要术语。在韦利的译本中,共有二十八处将"圣人"译为"the Sage"(Waley,1998:120—121),如:

原文:是以圣人处无为之事,行不言之教;万物作而弗始,生而弗有,为而弗恃,功成而弗居。夫唯弗居,是以不去。(第二章)

译文:Therefore the Sage relies on actionless activity,

Carries on wordless teaching,

But the myriad creatures are worked upon by him; he does not disown them.

He rears them, but does not lay claim to them,

Controls them, but does not lean upon them,

Achieves his aim, but does not call attention to what he does;

And for the very reason that he does not call attention to what he does.

He is not ejected from fruition of what he has done. (Waley,1998:5)

原文:是以**圣人**方而不割,廉而不刿,直而不肆,光而不耀。(第五十八章)

译文:Therefore the Sage

Squares without cutting,

Shapes the corners without lopping,

Straightens without stretching,

Gives forth light without shining. (Waley,1998:123)

"圣人"是《道德经》中老子所塑造的理想形象,是老子所谓的"道治主义者"的典型。老子通过"圣人"的形象来传达自己的政治理想,为道治主义信徒树立学习之师表,以加强说教之效果。钱钟书说:"老子所谓'圣'者,尽人之能事以效天地之行所无事耳。"(钱钟书,1994:421)其品格则正如司马迁所说:"无为自化,清静自正。"(司马迁,1959:2143)

具体而言,根据《道德经》的阐释,圣人"处无为之事","行不言之教","常使民无知无欲,使夫智者不敢为也","使有什伯之器而不用","使人复结绳而用之"。老子对"智慧"是持反对态度的,老子提倡"绝圣弃智"(刘坤生,2004),提倡回归人类最初、最原始的混沌、纯朴的状态,因此,老子所塑造的圣人形象,不应该是"智慧"的体现者,"歙歙焉,为天下浑其心"的"圣人"也不应当是"杰出"的代表。

根据《韦氏大学词典》和《牛津高阶英汉双解词典》对"Sage"各义项的解释,"Sage"在英语中所代表的形象为"wise"(聪明)、"distinguished"(卓越)、"good at judging"(敏于判断)。在西方世界中,公元前6世纪希腊的七位贤人被合称为"Seven Sages"(吴光华,1990:2060),即"希腊七贤"。这七位贤人都富有智慧、勇于行动,分别在政治、数学等领域做出了杰出的贡献。可是,"Seven sages"的形象与老子所推崇的"圣人"形象确有较大差别。可见,翻译"圣人"这一概念,最好能挖掘与道家思想相近的西方哲学思想所推崇的理想形象,在比较中改进翻译,以求接近老子所塑"圣人"的初衷。

3. 不仁

"仁"是儒家的核心思想,在《道德经》中,老子也多处使用"仁"来阐释自己的思想学说。不同的是,老子对"仁"常持否定态度。在第十八章中,老子明确提出"大道废,仁义存",在第十九章中说"绝仁弃义,民复孝慈",在第三十八章中又说"故失道而后德,失德而后仁"。因此,如何理解"不仁"对于正确理解老子的思想也颇为重要,如:

> 原文:天地不仁,以万物为刍狗;圣人不仁,以百姓为刍狗。(第五章)
>
> 译文:Heaven and Earth are ruthless;
>
> To them the Ten Thousand Things are but as straw dogs.
>
> The Sage too is ruthless;
>
> To him the people are but as straw dogs. (Waley,1998:11)

在第五章,韦利将"不仁"译为"ruthless",即"having or showing no pity or compassion;cruel"(无怜悯心或同情心的;残忍的)。"圣人"是老子所塑造的理想形象,"圣人"所为定然是老子所提倡之作为。老子所讲的"圣人不仁"果真意在提倡人们要冷漠、残忍吗?

钱钟书先生在《管锥编》中说,"不仁"有两,不可不辨。一如《论语·阳货》"予之不仁也"或《孟子·离娄》之"不仁暴其民",凉薄或凶残也。二如《素问·痹论》之"不痛不仁",或《广韵·三十五祸》之"傻俅,不仁也",麻木或痴顽也。前者忍心,后者无知。"天地不仁"属于后义……杜甫《新安吏》云"眼枯即见骨,天地终无情",解老之浑成语也。(钱钟书,2007:651—652)按钱先生所言,老子之"不仁"非残忍、冷漠之意,实乃"无知"之意,这与老子一贯主张的"无为"、"无欲"、"歙歙焉"是相通的。本章所说的"圣人不仁",是说圣人不以仁爱之心来教育百姓,不以仁爱之心来干涉百姓,使百姓可以按自然之道而生存、发展与死亡,这才是"大道"。

老子之所以提倡"不仁",是因为他认为"仁"的提出,以及对"仁"的标榜与推崇破坏了人类最原始、最本初的纯朴,影响了人类自然情性的发挥。老子反对的"仁",并非要否定"仁义"或"仁爱"的内涵,而是反对儒家倡导仁义所产生的负面效果:如果人人都追逐仁义,自我标榜仁义,那么仁义就很容易变成一种虚有其表之物,从而破坏了朴实的"大道"。在第八章中,老子又提出"与善仁",主张要"善于用仁义"(刘坤生,2004:34),由此,可以进一步说明其提倡"不仁"的良苦用心。

　　由于韦利未能深入理解老子所言"不仁"的良苦用心，翻译时造成了严重的文化不等值，这不能不说是一种遗憾。"不同的语言文字有其自身特有的文化内涵：一种语言文字中的某些含义，有时候很难通过译文用另一种语言文字传达给读者，而翻译中所失去的恰恰就是跨文化的含蓄与微妙。"（许建平，张荣曦，2002：36）

　　本章主要从中国历史文化、汉语特殊用法、道家哲学概念的翻译分析了韦利《道德经》译本中的"文化不等值"现象。不难发现，翻译造成不等值的原因是多重的，涉及历史生活、语言习惯、哲学思想等。由于语言是复杂的社会历史产物，语言本身又是一个复杂的系统，不同语言所建构的文化差异更是错综复杂，再加上使用不同语言的读者在耳濡目染之中所建立的文化意识多有不同。因此，"对等派"所追求的原语与译语的翻译等值，以及译文读者与原文读者审美反应趋同的效果，在大多数情况下只能是一种理想。

　　采用恰当合度的翻译策略可以使"文化不等值"的状况得到缓和，这要求译者必须对原本所处的语言和文化背景有着全面、深入且准确的理解，同时对自己的母语文化与原语文化的异同有高度的敏感。在翻译策略上，要尽量使用异化法、附文本法、夹注法、解释法或比较法，使原语文化得到原汁原味的传播，使译语读者得以领略异国风情，从而吸收他国文化的新鲜血液，丰富本国文化。但是，有时处理"文化不等值"非译者一人之力可以做到，若是作为审美活动参与者的读者能尽量增加对原语文本语言文化的了解，那么，对于减少翻译中的"文化不等值"现象将有非常重要的意义。

第八章　道家之美与翻译之美

《道德经》不仅在中国历史上有着重要的哲学意义、文学意义和文化价值,同时,也因为其具有极高的美学价值而享有崇高的声誉,在全世界受到极大的关注,展现出无穷的魅力。道家的母性之美、辩证之美、玄妙之美和悖谬之美构成了《道德经》独特的美学风景:以柔克刚,以牝胜牡,上善若水;难易相成,长短相形,高下相盈;大辩若讷,大智若愚,大巧若拙;道可道,非常道,名可名,非常名……这些纷繁复杂的东方之美真是"玄之又玄",因而给翻译布下了屏障。在本章中,笔者将从《道德经》的原本及其美学意蕴出发,探讨这部经典著作在译介与传播过程中的审美再现和表达问题,揭示审美与文本接受之间的关系。

一、母性之美与译者之歧

《道德经》中有很多内容表达了老子的母性崇拜倾向,以母性为喻体阐释了"道"之内核,从而展示出以母性为美的审美取向。因此,《道德经》所体现出的母性之美成为翻译所必须关注的重点问题。下文将分析《道德经》中的母性之美的基本特征及其在译文中的再现。

1. 母性之美

老子以母性为美,其母性思想在《道德经》中贯穿始终。从第一章开始,老子多次表达了他的母性观。他认为,"道"深具母性特质。他把母子关系比喻为根本(道)和万物之关系,十分强调女性至上,视"母"为万物之始。老子哲学提倡以柔克刚,以静制动。老子认为,"牝常以静胜牡"(第六十一章)。在老子的学说中,把"道"说成"宇宙之母"多过"父"。(林语堂:1995:135)老子还说:"既得其母,以知其子;既知其子,复守其母,没身不殆"(第五十二章),"知其雄,守其雌,为天下溪。为天下溪,常德不离,复归于婴儿"(第二十八章),表明"雌"和空谷、溪涧一样,被用作可敬事物的象征。更进一步说,老子的哲学坚守柔性,对柔、弱的一面投入极大的关注。总之,老子的母性观可以概括为:阴柔,处下,无争,静谧。这些特质与老子所倡导的"无为"精神不谋而合,无论是为人处世,还是从政打仗,都不要急功近利,要怀抱谦卑之心,只有这样才能保全自身,无为而获。老子的母性至上观与中国文化的慈悲、包容的特质一脉相承,与儒家的"入世"观构成两条迥然异趣的美学主线。

2. 译者之歧

在翻译的过程中,译者由于种种原因会对老子的这种母性美学偏向采取不同的处理方式。比如,《道德经》第六十一章有"以牝胜牡"的美学主张:"牝常以静胜牡,以静为下。"意思是说,雌柔常以安静胜过雄强,因为它擅长居守下位。(李耳,庄周,2006:130),表现了老子女性阴柔至上的观点。面对这样的美学观,译者又是如何处理的呢? 本节以理雅各、韦利和林语堂三位译者的译文为例,分析英译本中母性观的再现问题,以彰显其翻译的差异性。

原文:牝常以静胜牡,以静为下。(第六十一章)

译文 1:(To illustrate from) the case of all females:—the female always overcomes the male by her stillness. Stillness may be considered (a sort of) abasement. (Legge,2008:53)

译文 2:The Female overcomes the Male by quietude,and achieves the lowly position by quietude. (Lin,1948:279)

译文 3:The female by quiescence conquers the male; by quiescence gets underneath. (Waley,1998:129)

"女性至上"的观点在三位译者的译本中有着不同程度的体现:理雅各通过"overcome"一词传达女性战胜男性的意思。"overcome"在词典中的释义为"win a victory over",所以此处用"overcome"一词翻译"胜"是可行的。除了采用"overcome"一词以外,林语堂还通过大写 Female 和 Male 的首字母,加强男女性别之间的对比,从而突出女性战胜男性的结果,表现老子的女性至上观。但是,韦利采用的是"conquer"一词,在此不妥。根据《朗文当代高级词典》(*Longman Dictionary of Contemporary English*),对"conquer"的释义是:to get control of a country by fighting。由此可见，"conquer"一词带有"武力征服"的内涵，这与女性"静"的特质不相符合。雌柔战胜雄强，是指温柔的征服，而非以武力取胜。整体而言，林语堂的译文对母性观的体现比较突出，理雅各的译文比较平实，韦利的译文则有悖原意。

除了直接表达"母性观"，老子还经常在《道德经》中借用各种象征女性的意象来表达他的美学倾向。"水"，就是他常借用的意象。"水"给人的第一印象就是平静、柔缓、细腻。老子多次以"水"这个意象来比喻"道"的母性特质，认为柔能克刚，阴柔至上。比如，老子在第八章中就明确说过"上善若水"。但是，在西方人的文化观念中，"水"有时有着截然相反的意义，并与"洪水"相连，这与东方文化中柔弱的意象大相径庭。这种文化之间的差异横亘在译者面前，且看三位译者对"上善若水"（第八章）的翻译：

译文 1：The highest excellence is like（that of）<u>water</u>.（Legge，2008：16）

译文 2：The highest good is like that of <u>water</u>.（Waley，1998：17）

译文 3：The best of men is like <u>water</u>…（Lin，1948：76）

（此章所引案例中的下划线为笔者所加。）

三位译者无一例外地把"水"译为"water"，虽然在西方的文化观念中"water"的意象与"水"的意象存在差别，但此处似乎也别无选择，"水"的美学意蕴在单词"water"上无法对等地再现，译者只能在主语部分来表现"水"的不同特质。原句的意思是：最高修养的人就像水一样。"善"，指人的修养。译文 1 是理雅各的翻译，他认为"水"的形态代表最高的美德，着重点在于"德"；韦利则认为"水"如同最高的善行，重点在于"善"；林语堂同样将水翻译成"water"，只是采用"the best of men"，他将老子的"上善若水"理解为对人的品格的描述，而不是仅仅翻译为抽象的"善"，因为原文中的"上善若水"是对圣人人格的描述。林语堂的这种理解是符合《道德经》原意的，在河上公对《道德经》的注释中也是这样表述的，河上公的注释是"上善之人，如水之性"（河上公，1993：28）。但林语堂的译文同样没有表达出水平静、柔缓的特征。由于中西文化中"水"的文化含义有差异，西方读者很难理解"水"在老子思想中所代表的全部深意。由此可见，"水"的意蕴在几位译者的翻译中都没能做到与原文的内涵完全对等，译者在对"水"的美学意蕴的理解上产生了分歧。

二、辩证的逻辑与翻译的逻辑

《道德经》中有很多辩证思想,这是老子美学思想的重要组成部分。这些思想使《道德经》中玄思的意味更突出,更具有生命力和美感。而在这些辩证的表达中,不乏对美学概念如"美"与"丑"的描述。因此,这些辩证的表达方式也是翻译《道德经》的重点和难点。

1. 辩证的逻辑

在《道德经》中,老子的哲学思想在很大程度上体现于辩证的表达方式。而由这些表达方式带来的玄思,也是《道德经》倍受关注的原因所在。比如,在《道德经》一书中,老子对美与丑、善与恶关系的辩证讨论就给世人以巨大的启迪。

在《道德经》第二章中有一段关于美与丑、善与恶的论述:"天下皆知美之为美,恶已;皆知善,斯不善矣。有无之相生也,难易之相成也,长短之相形也,高下之相盈也,音声之相和也,前后之相随,恒也。"这句话的意思是:如果天下人都知道了美好的事物是怎样成为美好的,那么丑陋的东西就出现了;如果天下人都知道了善良的事物是怎样成为善良的,那么不善良的东西就出现了。这将导致实有与虚无相互滋生,艰难与容易相互完成,修长与短拙相互比较而显现,尊高与卑下相互依靠而存在,单音与回声相互和谐而成乐曲,先进与落后相互追随而成队列。(李耳、庄周,2006:10)整段话表明美与丑、善与恶是相互依存,不可分割的;接着通过一系列的比喻进一步阐明美与丑、善与恶是如何相互结合成完整体,从而相互转化的。这样的辩证论述,在《道德经》中比比皆是,形成了老子美学独特的思辨特征。

2. 翻译的逻辑

然而,辩证的逻辑对于译者来说却是一个不小的考验,是相向而行,还是携手共进,是比较分析,还是混搭整合,翻译的逻辑确实不易选择。以下来看《道德经》第二章的一段原文的翻译:

原文:天下皆知美之为美,斯恶已;皆知善之为善,斯不善已。有无相生,难易相成,长短相形,高下相盈,音声相合,前后相随。(第二章)

译本 1：All in the world know the beauty of the beautiful, and in doing this they have (the idea of) what ugliness is; they all know the skill of the skillful, and in doing this they have (the idea of) what the want of skill is. So it is that existence and non-existence give birth the one to (the idea of) the other; that difficulty and ease produce the one (the idea of) the other; that length and shortness fashion out the one the figure of the other; that (the ideas of) height and lowness arise from the contrast of the one with the other; that the musical notes and tones become harmonious through the relation of one with another; and that being before and behind give the idea of one following another. (Legge, 2008:13)

译本 2：When the people of the Earth all know beauty as beauty, There arises (the recognition of) ugliness. When the people of the Earth all know the good as good, There arises (the recognition of) evil. Therefore: Being and non-being interdepend in growth; Difficult and easy interdepend in completion; Long and short interdepend in contrast; High and low interdepend in position; Tones and voice interdepend in harmony; Front and behind interdepend in company. (Lin, 1948:47)

译本 3：It is because every one under Heaven recognizes beauty as beauty, that the idea of ugliness exists. And equally if every one recognized virtue as virtue, this would merely create fresh conceptions of wickedness. For truly 'Being and Not-being grow out of one another; Difficult and easy complete one another. Long and short test one another. Pitch and mode give harmony to one another. Front and back give sequence to tone another'. (Waley, 1998:5)

很明显,理雅各的译文出现了一处错误,他将"善恶"的"善"理解为"善于"的"善",并翻译为"skill"。原文中的"善"应该是指与"美"相并列的一种品德,理雅各将它理解成"善于"是不恰当的。林语堂的译文呼应原文,"难易、长短、高下"

在英文中相应地被翻译成"Difficult and easy，Long and short，High and low"，这三组词语都是形容词，但直接拿这三组形容词做主语，在英语的语法中是不常见的。之后，他又将其他成对的概念做了名词性处理。从诗学的角度来看，这种"混搭"的方式似乎不妥。但比照原文，老子在此处也采用了混搭的方式！韦利在翻译"天下皆知美之为美，斯恶已；皆知善，斯不善矣"这句话时，没有保持上下文之间的对应关系。在英译本中，"天下皆知美之为美，斯恶已"采用表示因果关系的连词"because"进行构句，但到"皆知善，斯不善矣"时，又采用表示假设关系的连词"if"进行构句。这种处理方法欠妥，因为原文中这两个分句内部之间的关系一致，都是因果关系，在翻译成英文译本时，也应当保持前后句之间的一致性。而从保持原文的诗学特征的视角来看，采取一致的句式也会更加妥帖。

三、玄妙之道与翻译之玄

"玄妙"是中国道家美学思想的一个重要概念，魏晋南北朝时期，《道德经》被称为"三玄"之一，代表了玄学思想的主要来源。因此，如何翻译"玄"，是《道德经》翻译的另一关键所在。

1. 玄妙之道

"玄妙"之道，是老子意欲表达的一种美学观，在《道德经》中屡屡出现，如"玄"字就出现了 12 次。书的开篇即写道："道可道，非常'道'；名可名，非常'名'。'无'，名天地之始；'有'，名万物之母。故常'无'，欲以观其妙；常'有'，欲以观其徼。此二者，同出而异名，同谓之玄。玄之又玄，众妙之门。"（第一章）这句话的大意是：可以用言语表达的道理，就不是永恒的道理；可以用文字描述的概念，就不是永恒的概念。无法用言词表述的原初状态，那是鸿蒙宇宙的本来面貌；已经用言词确定了的概念，那是自然万物的生身母亲。经常保持虚无的状态，这是想要观察世界的幽微本质；经常保持实有的状态，这是想要观察世界的明显表象。虚无与实有，这两者同出于人心，却有不同的名称。无论是虚无还是实有，都可以说是玄秘的现象。玄秘中的最高玄秘，那就是一切奥妙产生的根源。（李耳、庄周，2006：8）对于《道德经》中"玄"概念的解释，历来众说纷纭，难以统一。有的把"玄"字解释为"深黑色，深远难测"，或解为"深奥难知"、"奥妙"，又或"幽冥深远"，还有"玄妙"、"天"、"冥默无有"、"物之极"，甚至解为"真空"。在解释的形式上,有的文本前后解释不够统一,有的前有解释而后无,有的干脆对"玄"字绕道而行,其中多为意解而无字解,如此等等,不一而足。因此,对于"玄"的释解和翻译,也构成了"玄"念。

2. 翻译之玄

玄之又玄,众妙之门。老子的美学之玄在译者的理解中是否也做了玄妙的处理呢? 仅举一例,来看三位译者的处理方法:

原文:道可道,非常"道";名可名,非常"名"。"无",名天地之始;"有",名万物之母。故常无欲,以观其妙;常有欲,以观其徼。此两者同出而异名,同谓之玄,玄之又玄,众妙之门。(第一章)

译本 1:The Tao that can be trodden is not the enduring and unchanging Tao. The name that can be named is not the enduring and unchanging name. (Conceived of as) having no name, it is the Originator of heaven and earth; (conceived of as) having a name, it is the Mother of all things. Always without desire we must be found, If its deep mystery we would sound; But if desire always within us be, Its outer fringe is all that we shall see. Under these two aspects, it is really the same; but as development takes place, it receives the different names. Together we call them the Mystery. Where the <u>Mystery</u> is the deepest is the gate of all that is <u>subtle</u> and <u>wonderful</u>. (Legge,2008:13)

译本 2:The Tao that can be told of is not the Absolute Tao; The Names that can be given are not Absolute Names. The Nameless is the origin of Heaven and Earth; The Named is the Mother of All Things. Therefore:Oftentimes, one strips oneself of passion in order to see the Secret of Life; Oftentimes, one regards life with passion, in order to see its manifest forms. These two (the Secret and its manifestations) are (in their nature) the same; They are given different names when they become manifest. They may both

129

be called the <u>Cosmic Mystery</u>: Reaching from the Mystery into the Deeper Mystery is the Gate to the Secret of All Life. (Lin, 1948: 41)

译本 3：The Way that can be told of is not an Unvarying Way; The names that can be named are not unvarying names. It was from the Nameless that Heaven and Earth sprang; The named is but the mother that rears the ten thousand creatures, each after its kind. Truly, 'Only he that rids himself forever of desire can see the Secret Essences'; He that has never rid himself of desire can see only the Outcomes. These two things issued from the same mould, but nevertheless are different in name. This 'same mould' we can but call the <u>Mystery</u>, Or rather the '<u>Dark than any Mystery</u>', The Doorway whence issued all Secret Essences. (Waley, 1998: 3)

正如中文释义中对"玄"字的解释大相径庭一样，英译本中对"玄"字的理解也各有千秋。理雅各翻译为"Mystery"，并写明其特质是"subtle"和"wonderful"；林语堂认为"玄"指宇宙天地的奥秘，可翻译为"Cosmic Mystery"，是所有生命的奥秘之处；韦利也将"玄"翻译为"Mystery"，但与理雅各不同的是，此处的"Mystery"带有"黑暗(dark than any Mystery)"的特性，是所有奥秘的根源。由于各位译者对"玄"字的理解不同，在各种译本中"Mystery"也被赋予了不同的"个性"，这既是译者理解的反映，也是其不同美学倾向的彰显。

四、悖谬之思与翻译之思

悖谬，是道家美学中的一个重要概念，在《道德经》中得到了充分的展现。本节将对《道德经》中的悖谬之美及其在译本中的再现方式做一分析。通过对比三个译本中的相关译文，说明各个译本再现原文悖谬之美的思与失。

1. 悖谬之思

在《道德经》中，老子说，"天下皆知美之为美，斯恶矣；皆知善之为善，斯不善矣"（第二章）。意思是说，美与善恶互为参照，无此即无彼。老子又说："上'德'

不德,是以有'德';下'德'不失德,是以无'德'。"(第三十八章)指的是上德之人不自持有德,才是有德;而下德之人刻意去追求形式上的德,就还没有达到德的真正境界。"大辩若讷"、"大智若愚"、"大成若缺"、"大巧若拙"(第四十五章),指的是外丑内美,强调内容与形式的相悖与对立,说明要表现美的内容不仅可用混乱、奇异、怪诞、错乱等丑的形式,而且由于鲜明的对比,唯有极丑的形式才能更有力地反衬出"上德"、"大辩"、"大智"、"大成"、"大巧"等美的极致。老子还说:"曲则全,枉则直,洼则盈,敝则亲,少则多,多则惑。"(第二十二章)这也就是说,"丑即是美"。可见,美既可以是和谐、平衡、有序、理性,也可以是不和谐、不平衡、反秩序、反理性的"曲"、"枉"、"敝"、"少"。丑不仅可在形式上、内容上参与美,并且可以从内到外、由表及里彻底取代美,在美学中取得支配地位。(孙云英,1996:77)老子的悖谬之美由此可见一斑。

2. 翻译之思

在翻译中,悖谬关系如何再现,如何拆解、转折和衔接,从而在整体上展现其美的意蕴,这是译者们颇费思量的策略问题。下面通过分析第四十五章中的一段名句来看英译本中是如何体现悖谬之美的。

131

原文:大成若缺,其用不弊。大盈若冲,其用不穷。大直若屈,大巧若拙,大辩若讷。(第四十五章)

译文1:*Who thinks his great achievements poor shall find his vigour long endure. Of greatest fullness, deemed avoid, Exhaustion ne'er shall stem the tide. Do thou what's straight still crooked deem; Thy greatest art still stupid seem, And eloquence a stammering scream.* (Legge,2008:43)(本引用保留了理雅各原译文中的斜体,下同。)

译文2:The highest perfection is like imperfection, And its use is never impaired. The greatest abundance seems meager, And its use will never fail. What's most straight appears devious, The greatest skill appears clumsiness; The greatest eloquence seems like stuttering. (Lin,1948:223)

译文 3：What is most perfect seems to have something missing；Yet its use is unimpaired. What is most full seems empty：Yet its use will never fail. What is most straight seems crooked；The greatest skill seems like clumsiness，The greatest eloquence like stuttering. (Waley,1998：97)

原句的大意是：伟大的成就好像有缺陷,但它的作用永不衰敝;盈满的杯子好像中间有虚空,但它的作用无穷无尽。最刚直的东西似乎是弯曲的,最灵巧的人仿佛手脚笨拙,最雄辩的人好像不能言。(李耳、庄周,2006：98)原句中体现悖谬思想的分句之间是转折关系,但在理雅各的译文中,各分句之间的内部关系就不再是转折关系。这样,原文中的悖谬观就无法完全再现。林语堂使用了连接词"and",具有转折意义。韦利使用的是具有明显转折意义的连词"yet",上下关系更加明确。可见,虽然只是一个小词的选择,但体现原文悖谬之美的程度却大不相同。

《道德经》博大且精深,它的美学思想极其丰富,充分显示了中华民族深厚的文化底蕴。在《道德经》西出国门的旅程中,译者们绞尽脑汁,努力再现原文中带有浓厚的文化色彩的美学思想。在英译本中,对《道德经》中的美的诠释与传译,主要有本土化和陌生化两种表现方式。本土化手法从接受者的角度翻译原作,译本接近译语读者的阅读习惯;陌生化手法则更注重展现原语文本中的文化意蕴,使译本接近原语读者的阅读习惯。对于《道德经》中富含的中国文化底蕴的表达,英译时应该努力将之再现,运用陌生化的手法能使译文实现再现原语文化的目的。然而,从上面的分析也可以发现,《道德经》中的美在翻译中可能会失落,究其原因:一是由于文化间的固有差异,英语文化中无法找到与中国文化对应的美学意象;二是每位译者对《道德经》都有不同的理解,因此译本的意蕴也会随之不同。除了采用陌生化的译法,笔者还建议在翻译《道德经》时采取"美化"策略,再现原著的形式。因此,在向西方传播中国文化的过程中,译者需要更多地注意形式的美化和内容的陌生化,以便更好地向世界呈现原汁原味的中国美学,让世界领略到中国文化的真谛。

第九章　道家之语与译家之语

　　《道德经》作为道家思想的经典之作，不但以其东方古典哲学智慧和美学意蕴著称，其语言形式也别具一格，其独特的字词、句法结构和诗意的行文风格，令世人叹为观止。然而，正是这种严谨而优美、简单而深刻的语言给翻译带来了巨大的挑战。

　　《道德经》成书于两千多年前的春秋时期，用古汉语写成，具有古汉语的一般词汇和句法特征：即用词简洁凝练，一个字往往能传达万千神韵，于是后人解说纷纭；句子短小精炼，句间的逻辑关系存于上下文的语义当中。作为道家思想的哲学著作，其中的哲学概念和辩证思想又使《道德经》具有不同于一般古汉语作品的语言特色，这集中体现在词汇和句子两个层面。

　　在词汇层面，老子的哲学思想涵盖宇宙观、人生观和社会观。作为中国哲学的始祖，老子创造了一系列哲学概念，如"道"、"德"、"有"、"无"等，其中尤以"道"为核心，可以说整个《道德经》就是围绕"道"展开的。这些哲学概念内涵丰富而深刻，关于其意义，至今也未能形成统一而确定的共识。此外，《道德经》中的一系列重要哲学概念多以辩证形式出现，如"有无"、"美丑"、"善恶"、"福祸"、"刚柔"、"进退"等，凝练而古奥的哲学概念词成为《道德经》在词汇方面的一大特色。

　　在句子层面，《道德经》全文韵散结合，行文参差错落，流畅而富有诗意，将抽象而思辨的哲学思想通过优美洗练的句子表达出来。老子还善于运用比喻来阐明自己的哲学思想，如在第八章中用水来比喻"上善"，即"上善若水"。"水善利万物而不争，处众人之所恶，故几于道。"在第七十七章中将"天之道"与"人之道"对比："天之道，其犹张弓？高者抑之，下者举之；有余者损之，不足者补之。"老子还明确提出"正言若反"，即在同一个判断中包含了对立概念的流动和转化，言相反而理相成，充分体现了哲学的思辨性，这是《道德经》辩证说理的独特风格。如第二十二章的"曲则全，枉则直，洼则盈，敝则新，少则得，多则惑"，第四十一章的"大方无隅；大器晚成；大言希声；大象无形"，第四十五章的"大成若缺，其用不弊。大盈若冲,其用不穷。大直若屈,大巧若拙,大辩若讷",《道德经》独特的思辨风格构成了其句子层面最显著的特色。

本章即从语言的角度出发,对比分析《道德经》原本和译本中的语言特色,以期更深刻地理解和再现《道德经》的深意。

一、《道德经》的词与物

《道德经》中的一系列哲学概念都是老子首创,如"道"、"德"、"有"、"无"等,含义广博,而由于其注疏版本多样,译者在翻译时依据的注疏不同,翻译结果必然不同。因此,不论是哲学概念词、文化负载词,还是普通名词,译者的处理方式都不尽相同。

1. 哲学术语的翻译

哲学术语如"道"、"德"、"朴"、"天下"等,内涵丰富,对于这些哲学范畴的理解,自古以来就有很大的争议,其中最典型的就是"道"的翻译。

(1)道

"道"是《道德经》的核心和要义之所在,在《道德经》中出现了 70 多次,因此对"道"的理解关乎整个《道德经》的翻译。

作为一个神秘的东方哲学概念,老子用"道"来表达他对宇宙、人生和社会的独到见解和感悟,这也是老子哲学思想的基础。李金水认为,"道"是老子哲学的专用名词和中心范畴,含有下列三层含义:一指形而上的实存者,即构成宇宙万物的最初本原;二指宇宙万物发生、存在、发展、运动的规律;三指人类社会的一种准则、规范。(李金水,2006:3)具体来说,老子的"道"先于天地万物而存在,且始终发挥着自身的统摄作用,天地的生成、发展、消亡和再生都离不开"道"的作用。"道"是宇宙的本原,是万物变化遵循的规律;是万物的主宰,决定着万物的功能;又是通往真理的路径,人们认识"道"即是认识真理。"道"仅一个字,却具有如此丰富的内涵,在翻译中难以找到一个完全对等的词来表达出"道"的全部含义,译者主要是采取归化和异化这两种策略来进行翻译。

韦利对"道"的翻译是归化翻译的代表。韦利将"道"翻译为"Way",如《道德经》第一章第一句:"道可道,非常'道',名可名,非常'名'",译文如下:

The <u>Way</u> that can be told of is not an Unvarying <u>Way</u>;

The names that can be named are not unvarying names. (Waley, 1998:3)

（此章案例中的下划线为笔者所加）

以"Way"来译"道"是典型的归化翻译。作为一位西方译者，考虑到西方读者理解中国古典哲学的困难和译本的可接受性，韦利采取了解释性的翻译策略，将"道"翻译成"Way"有其道理和依据。在英语中，"way"的意义非常丰富，远远不止"道路"这一个意思。在《柯林斯英语词典》(*Collins Dictionary of the English Language*)中，有关"way"的解释条目就有 20 多条，其中第 17 条的解释是"a guide along which something can be moved"，在《牛津高阶英汉双解词典》(*Oxford Advanced Learner's English-Chinese Dictionary*)中，第 3 条解释是"method, style or manner of doing sth."虽然这两种意义尚不能完全涵盖老子提出的"道"的全部涵义，但是已经包含了原文中"道"所指的"天地万物运行的方式"这样的意思。其次，这个英文译本中的"way"可理解为喻义，这样也比较符合原文。有学者认为，老子提出"道"的概念，虽然赋予了它很多含义，但是实际上也是借用了一个已有的名词而已。（周岷，2009:395—396）因此，翻译的"借用"和"挪用"也是译者常用的手法。

在《道德经》全文中，"道"既有本义，也有喻义。如第五十三章："使我介然有知，行于大道，唯施是畏。大道其夷，而人好径。"再如第四十一章："明道若昧；进道若退；夷道若类。"在这两章中，"道"的寓意与本义"道路"密切相连，没有绝对的界限，而"道"的寓意"规范、准则、规律"等也与"way"所表示的"方式、方法"等意义相通。因此，从全文来看，用"way"来译"道"也是合适的。况且，"way"在《圣经》中有崇高、神圣的含义，如《新约·约翰福音书》十四章四至六节中耶稣所言"I am the way and the truth and the life. No one comes to the Father except through me"。耶稣所昭示的"way"，是通向彼岸世界的光明大道，而《老子》中所谓"大道"、"明道"等，是世俗的人间大道，但两者劝人向善的目的显然是一样的。所以，用"way"来译"道"，传递给西方人的，可能还有一种"神韵"。（李文涛，2008:75—76）"神启"和"道启"有时也是殊途同归！

由上面的分析可以看出，韦利用"way"来翻译"道"是成功的归化翻译，不仅能够让西方读者领会中国古典哲学概念"道"的含义,而且能够在读者心中引起共鸣。虽然以"way"译"道"有一定的意识形态色彩,但对于东方文本的西传及其在世界范围内的传播还是起到了一定的推动作用。

异化翻译的例子有很多,特别是一些中国学者倾向于将"道"进行音译,如林语堂将"道"翻译成"Dao",辜正坤等翻译成"Tao",一个是现代汉语拼写,一个是威妥玛注音方式。下面是这两位中国译者对第一章第一句"道可道,非常'道',名可名,非常'名'"的翻译。

译文 1: The Dao that can be told of

Is not the Absolute Dao;

The Names that can be given

Are not Absolute Names. (Lin,1948:41)

译文 2: The Tao that is utterable

Is not the true and eternal Tao;

The name that is namable

Is not the eternal Name. (辜正坤,1995:59)

"道"是《道德经》的核心和精华之所在,涵义丰富,无法用一个现成的英语单词来表达其全部内涵,因此,通过异化翻译(在这里表现为音译)能够保留这个东方哲学概念的声音的异质性,至于"Dao"或者"Tao"指的到底是什么,则需要读者在译文中细细体会其神秘的韵味。

随着中外交流的日益增多,中国文化在世界范围内逐渐得到广泛传播和认可,英国《钱伯斯 20 世纪英语词典》和美国《韦氏词典》均将"Tao"作为英语的一个词条收入,用来专指老子哲学中的"道",因此,很明显,在英美两国,"Tao"一词已经在一定程度上被接受。

从以上研究可以看出,在《道德经》的翻译初期,由于缺乏深入的沟通,外国读者很难理解中国传统的哲学概念,为了保证译本的可读性和可接受性,译者采取归化的翻译策略,这样有助于《道德经》这一东方古典哲学经典顺利地进入异国语境。而在晚期翻译中,随着中外交流的增加,外国读者对于中国文化有了更多的了解,中国译者的民族文化意识也随着中国国力的增长而加强,因此译者采取了异化的翻译策略,这样,一方面可以保护民族文化的独特个性,另一方面也可以丰富世界文化,有利于世界文化多样性的保护和发展。

（2）德

"德"是《道德经》中仅次于"道"的哲学核心概念,在全书中频频出现。如第三十八章:"上'德'不德,是以有'德';下'德'不失德,是以无'德'。上'德'无为而无以为;下'德'为之而有以为。上仁为之而无以为;上义为之而有以为。上礼为之而莫之应,则攘臂而扔之。故失'道'而后'德',失'德'而后仁,失仁而后义,失义而后礼。"第五十一章:"'道'生之,'德'畜之,物形之,势成之。是以万物莫不尊'道'而贵'德'。'道'之尊,'德'之贵,夫莫之命而常自然。故'道'生之,'德'畜之。"对于"德"的正确理解关乎对整个《道德经》的理解和翻译。

古今学者多将"德"理解为"道"的功能、作用和属性。《经籍纂诂》云:"德,有所施与之名也。立时身形小俯向前,如授物与人也,《礼记·玉藻》疏。"（阮元,1982:1431）由此可以看出,古汉语中的"德"包含"施与"和"接受"的关系。老子把"道"视为"施与者",把"道"的功能、作用和法则等视为"施与之物",同时视万物为"接受者",认为"道"将自己的功能、作用和法则等施与万物。所以,韩非子在《解老》中指出:"德者道之功。""功"即功用、功能和功德,意思是说,"德"是道施与或显示于各种事物的功用、功能和功德。王弼《老子注》:"德者得也,常得而无丧,利而无害,故以德为名焉。何以得德,由乎道也。"现代学者也不乏将《老子》之"德"诠释为道之功用者,如高亨《老子正诂·通说》:"道者宇宙母力之本体,德者宇宙母力之本性,本性之发,是为作用。故切实言之,德者宇宙母力之作用。"陈鼓应先生指出:"老子以体和用的发展说明'道'和'德'的关系,'德'是'道'的作用,也是'道'的显现。"（转引自赵庙祥,2009:22）

从上述解释可以看出,老子认为"道"的属性表现为"德",凡是符合"道"的行为就是"有德"。"道"与"德"不可分离,又相互区别。因为"德"有上下之分,"上德"完全符合"道"的精神。"德"是"道"在世间万物的体现。"德"既是相对于"道"的一个特殊性概念,又是相对于万物的一个普遍性概念,介于形而上的"道"与形而下的万物之间。第五十一章"'道'生之,'德'畜之"说明首先道生万物,而后德畜万物,印证了"德"处于"道"之下、万物之上的中间位置。因此,"德"的基本涵义是道的功用,表现为道在宇宙中的地位、作用及其实现方式等。

下面是三位中外译者对第三十八章中关于"德"的名言的翻译，且看译者是如何处理的。

原文：上"德"不德，是以有"德"；下"德"不失德，是以无"德"。（第三十八章）

译文1：The man of highest 'power' does not reveal himself as a possessor of 'power';

Therefore he keeps his 'power';

The man of inferior 'power' cannot rid it of the appearance of 'power';

Therefore he is in truth without 'power.'

（Waley,1998:79）

译文2：(Those who) possessed in highest degree the attributes (of the Tao) did not (seek) to show them,

And therefore they possessed them (in fullest measure).

(Those who) possessed in a lower degree those attributes (sought how) not to lose them,

And therefore they did not possess them (in fullest measure).

（Legge,2008:39）

译文3：The man of superior character is not (conscious of his) character.

Hence he has character.

The man of inferior character (is intent on) not losing character.

Hence he is devoid of character. （Lin,1948:198）

韦利将"德"译为 "power"，理雅各译为 "attributes of the Tao"，林语堂译为 "character"。在《牛津高阶英语词典》中"power"意为 "a particular ability of the mind"，可见，"道"具有形而上的意味，但无法体现"道"与"德"之间的上下关系。在《牛津高阶英汉双解词典》中"character"意为 "mental or moral qualities that make a person, group, nation, etc different from others" or "moral strength"，强调的是品质、特性或者道德方面的力量。虽然《道德经》中的"德"在广义上与伦理道德并非绝无交涉，但其基本含义不是伦理道德之义，而指道的功能和作用。(赵庙祥,2009:22)因此,将"德"译为"character"违背了"德"的基本含义。理雅各将"德"译为"attributes of the Tao",最接近《道德经》中"德"的含义以及与"道"的相对关系,即"德"是"道"的功用和属性,"德"与"道"密切相关但又处于"道"之下。因此,从文献学的角度来讲,似乎理雅各的翻译最为贴切。

(3) 朴

"朴"是《道德经》中又一个重要的哲学概念,用来阐述老子"无为而治"的治国方略和人生思想。朴是木之未分时的完整状态,"朴散则为器",就是木做成了各种工具,就被立名正名。(孙振玉,2004:64)因此"朴"指的是宇宙初生时的混沌状态,即一种原始的、自然的、纯真的状态,是顺应自然法则的社会法则和人生法则。

下面是韦利、理雅各和林语堂对第三十二章中关于"朴"的一段名篇的翻译,译者的处理大有不同:

原文:"道"常无名、朴。虽小,天下莫能臣。(第三十二章)

译文1:Tao is eternal, but has no fame (name);

The Uncarved Block, though seemingly of small account,

Is greater than anything that in under heaven. (Waley,1998:67)

139

译文2:The Tao, considered as unchanging, has no name.

Though in its primordial simplicity it may be small,

The whole world dares not deal with (one embodying) it as a minister. (Legge,2008:31)

译文3:Tao is absolute and has no name.

Though the uncarved wood is small,

It cannot be employed (used as vessel) by anyone. (Lin,1948:172)

韦利将"朴"译为"Uncarved Block",是取其本义的,即未经雕琢之木,同时将首字母大写表明这是一个专有名词,是有特指意义的,可解为以"未经雕琢之木"比喻原始的自然之道,所以,他的译文可被视为保留了原文的风格特征的异化翻译。理雅各将"朴"译为"primordial simplicity",是取其象征义,意思清楚明白,便于西方读者理解。而林语堂翻译成"uncarved wood",是将其简单地字面翻译为"未经雕琢之木",而对其深意未有把握。

在《道德经》全文中,"朴"的意义非常灵活,在本义的基础上有不同的引申意义,译者进行了灵活的处理,如下例:

原文:"道"常无为而无不为。侯王若能守之,万物将自化。化而欲作,吾将
镇之以无名之朴。(第三十七章)

译文 1:Tao never does;

　　　　Yet through it all things are done.

　　　　If the barons and kings would but possess themselves of it,

　　　　Then ten thousand creatures would at once be transformed.

　　　　And if having been transformed they should desire to act

　　　　We must restrain them by the <u>blankness</u> of the Unnamed.

　　　　(blankness:literally, 'the uncarven-wood-quality'.)

　　　　(Waley,1998:77)

译文 2:The Tao in its regular course does nothing (for the sake of doing it),

　　　　And so there is nothing which it does not do.

　　　　If princes and kings were able to maintain it,

　　　　All things would of themselves be transformed by them.

　　　　If this transformation became to me an object of desire,

　　　　I would express the desire by the nameless <u>simplicity</u> .

　　　　(Legge,2008:33)

译文 3:The Tao never does,

　　　　Yet through it everything is done.

　　　　If princes and dukes can keep the Tao,

　　　　The world will of its own accord be reformed.

　　　　When reformed and rising to action,

　　　　Let it be restrained by the Nameless <u>pristine simplicity.</u>

　　　　(Lin,1948:194)

针对上例中的"朴",韦利译为"blankness"并加注"the uncarven-wood-quality",既将

"朴"的内涵清楚地表达出来,又通过注解将此处的"朴"与前文出现的"朴"联系起来,有利于篇章内部的衔接。而理雅各则直接翻译为"simplicity",意为"简朴";林语堂译为"pristine simplicity",意为"质朴"。理雅各和林语堂的翻译是一种解释性的翻译,有利于西方读者清楚地理解"朴"的内涵,但是,在保留原文风格特质方面不及韦利的译文。

(4) 天下

作为一部深刻反映老子哲学思想的文学作品,"天下"是《道德经》中颇为重要的一个概念。由于"天下"的含义丰富,译者往往根据不同的语境和自己的理解做出不同的选择。

例如,第四十九章云:"圣人在天下,歙歙焉,为天下浑其心,百姓皆注其耳目,圣人皆孩之",译者的处理就各有千秋:

译文 1:The Sage, in his dealings with the world,

　　　　Seems like one dazed with fright;

　　　　For the world's sake he dulls his wits.

　　　　The Hundred families all the time strain their eyes and ears,

　　　　The Sage all the time sees and hears no more than an infant sees

　　　　and hears. (Waley,1998:105).

译文 2:The sage has in the world an appearance of indecision,

　　　　And keeps his mind in a state of indifference to all.

　　　　The people all keep their eyes and ears directed to him,

　　　　And he deals with them all as his children. (Legge,2008:45)

译文 3:The Sage dwells in the world peacefully, harmoniously.

　　　　The people of the world are brought into a community of heart,

　　　　And the Sage regards them all as his own children. (Lin,1948:231)

141

三位译者都将"天下"译为 "the world"。这里讨论的是圣人该如何治理天下,这里的"天下"意思侧重为"百姓"和"国家","the world"的译文更加强调百姓在国家中的作用。同时,这个词本身就有"此岸世界"或"彼岸世界"的意思,也可以用来指地球上的居民——人类,甚至动物世界。"the world"能够获得虚指的意义,从而具有一种超越意义。（肖志兵，2008：135）因此，将此例中的"天下"处理为"the world"还是具有代表性的。

又比如，对于第五十四章中的"故以身观身，以家观家，以乡观乡，以邦观邦，以天下观天下"，翻译也大不相同：

译文 1：Therefore just as through oneself one may contemplate Oneself,

So through the household one may contemplate the Household,

And through the village, one may contemplate the Village,

And through the kingdom, one may contemplate the Kingdom,

And through the empire, one may contemplate the Empire. (Waley，1998：115)

译文 2：In this way the effect will be seen in the person,

By the observation of different cases;

In the family;

In the neighbourhood;

In the state;

And in the kingdom. (Legge，2008：49)

译文 3：Therefore：

According to （the character of） the individual, judge the individual；

According to (the character of) the family, judge the family；

According to (the character of) the village, judge the village；

According to (the character of) the state, judge the state；

According to (the character of) the world, judge the world. (Lin，1948：249－250)

从中文来看，"天下"是大于"邦"的。韦利将"天下"翻译为"empire"，意为帝国，而将"邦"译为"kingdom"，象征权利，强调占有领土的主权国家。此处，"empire"比"kingdom"更显霸气、宏阔。理雅各将"天下"译为"kingdom"，林语堂译为"world"，均无法最大限度地表现"天下"所蕴含的气势。

2. 文化负载词的翻译

中华民族独特的历史造就了许多象征意义独特的文化词,这些文化词往往负载着丰富的意象和内涵,在翻译时,一般难以找到对等的词汇,因此译者往往要通过加注来解释,否则,读者无法理解其意象所蕴含的象征意义。在《道德经》这一中国古典哲学著作中,文化负载词比比皆是,如"六亲"、"五色"、"五味"、"五音"等,译者对此也采取了不同的方式进行处理。

（1）六亲

老子在第十八章讲到"六亲不和,有孝慈"。根据王弼的注疏,"六亲"指的是父母、兄弟和夫妇。下面是韦利、理雅各和林语堂的译文:

> 译文 1:It was when <u>the six near ones</u> were no longer at peace,
> that there was talk of 'dutiful sons'.
> ("六亲":father, son, elder brother, younger brother, husband and wife)(Waley,1998:37)
>
> 译文 2:When harmony no longer prevailed throughout <u>the six kinships</u>,
> filial sons found their manifestation. (Legge,2008:22)
>
> 译文 3:When the <u>six relationships</u> no longer lived at peace,
> There was (praise of) kind 'parents' and 'filial sons'. (Lin,1948:119)

三位译者都译出了"六种亲属关系",但是,根据理雅各和林语堂的翻译,读者无法判断到底是哪六种关系,也就难以领会这句话的意思。只有韦利以加注的方式进行了具体说明,而通过注解,读者就能够明白这句话的意思:亲人之间有了矛盾,才显出孝慈。

（2）五色、五味、五音

与"六亲"一样,"五色"、"五味"和"五音"也承载着相当深厚的文化意蕴,译者需要进行恰当的处理才能使读者明白。在第十二章中,老子这样说道:"五色令人目盲;五音令人耳聋;五味令人口爽。"在《老子解读》中有这样的解释:五色,青黄赤白黑。五音,宫商角徵羽。五味,酸甘苦辛咸。(刘坤生,2004:59)这一案例在前面的章节已有所涉及,但本节旨在对比说明,比前文有进一步的拓展。对此,译者又是如何解读的呢?

译文 1:The five colours confuse the eye,

The five sounds dull the ear,

The five tastes spoil the palate. (Waley,1998:25)

译文 2:*Colour's five hues from th' eyes their sight will take*;

Music's five notes the ears as deaf can make;

The flavours five deprive the mouth of taste. (Legge,2008:18)

译文 3:The five colors blind the eyes of man;

The five musical notes deafen the ears of man;

The five flavors dull the taste of man. (Lin,1948:90)

通过以上三种译文,读者都无法理解"五色"、"五音"、"五味"在中国传统文化中具体指的是什么,只能根据自己的生活经验来猜测,造成了意义的模糊。此处,译者如果加注,读者便可以明白"五色"、"五音"、"五味"到底是什么,从而加深对中国文化的了解。刘坤生就采用了一种加注方法:"The five colours refer to blue, yellow, red, white and black. The five sounds mean Gong, Shang, Jiao, Zhi and Yu, the five traditional Chinese musical tunes. And the five tastes are sourness, sweetness, bitterness, spiciness and saltiness. "(刘坤生,2004:15)但刘坤生的解释也只限于词义范围,尚未将它们与老子的"无欲"之思关联起来。

虽然注释太多会影响读者的阅读速度和阅读的流畅感,但是从文化交流和传播的角度来看,对于特殊意象加注是完全必要的。

3. 普通名词的翻译

《道德经》是一本东方古典哲学著作,其中不仅哲学概念词、文化负载词含义丰富,普通名词也常常有多种解读方式,译者依据不同的注疏和解释,往往会产生截然不同的翻译。这样一来,普通名词也就变得不普通了,如"万物"、"得",等等。

（1）万物

"万物"指所有的事物，"万"是虚指，意为数量众多、种类繁多，而不是指"一万"。而"物"既包括有生命之物，也包括无生命之物，如"天地万物"。但在英译过程中，译者对于"万物"的翻译却各不相同。例如：第一章第二句"'无'，名天地之始，'有'，名万物之母"。下面是韦利、理雅各和林语堂的翻译：

译文 1：It was from the Nameless that Heaven and Earth sprang.
　　　　The named is but the mother that rears the <u>ten thousand creatures</u>,
　　　　each after its kind.（Waley,1998:3）

译文 2：(Conceived of as) having no name, it is the Originator of heaven
　　　　and earth; (conceived of as) having a name, it is the Mother of <u>all
　　　　things</u>.（Legge,2008:13）

译文 3：The Nameless is the origin of Heaven and Earth;
　　　　The Named is the Mother of <u>All Things</u>.（Lin,1948:41）

韦利将"万物"译为"ten thousand creatures"。首先，"万"被直译为"ten thousand"，是不符合《道德经》原义的，如前文所述，中文中的"万物"是一个虚指，不是确切的"一万个"；而"物"被译为"creatures"也与《道德经》原义有所偏差。在《现代牛津高级英汉双解词典》中，"creature"被定义为："1. living animal; 2. living person; 3. Person who owns his position to another, esp. one who is content to carry out another person's wishes without question"。从词典定义不难看出，"creature"指的是有生命之物，而中文中的"万物"除了包括有生命之物外，还包括无生命之物，此处，韦利的翻译造成了语义范围的缩小。而理雅各译为"all things"，则译出了"万物"的内涵，林语堂译成"All Things"，大写首字母，将其作为一个专有名词，有助于让西方读者将"万物"作为一个东方哲学概念加以理解。

（2）得（德）

除了意义的虚指可以造成对原文理解的不同之外，通假字也会导致不同的阐释和翻译。通假字是古汉语中的常见现象，由于古代汉字数量较少，汉字使用不够规范，通假字的使用随处可见，如"得"和"德"。"得"是动词，意为"得到"；

"德"是名词,意为"美德"。这两个字在古代常被用作通假字。(苗玲玲,2002:135)如,《道德经》第四十九章云:"善者,吾善之;不善者,吾亦善之;德善。"对这句话中的"德",便有不同的译文:

> 译文 1:Of the good man I approve,
>
> But of the bad I also approve,
>
> And thus <u>he gets goodness</u>. (Waley,1998:105)

> 译文 2:To those who are good (to me), I am good;
>
> and to those who are not good (to me), I am also good;
>
> and thus (all) <u>get to be good</u>. (Legge,2008:45)

> 译文 3:The good ones I declare good;
>
> The bad ones I also declare good.
>
> That is <u>the goodness of Virtue</u>. (Lin,1948:231)

可以看出,此处韦利和理雅各都将"德"理解为通假字"得",即"得到"之意,而"德善"的意思就是"得到了善";林语堂则理解为"德的美好",译为"the goodness of Virtue"。因为古汉语中存在通假现象,此处很难确定老子到底想要表达什么意思,而大多数译者都是按照"得到了善"和"德是善的"这两种意思进行翻译的,这两种解法都获得了认可。

就本章主旨而论,《道德经》翻译在词汇层面遇到的困难来自于三个方面:一是由于老子独创了一系列重要的哲学概念,内涵丰富,神秘而深邃,至今仍没有统一的解释,因此在翻译中也难以找到一个特定的词来表达这些哲学概念的全部内涵。二是由于一些文化词承载着独特的文化意义,译者要做出正确恰当的解释,才能使读者明白其涵义。这对译者来说确实是一大挑战。三是在《道德经》中,普通名词的含义非常丰富,更由于虚指与通假字的关系,在翻译策略上,译者往往各有取舍,这正是为什么一千个译者便有一千个老子的原因之一。

二、《道德经》的句与义

《道德经》文本中句子的分割,是注疏和翻译时的一大难点。此外,《道德经》

全文韵散结合,多处出现三字句、四字句、五字句等,节奏优美,结构对称,在保证意义准确传达的基础上,再现这种形式美也对译者的翻译提出了极高的要求。

1. 意义的切割与连贯

一句话是由多个语言片断连缀而成的,因此,译者以不同的切割法重构文本,产生了句法结构完全不同的译本,如第一章第二句"无名天地之始,有名万物之母"的翻译。该句有以下两种常用的断句法"'无',名天地之始;'有',名万物之母"或"无名,天地之始;有名,万物之母"。因此,也就出现了不同的译本:

译文 1:It was from the Nameless that Heaven and Earth sprang.
The named is but the mother that rears the ten thousand creatures, each after its kind. (Waley,1998:3)

译文 2:The Nothingness is the name of the beginning of heaven and earth;
The Being (substance) is the name of the mother of all things. (辜正坤,1995:59)

译文 3:Nameless (*wu-ming*), the origin (*shih*) of heaven and earth;
Named (*you-ming*), the mother (*mu*) of ten thousand things.
Alternate:
Non-being (*wu*), to name(*ming*) the origin(*shih*) of heaven and earth;
Being (*you*), to name the mother(*ming*) of ten thousand things.
(Chen,1989:51)

老子在本句中阐述了他的宇宙观,即何为宇宙和万物的起源。其实,对这句话的解释历来就存在争议。根据王弼的注疏,应该在"无名"和"有名"处断句:"凡有皆始于无,故未形无名之时,则为万物之始。及其有形有名之时,则长之、育之、亭之、毒之,为其母也。言道以无形无名始成万物,'万物'以始以成而不知其所以'然',玄之又玄也。"(王弼,1980:1)根据这一注解,这句话的意思应该是:无名是天地的本始,有名是万物的根源。而且,"无名"这一概念在《道德经》中多次出现。任继愈先生指出:"今案,'无名'为《老子》专用概念,如'道常无名'(第三十

147

二章),'镇之以无名之朴'(第三十七章),'道隐无名'(第四十一章)。与无名相对应,第一章'有名万物之母',还有'始制有名'(第三十二章)。可知此章断句,应以'无名'、'有名'断句较合老子思想体系。"(任继愈,2006:2)根据这两位学者的观点,在"无名"、"有名"处断句是有道理的。然而,根据北宋王安石等人的注:"无,所以名天地之始;有,所以名其终,故曰万物之母。"(王安石,1979:1)这句话应该在"有"和"无"处断句,而"名"是动词,意思是用"无"来称述天地之始源,用"有"来称述万物之根本。这种将"有"和"无"作为主语的断句方式在逻辑上也是说得通的。因此,译者的处理也可能因为所参照的注疏本不同而导致翻译的不同。

韦利的译文采用在"无名"和"有名"处断句的方法,辜正坤的译本采用在"无"和"有"处断句的方式,陈爱琳(Ellen M. Chen)的译文则采取两种断句方式并存的表现形式,留有更多的空间让读者自己领悟和琢磨。

另一例由于断句位置不同而含义不同的典型句子是第一章第三句"故常无欲以观其妙,常有欲以观其徼"。该句也有两种不同的断句方式:"故常无欲,以观其妙;常有欲,以观其徼"或"故常无,欲以观其妙;常有,欲以观其徼"。鉴于此,译文也不尽相同:

译文1:Truly,'Only he that rids himself forever of desires can see the Secret Essences';

He that has never rid himself of desire can see only the Outcomes. (Waley,1998:3)

译文2:Hence one should gain an insight into the beginning of the Tao by constantly observing the Nothingness,

And should perceive the end of the Tao by constantly observing the Being. (辜正坤,1995:59)

译文3:Therefore, always (*ch'ang*) without desire (*wu-yu*),

In order to observe (*kuan*) the hidden mystery (*miao*);

Always (*ch'ang*) with desire (*you-yu*),

In order to observe the manifestations (*chiao*).

Alternate:

Therefore, by the Everlasting (*ch'ang*) Non-Being(*wu*),

We desire (*yu*) to observe (*kuan*) its hidden mystery(*miao*);

By the Everlasting (*ch'ang*) Being (*you*),

We desire (*yu*) to observe the manifestations(*chiao*). (Chen, 1989: 51)

与"无名天地之始,有名万物之母"一句相同,这句话原本也存在着两种不同的解释。根据王弼的《老子道德经注》,应以"无欲"和"有欲"断句:"故常无欲空虚,可以观其始物之妙——欲之所本,适道而后济。故常有欲,可以观其终物之徼也。"(王弼,1980:1—2)而且,这句话在通行本和帛书本中存在着较大差异。帛书(甲/乙)本中此句为:"故恒无欲也,以观其妙;恒有欲也,以观其所噭。"(马王堆汉墓帛书整理小组,1976:19/52)这与通行本相比,帛书本多了两个助词"也",是明显的断句标志。因此,根据帛书本,也应该在"无欲"和"有欲"处断句。意思是保持没有欲望的状态,以便观察万事万物的微妙的实质;保持有欲望的状态,以便观察有形有名事物的来龙去脉。但是北宋王安石等人以"常有"断句:"道之本出于无,故常无,所以自观其妙。道之用常归于有,故常有,得意自观其徼。"(王安石,1979:2)将"欲"归入下文,意为"将要",意思是只有观察"无"才能明白"道"的微妙,只有观察"有"才能明白"道"的起源。

韦利在"无欲"、"有欲"处断句,辜正坤则继续将"无"和"有"作为老子哲学的根本范畴,在"无"和"有"处断句,陈爱琳则再次采取两种断句方式并存的表现形式,让读者自己做出判断和选择。

由此可知,正确地理解原文、领会原文涵义是进行翻译的第一步。对于东方古典哲学经典《道德经》的翻译来说,正确理解老子的思想是翻译的关键之所在,而断句在其中发挥着至关重要的作用。从上述两例可看出,不同的断句方式会产生截然不同的理解。虽然各种断句方式都有一定的道理,但目前学者大多认为马王堆汉墓出土的帛书本更接近老子的原著,因此在帛书本出土之后,一些学者根据帛书本对《道德经》进行了重译。

2. 语言形式的再现

在对原文进行恰当断句、正确理解原文意义的基础上,如何再现原文的形式美是《道德经》翻译中的又一个关键。《道德经》全文诗意盎然，结构整齐，形式优美，读起来抑扬顿挫，富有音韵美。因此，要在保证意义准确传达的基础上再现这种形式美和音韵美，这对译者来说极其艰难。下面将对不同的句型及其译文进行讨论。

（1）三字句

《道德经》中有大量的三字句，如第二十二章"曲则全，枉则直，洼则盈，蔽则新，少则得，多则惑"，几个句子铺排陈列，看起来整齐对称，读起来朗朗上口，极具形式美和音韵美。那么，译者又是如何再现这种美的呢？且看下例：

译文1：To remain whole, be twisted!

To become straight, let yourself be bent.

To become full，be hollow.

Be tattered, that you may be renewed.

Those that have little, may get more,

Those that have much, are but perplexed.（Waley,1998:47）

译文2：The partial becomes complete;

The crooked, straight;

The empty, full;

The worn out, new.

He whose (desires) are few gets them;

He whose (desires) are many goes astray.（Legge,2008:25）

译文3：To yield is to be preserved whole.

To be bent is to become straight.

To be hollow is to be filled.

To be tattered is to be renewed.

To be in want is to possess.

To have plenty is to be confused.（Lin,1948:134）

可以看出，三位译者都尽量再现原文整齐对称的形式美。韦利的译文中前三句句式一样，后两句也一样。理雅各的译文从第二句到第四句使用的是同一种句式,最后两句也是同一句式。而原文形式美保留得最好的是林语堂的译文,六句话使用统一的句式"to. . . is to. . ."而且字数基本一致,在最大程度上再现了原文的形式美。

再如,对第八十章的"甘其食,美其服,安其居,乐其俗",韦利、理雅各和林语堂分别用不同的方式再现了其形式美。

译文 1:... should be contented with their food,

　　　Pleased with their clothing,

　　　Satisfied with their homes,

　　　Should take pleasure in their rustic tasks.（Waley,1998:169）

译文 2:They should think their (coarse) food sweet;

　　　Their (plain) clothes beautiful;

　　　Their (poor) dwellings places of rest;

　　　And their common (simple) ways sources of enjoyment.（Legge, 2008:64）

译文 3 :Let them enjoy their food,

　　　Beautify their clothing,

　　　Be satisfied with their homes,

　　　Delight in their customs.（Lin,1948:310）

与上例相同,三位译者都在最大限度地再现原文的形式美,在这四句话中基本上采用的是一致的句型,但是林语堂的译文各句字数相当,看起来比韦利和理雅各的要更加整齐,更富形式美。

再如,第八章的"居善地,心善渊,与善仁,言善信,政善治,事善能,动善时",三位译者是这样翻译的:

译文 1:And if men think the ground the best place for building a house upon,

　　　If among thoughts they value those that are profound,

　　　If in friendship they value gentleness,

In words, truth; in government, good order;

In deeds, effectiveness; in actions, timeliness. (Waley,1998:17)

译文 2:The excellence of a residence is in (the suitability of) the place;

That of the mind is in abysmal stillness;

That of associations is in their being with the virtuous;

That of government is in its securing good order;

That of (the conduct of) affairs is in its ability;

And that of (the initiation of) any movement is in its timeliness.

(Legge,2008:17)

译文 3:In his dwelling, (the Sage) loves the (lowly) earth;

In his heart, he loves what is profound;

In his relations with others, he loves kindness;

In his words, he loves sincerity;

In government, he loves peace;

In business affairs, he loves ability;

In his actions, he loves choosing the right time. (Lin,1948:76)

三位译者用不同的句式翻译了这一组三字句。韦利用了三个"if"引导的条件状语从句和四个句式完全一样的省略句,形式不及原文整齐,但句式变化使译文较为灵活多变。对于原文中的七个三字句,理雅各全部用"the excellence of / that of ... is in..."这一句式翻译,各句字数大致相当,形式整齐。林语堂也是用同一句式翻译了这七个三字句,但句式与理雅各不同。林语堂的句式是"In... the sage / he loves...",同样达到了保留原文形式美的效果。

(2) 四字句

除三字句外,四字句的大量出现也为《道德经》的行文增添了形式美和音韵美。如第四十五章的"大成若缺,其用不弊。大盈若冲,其用不穷。大直若屈,大巧若拙,大辩若讷",三位译者是怎样再现原文的形式美的呢?

译文 1:What is most perfect seems to have something missing;

Yet its use is unimpaired.

What is most full seems empty：

Yet its use will never fail.

What is most straight seems crooked；

The greatest skill seems like clumsiness，

The greatest eloquence like stuttering.（Waley，1998：97）

译文 2：*Who thinks his great achievements poor*

　　　Shall find his vigour long endure.

　　　Of greatest fullness，deemed avoid，

　　　Exhaustion ne'er shall stem the tide.

　　　Do thou what's straight still crooked deem；

　　　Thy greatest art still stupid seem，

　　　And eloquence a stammering scream.（Legge，2008：43）

译文 3：The highest perfection is like imperfection，

　　　And its use is never impaired.

　　　The greatest abundance seems meager，

　　　And its use will never fail.

　　　What is most straight appears devious，

　　　The greatest skill appears clumsiness；

　　　The greatest eloquence seems like stuttering.（Lin，1948：223）

理雅各的译文乍一看各句长短基本相当，最为整齐，但是句式不太一致；而在韦利和林语堂的译文中，后三句的句式基本相同，不仅具有形式美，而且读起来富有动听的效果。

再如第六十四章的"合抱之木，生于毫末；九层之台，起于累土；千里之行，始于足下"，各位译者也采用了不同的句式来进行翻译：

译文 1：For 'the tree big as a man's embrace began as a tiny sprout，

　　　The tower nine storeys high began with a heap of earth，

　　　The journey of a thousand leagues began with what was under the feet'.（Waley，1998：135）

译文 2：The tree which fills the arms grew from the tiniest sprout；

　　　　The tower of nine storeys rose from a (small) heap of earth；

　　　　The journey of a thousand *li* commenced with a single step.
　　　　(Legge, 2008：55)

译文 3：A tree with a full span's girth begins from a tiny sprout；

　　　　A nine-storied terrace begins with a clod of earth.

　　　　A journey of a thousand *li* begins at one's feet. (Lin, 1948：283)

韦利用"the…began…"翻译，而且主语的定语全部后置，句式很整齐。理雅各则用了三个不同的动词，句式一致，但由于动词不同，句式显得较为灵活多变。林语堂的句式与韦利大致相同，区别之处在于时态，韦利用的是过去时态，表示事情发生在过去，而林语堂用现在时态，更能显示出这一组句子所表示的意义的普适性，不受时间制约，似乎是永恒的真理，这也比较符合原著的哲学意味。但仅从形式上来说，韦利和林语堂都最大限度地保留了原文的形式美，而理雅各则在美中求变，既整齐，又显得灵活自如。

（3）五字句

《道德经》中除大量铺排使用三字句、四字句外，还有一些五字句，使全书不仅形式整齐，而且形式多样，避免了句式的单调。如第三十八章的"故失'道'而后'德'，失'德'而后仁，失仁而后义，失义而后礼"，韦利、理雅各和林语堂相应的翻译也是各有得失。

译文 1：After Tao was lost, then came the 'power'.

　　　　After the 'power' was lost, then came human kindness.

　　　　After human kindness was lost, then came morality.

　　　　After morality was lost, then came ritual. (Waley, 1998：79)

译文 2：Thus it was that when the Tao was lost, its attributes appeared；

　　　　When its attributes were lost, benevolence appeared；

　　　　When benevolence was lost, righteousness appeared；

　　　　And when righteousness was lost, the proprieties appeared.
　　　　(Legge, 2008：39)

译文 3：After Tao is lost，then（arises the doctrine of）humanity，

　　　　After humanity is lost，then（arises the doctrine of）justice.

　　　　After justice is lost，then（arises the doctrine of）li.（Lin，1948：

　　　　199）

三位译者使用的句式都很整齐，都较好地传递了原文的形式美。韦利用的是
"After...was lost，then came..."理雅各用的是"when...was lost，...
appeared"，林语堂用的是"After...is lost，then arises the doctrine of..."但
是，值得注意的是，林语堂将原文的四句话处理成了三句，而且意义也有所
丢失。

　　再如，第五十六章的"故不可得而亲，不可得而疏；不可得而利，不可得而害；
不可得而贵，不可得而贱"，各位译者为了再现原文的形式美，所采用的英语句式
也是各具特色。

译文 1：He who has achieved it cannot either be drawn into friendship or
　　　　repelled，

　　　　Cannot be benefitted，cannot be harmed，

　　　　Cannot either be raised or humbled.（Waley，1998：119）

译文 2：(Such an one) cannot be treated familiarly or distantly；

　　　　He is beyond all consideration of profit or injury；

　　　　Of nobility or meanness.（Legge，2008：50）

译文 3：Then love and hatred cannot touch him.

　　　　Profit and loss cannot reach him.

　　　　Honor and disgrace cannot affect him.（Lin，1948：257）

从这句话的翻译来看，林语堂的译文对原文形式保留得最完整，他的三句译文不
仅句式完全相同，而且各句字数相同，这在翻译中是比较难以实现的。而韦利和
理雅各的译文虽然在一定程度上保留了原文整齐的形式，但都不及林语堂的译
文来得简洁。从上面的分析可以看出，虽然各位译者都在追求保留原文的语言
形式美，但从整体上看，林语堂的译文保留得最出色。

3. 语言逻辑的勾连

前文已从形式美的角度探讨了译者所采取的翻译策略，但翻译作为一种跨文化的交际活动，不只是单纯的语言形式转换，更重要的是文化内涵的传递。各民族都有特定的历史文化背景，在历史中形成了独特的思维方式，因此，各自的语言表达方式就有很大的差异。中西思维方式的一个显著差异就是"东方重整体，西方重分析"。正如老子所言："'道'生一，一生二，二生三，三生万物。"中国古代思想家认为，万物生于混沌之中，这正体现了中国思维方式中的整体性。比较而言，西方注重万物的构成，分析事物的细微之处，甚至精细到每一个原子的性质。西方哲学认为，人与自然永远处于矛盾对立之中。著名哲学家笛卡尔就明确提出"主客二分"的哲学原则，这无疑是西方分析型思维方式的具体表现。思维方式的差异会导致语言逻辑上的差异，汉语为孤立语言，重意合，句子如行云流水，句段之间靠语义连接；英语为分析语，重形合，语义之间的连接靠的是语言手段，如关系词、连接词、代词等。对于《道德经》的翻译，意义的准确传达是关键。因此，译者在翻译时，在句法层面大多采取归化翻译的策略，将重意合的汉语翻译为重形合的英语，力求在语言规范上接近英语的行文习惯，以便读者能够

在最大程度上领会其中的哲学意义和逻辑关联。如，《道德经》第二章"天下皆知美之为美，斯恶已；皆知善之为善，斯不善已"的翻译：

译文 1：It is because every one under Heaven recognizes beauty as beauty, that the idea of ugliness exists.

And equally if every one recognized virtue as virtue, this would merely create fresh conceptions of wickedness. (Waley, 1998:5)

译文 2：All in the world know the beauty of the beautiful, and in doing this they have (the idea of) what ugliness is;

They all know the skill of the skillful, and in doing this they have (the idea of) what the want of skill is. (Legge, 2008:13)

译文 3：When the people of the Earth all know beauty as beauty,

There arises (the recognition of) ugliness.

When the people of the Earth all know the good as good,

There arises (the recognition of) evil. (Lin,1948:47)

在上例中,译者补充主语"every one"、"all"、"people"来指明动作主体,补充连接词"because"、"if"、"and"、"when"来体现句子之间的关系。《道德经》行文简洁凝练,句中有时没有主语,句子之间的连接靠的是语义,连词和关系词的使用也较少。译成英语时,大多数句子必须有主语,主从句之间多有连接词,否则,无法表现句子之间的逻辑关系。因此,译例的处理符合英语语法规范,能够让英语读者清楚地理解句子的含义。

再如,在第十六章"万物并作,吾以观复。夫物芸芸,各复归其根"的翻译中,译者就通过添加不同的连接词来强化句子之间的逻辑关系:

译文1:And of the ten thousand things none but can be worked on by you.

I have beheld them, whither they go back.

See, all things howsoever they flourish

Return to the root from which they grew. (Waley,1998:33)

译文2:All things alike go through their processes of activity,

And (then) we see them return (to their original state).

When things (in the vegetable world) have displayed their luxuriant growth,

We see each of them return to its root. (Legge,2008:21)

译文3:The myriad things take shape and rise to activity,

But I watch them fall back to their repose.

Like vegetation that luxuriantly grows

But returns to the root (soil) from which it springs. (Lin,1948:109)

原文四个短句之间逻辑关系不是特别明显,比较松散,是典型的中文句子。理雅各将其分成两个句子,一个为并列句,另一个为状语从句,将句子之间的逻辑关系明确地表现出来。而林语堂用一个包含转折连词和状语从句的复杂句来翻译,句子之间的逻辑关系更加明显,符合西方读者的思维习惯,便于理解。韦利则将前两个分句处理成两个独立的英语句子,后两句用"howsoever"组合成一个让步状语从句,表明了两个句子间的逻辑关系,但不似理雅各和林语堂的译文中逻辑关系那么明显。

可见,将古汉语翻译成英语时,在句法结构层面上要符合英语重形合的语言规范,采取英语的行文习惯和篇章组织模式,才能符合西方读者的阅读习惯和思维方式。《道德经》是中国传统哲学的经典之作,在向世界各国的传播过程中,不仅要将古汉语言简意赅的特点展现出来,更要把其中所蕴含的博大精深的中国古典文化传播出去,因此,让西方读者能够正确理解其意义是首选之策,当然,在保证意义传递的基础上要尽量体现古汉语语言的形式美。但是,要形式和内容同时对等,在翻译中又很难实现。因此,译者采取归化翻译的策略,将意合之汉语转换为形合之英语,从而能够使读者更好地理解和领会《道德经》的要义。

第十章 道家之诗与翻译之诗

《道德经》有"哲学诗"的称号,每一章都是一首诗,其中蕴含了极深的哲理。这样的诗体形式,使整部《道德经》具有独特的美学意义和诗学价值。在字词方面,其核心词语的意义具有阐释的无限性,这与《道德经》原本传达的哲学意义密不可分;在句法方面,文短味长,三字四字等对句的应用非常丰富,极富语言美和音韵美;在修辞方面,《道德经》所涉修辞手段非常广泛,汉语中几乎所有的修辞类型都能在《道德经》文本中找到。然而,《道德经》本身的诗学特色以及在翻译过程中所体现出的诗学特点,未能得到研究界足够的关注,本章将从诗学所涉的字词、句法和修辞三个方面来分析《道德经》原本的诗学特色是如何在英译本中得以体现或失落的,进而探讨诗学策略与文化传播的关系。

一、多样开放的翻译诗学

《道德经》的每一个字、词都要义不凡,句法简单但意味深长,呈现出多样、开放的特点,因此译者在寻找相应的对等词时往往颇费思量。正如严复所言,"一名之立,旬月踟蹰"。以下,我们就从字与词的翻译和句与诗的"破"与"立"来切入讨论。

1. 字与词

《道德经》作为一部哲学著作,特点之一在于其意义阐释的无限性,这也是《道德经》的魅力之一,同样也是翻译的难点之一。《道德经》中的字与词既体现了汉语诗学的特点,同时又反映出汉语意义的深广与复杂,每种翻译都有其微妙之处。下面,就以"道"、"德"等字词的翻译为例。

"道"在《道德经》中出现了 70 多次,由于其意义的复杂多样,"道"的翻译体现出了多样的理解与开放的阐释。在宾纳(Witter Bynner)1944 年出版的译本中,《道德经》翻译成了"The Way of Life"(生活之路)。首句"道可道,非常道"翻译成了"Existence is beyond the power of words to define"(存在是难以名状的),"道"变成了"Existence"(存在)。在布雷尼(R. B. Blackney)1955年的译本中,这一句又变成了"There are ways but the way is uncharted"(有许多条道路,但这条道路没有标明);在梅恩(Victor H Main)1990年出版的 *TAO TE CHING* 中,这一句译成了"The ways that can be walked are not the eternal way"(可以行走的道路不是永恒之道)。国内出版的任继愈的注释本的英译为"The Tao that can be spoken of is not the eternal Tao"(能够被言说的道不是永恒的道)(张德勋,2000:104)。"道"是《道德经》的核心,代表着本原、本性。是宇宙的本原与主宰者,既指"宇宙"的本体,又指"自然"的规律。"道"的本义是指道路,这也是起初的众多译本中译者们多选择"way"来翻译"道"的原因。同时,在英文中"way"的意义的多样性与中文中"道"的意义上的多样性形成了诗学上的对应,因此,"way"的翻译一度被广泛接受。然而,若试图用"way"来描述世界本体之义,显然不是一个理想的译法。因此,早在18世纪,"道"就以音译"Tao"的方式进入英语。"道"译成"Tao"的好处是保留了"道"在《道德经》中的原汁原味和声音效果,其陌生的诗学效果更容易引起读者们的广泛关注,但是,从深层结构来分析,"Tao"却不再具有直接提示"道路"这一所指意义的效果。因此笔者认为,在"道"字的翻译上实在是难以找到一种两全其美的方法,这也从另一个侧面反映出"道"在英文中具有一定的不可译性,也许可以创立一个符号来代表它,但是这样又容易失去原有的基本含义;若保持最基本的含义,却又很难反映出"道"的哲学深意。

再来看"德"的翻译,不同的翻译选择也体现出诗学的多样性与开放性。《道德经》中的"德"在不同的章节语境中有不同的含义,而"德"在英语中却很难找到与老子诗学完全对应的字。但是,就现有的版本而言,大多数的"德"被译为"virtue",但这只能说明"德"字的基本含义,而不是所有的含义。在众多的译者中,韦利将"德"翻译为"power"。比如,"上'德'不德"(第三十八章),韦利将这一句译为"the man of highest power does not reveal himself as possessor of power"。这里,韦利将"德"译作"power",除了上文提到的原因外,韦利也是将"上"直接与"君主"这一至高的权力相联系,直接将"上德"译成"highest power"。而林语堂则译为"superior character",更加强调"德"是一种人性的内在特征和高贵品质。不过,对于"德"字的翻译,争议更多的是源于是否应该以通假字来理解

"德"。通假字是古汉语诗学的独有形式,在翻译中对通假字采取何种解释体现出个人的诗学观念和态度。《道德经》第四十九章说道:"圣人常无心,以百姓心为心。善者,吾善之;不善者,吾亦善之;德善。"这里,"德善"通常被理解为"德是好的",译为"virtue [is] good",林语堂译为"美德"(the goodness of virtue)(Lin, 1948:23)。但有些译者认为这样的解释并没什么实质意义,他们主张这里的"德"是通假字,通动词"得",因此,"德善"的意思就成了"得到了善",译为"[he] obtains goodness"。在上章中,我们也曾提到韦利和理雅各的译法,他们都将此"德"看作"得"的通假字,将"德善"译为(he) gets goodness 或(all) get to be good。对于"信者,吾信之;不信者,吾亦信之;德信"(第四十九章)之中的"德信",韦利也译为"(he) gets truthfulness"(Waley, 1998:105),显然,也是把"德"理解为"得"。"德"字的不同译法间的差异相比于"道"字更甚,这正是因为不少译者增加了对"德"的通假字的理解。由此可见,对于"德"进行翻译的思路与"道"不同,这反映出中文诗学的独特性和开放性。

2. 句与诗

仅有五千多字的《道德经》包含丰富的内容,而且首尾贯通。其行文言简义丰,句式精炼,绘声绘色地描写了自然现象和社会生活的丰富图景。由于《道德经》属于"经",文字优美,易于上口,而这样的特点,又使《道德经》在句式层面上对译者提出了要大于字与词的挑战。《道德经》中的对句数量很多,很多对句从汉语诗学的角度来讲堪称精彩,但要在英语中找到对应的句型或者结构却绝非易事。因此,对于某些句子,译者必须采用"破"的手法,打破原文的句式,以实现翻译的转换,而对于另一些本意模糊的句子,则可以通过增减词语等改写方式来重构语言。下面我们将举例分析。

首先,来看译者如何采取"破"的手法来翻译原句,仅举一例。如:

原文:曲则全,枉则直,

  洼则盈,蔽则新,

  少则得,多则惑。(第二十二章)

译文1:To remain whole, be twisted!

  To be come straight, let yourself be bent.

To become full, be hollow.

Be tattered, that you may be renewed.

Those that have little, may get more,

Those that have much, are but perplexed. (Waley,1998:47)

译文 2:Bowed down then preserved;

Bent then straight;

Hollow then full;

Worn then new;

A little then benefited;

A lot then perplexed. (刘殿爵,转引自李贻荫、金百林,1995:43)

译文 3:Yield and you will remain intact;

Bear wrongs and you will be set aright;

Accept disgrace and you will be respected;

Wear out the old and you will obtain the new;

Be content with little and you will gain more;

Have too much and you will be confused.（汪榕培,转引自王平,1996:59)

在上例中,韦利没有将原文的三字骈句照搬下来,而是打破了这种句型。译文没有原文每句三字的工整,也没有任何音美的再现。其次,韦利的译文采取了倒装的句式,前半句采用了短语,后半句采用单词,实现了语言层级的转移。刘殿爵的译文中使用"则"作连词,连接了两个形容词,而对应的"then"则连接了两个短语或两个形容词,这在很大程度上保留了原文的音美,也保留了原文基本的形式。而汪榕培的译文可以算是取两家之长,避两家之短。例如,骈句结构虽破,却不像韦利那样"参差错落"。其句式结构保存不变,"则"字用"and you will..."来表达,也保存不变。(王平,1996:58)三个版本的翻译采取了不同的句型,韦利采取的是"to... be...",刘殿爵采用的是"verb... then...",汪榕培采用的是"verb... and you will...",而原文的结构则是"形容词＋连词＋形容词"。由此可见,韦利是将原文句型完全打破,汪榕培改变了骈句结构,而刘殿爵是几乎保持了原文结构。比较而言,刘殿爵的译文是原文句层诗学效果保持得最好的译文。但是,这三个译文都有一些变化,体现了在诗学传译中三种不同程度的"破"。

再来看一个在翻译中"重立"的例子。古汉语中有一些特定的句型,和现代汉语差别较大。由于古汉语比较简洁,常省略主语、谓语动词及其他句子成分,因此,当两个字或者两个词直接放在一起时,会产生不同的理解。如"居善地,心善渊,与善仁,言善信,政善治,事善能,动善时"(第八章),这段话中的"心善渊"的翻译有如下几个案例:

译文1:In his heart he loves what is profound. (Chan,1963:143)

译文2:Her heart is in the good deep water. (陈张婉莘,转引自苗玲玲,2002:136)

译文3:He has a heart as deep as water. (辜正坤,2007:19)

陈荣捷(Chan Wing-Tsit)的译本中的"善"被看作动词,"心"被译为一个介词短语"in his heart","善"表示"love",这里的"心善渊"被译为"in his heart he loves what is profound"。陈张婉莘将"善"看作形容词,译为"good","心"译为"mind",所以,将"心善渊"译为"(His/her) mind is good deep water"。而辜正坤的译本将"心"译为"heart",也是将"善"看作形容词,只是和"渊"并列起来一起修饰"heart",原句就被理解为"心是善渊的"(He has a heart as deep as water)。由此可见,由于古今句型结构的不同,同是"心善渊"三个字,如果对它们做不同的句型理解,对每个词做不同的词性阐释,就会"重立"出截然不同的句型结构。这样的诗学变形不仅涉及译者自身的翻译策略,也与汉英诗学本身的特点和变化息息相关。

二、修辞翻译的陌生化与改写

《道德经》的修辞无疑是一个经典部分,现代语言学所讲的各种修辞格,在《道德经》中几乎都能找到。修辞的运用,使《道德经》的语言和思想内容的结合更加紧密,对传达文章的哲学思想和深层含义起了重要的作用。"天得'一'以清,地得'一'以宁,神得'一'以灵,谷得'一'以盈,万物得'一'以生,侯王得'一'

以为天下贞",这是整齐畅达的排比。"甘其食,美其服,安其居,乐其俗",这是工整的对偶。"失'德'而后仁,失仁而后义,失义而后礼",这是逐层深入的递进。"塞其兑,闭其门,终身不勤;开其兑,济其事,终身不救",这是意义鲜明的对照。"人法地,地法天,天法'道','道'法自然",这是生动的顶真。"名与身孰亲? 身与货孰多? 得与亡孰病?"这是连串的反问。"信言不美,美言不信;善者不辩,辩者不善;知者不博,博者不知",这是灵活巧妙的回环。(陈义烈,1995:37)这样高超的修辞技巧为世人所称道。《道德经》中修辞格的采用不仅增加了原文的表现力,也让深刻的哲理寓于简单的说理之中,让读者更容易了解作者的意图。而对于修辞格的翻译,大体可以分为两种,一是保持原文的内容和形式,呼应诗学中的陌生化手法。这种翻译与原文比较接近,最大限度保留了原文的修辞特点,包括句型、词语等。二是改变原文的内容和形式,采取意译或改写的策略。那么,《道德经》中的修辞在翻译的过程中究竟是"陌生"更多还是"变脸"更多呢? 本章将以排比、对偶、回环、顶真和比喻五种修辞格为例,结合白话今译,以及韦利、理雅各和林语堂三人的译本,来分析《道德经》的翻译在修辞学层面的诗学再现策略。

1. 排比的翻译

在《道德经》众多的修辞格中,排比是出现次数最多的修辞格。而对于排比的翻译,直译的难度要大于意译,因此,在关于排比翻译的译本中,直译的数量并不多,改写往往多于陌生化。试看几例:

原文:上善若水。水善利万物而不争,处众人之所恶,故几于道。居善地,心
　　善渊,与善仁,言善信,政善治,事善能,动善时。夫唯不争,故无尤。
(第八章)

译文 1:The highest good is like that of water.

The goodness of water is that it benefits the ten thousand creatures;

Yet itself does not scramble, but is content with the places that all men distain.

It is this that makes water so near to the Way.

And if men think the ground the best place for building a house upon,

If among thoughts they value those that are profound,

If in friendship they value gentleness,

In words, truth; in government, good order;

In deeds, effectiveness; in actions, timeliness-

In each case it is because they prefer what does not lead to strife,

And therefore does not go amiss. (Waley,1998:17)

译文 2:The best of men is like water;

Water benefits all things

And does not compete with them

It dwells in (the lowly) places that all distain—

Wherein it comes near to the Tao

In his dwelling, (the sage) loves the (lowly) earth;

In his heart, he loves what is profound;

In his relations with others, he loves kindness;

In his words, he loves sincerity;

In government, he loves peace;

In business affairs, he loves ability;

In his actions, he loves choosing the right time.

It is because he does not contend

That he is without reproach. (Lin,1948:76)

译文 3:The highest excellence is like (that of) water.

The excellence of water appears in its benefiting all things, and in its

occupying,without striving (to the contrary), the low place which all

men dislike. Hence (its way) is near to (that of) the Tao.

The excellence of a residence is in (the suitability of) the place;

that of the mind is in abysmal stillness;

that of associations is in their being with virtuous;

that of government is in its securing good order;

that of (the conduct of) affairs is in its ability;

and that of（the initiation of）any movement is in its timeliness.

And when（one with the highest excellence）does not wrangle （about his low position），

no one finds fault with him.（Legge,2008:16）

首先看原文:"上善若水。水善利万物而不争,处众人之所恶,故几于道。居善地,心善渊,与善仁,言善信,政善治,事善能,动善时。夫唯不争,故无尤。"每句中均有一个"善"字,显得工整利落。韦利的译文虽然传达了意思,但是原文排比整齐的"善"字句结构已经消失不见,原文的结构被改变。与原文相比,译文显得有些冗长拖沓,林语堂的译本就显得工整了许多,所有的含"善"的三字骈句都被译为了"love",虽然打破了骈句的结构,但是依然显得比较齐整。林语堂还在句型上保持了一致,均是采用"in his... he loves..."结构。理雅各的翻译像韦利一样,改写的成分比较多,但是在三字骈句上也像林语堂一样,采用了同一的句型"that of... is in...",但却不及林语堂的译文工巧。从改写的角度来说,韦利是改写尺度最大的,译文几乎已经不见原文的排比特色,保持陌生化效果最好的无疑是林语堂,优美而紧凑的排比结构依然能从英译文中体会到。理雅各也较好地保留了原文的排比特色,但从意义上来看,却不如林译到位。

再来看另一个例子。

原文:是以圣人方而不割,廉而不刿,直而不肆,光而不耀。（第五十八章）

译文 1:Therefore the sage squares without cutting, shapes the corners without lopping, straightens without stretching, gives forth light without shining.（Waley,1998:123）

译文 2:Therefore the sage is square（has firm principle），

　　but not cutting（sharp-cornered），

　　has integrity but does not hurt（others）.

　　In straight, but not high-handed,

　　bright, but not dazzling.（Lin,1948:267）

译文 3:Therefore the sage is（like）a square which cuts no one（with its angles）；

（like) a corner which injures no one (with its sharpness).

He is straightforward, but allows himself no license;

he is bright, but does not dazzle. (Legge,2008:51)

原文是工整的排比，"A 而不 B"是原文所采用的句式。正是对于这一句式的重复使用，构成了精彩的排比。如果单从排比的特色来看，韦利的译文无疑最佳，采用了统一的"verb... without doing"的结构。无论是林语堂的译文，还是理雅各的译文，单从排比的工整程度来说都没有韦利的译文流畅。但是如果从句意传达的角度来看，只有林语堂的译文将原文中的潜在含义传递出来。这种对句子深层含义的翻译，有时不得不以牺牲修辞特色为代价，从这里也能够觉察到林语堂的诗学态度。首先是要尽力做到语言特征和句意的双重表达，如果两者发生冲突，比如上例，林语堂选择以表达原文含义为主。相对于原文的简洁明快来说，这是一种改写，其改写的目的在于传达原文的深层含义。而理雅各的翻译比较接近林语堂的翻译方式，虽然在表意的传达上不如林译到位，但比韦利要略胜一筹。在语言特色即修辞的保持上，理雅各也介于韦利和林语堂之间，理雅各的译文不如韦利工整，但又稍强于林语堂。而韦利对于这句的翻译却显得非常工整流畅，较好地保持了原文的特色。对于目标语读者来说，诸如"shapes the corners without lopping"之类的英文表达和含义，虽在英语里似乎不为人们所熟悉，但也会给目标读者带来耳目一新的感觉。再看一例：

原文：载营魄抱一，能无离乎？专气致柔，能如婴儿乎？涤除玄鉴，能无疵乎？爱民治国，能无为乎？天门开阖，能无雌乎？明白四达，能无知乎？（第十章）

译文 1：Can you keep the unquiet physical-soul from straying, hold fast to the Unity, and never quit it?

Can you, when concentrating your breath, make it soft like that of a little child?

Can you wipe and cleanse your vision of the Mystery till all is without blur?

Can you love the people and rule the land, yet remain unknown?

Can you in opening and shutting the heavenly gates play always the female part?

Can you mind penetrate every corner of the land, but you yourself never interfere? (Waley,1998:21)

译文 2:In embracing the One with your soul, can you never forsake the Tao?

In controlling your vital force to achieve gentleness, can you become like the new-born child?

In cleansing and purifying your Mystic vision, can you strive after perfection?

In loving the people and governing the kingdom, can you rule without interference?

In opening and shutting the Gate of Heaven, can you play the part of the Female? In comprehending all knowledge, can you renounce the mind? (Lin,1948:83)

译文 3:When the intelligent and animal souls are held together in one embrace, they can be kept from separating.

When one gives undivided attention to the (vital) breath, and brings it to the utmost degree of pliancy, he can become as a (tender) babe.

When he has cleansed away the most mysterious sights (of his imagination), he can become without a flaw.

In loving the people and ruling the state, cannot he proceed without any (purpose of) action?

In the opening and shutting of his gates of heaven, cannot he do so as a female bird?

While his intelligence reaches in every direction, cannot he (appear to) be without knowledge? (Legge,2008:17)

这一段排比可谓精妙绝伦,几乎每句四字,后半句是在前半句基础上的反问。韦利的翻译用词简单,且采用倒装句式,将问句提前。而林语堂则取"In... can you..."的句型,和原文的语序基本保持一致,后半句也是采用问句的形式。理雅各的译文最为独特,前三句的翻译没有采用问句形式,而在后三句中却又采用问句的形式,和原文保持了一致,同中有异。可见,对于同样的排比,三位译者都在一定程度上保持了一致,同时又各有韵致。

2. 对偶的翻译

对偶是"用语法结构基本相同或者近似、音节数目完全相等的一对句子来表达一个相对独立或者相对称的意思"(王希杰,1983:197)。对偶句式言简意赅,具有音乐美。但由于对偶要求结构和字数基本相等,因此翻译起来十分棘手。例如:

原文:祸兮,福之所倚;福兮,祸之所伏。(第五十八章)

译文 1:Disaster is the avenue of fortune,

(and) fortune is the concealment for disaster. (Lin,1948:267)

译文 2:Misery! —happiness is to be found by its side!

Happiness! —misery lurks beneath it! (Legge,2008:51)

译文 3:It is upon bad fortune that good fortune leans,

upon good fortune that bad fortune rests. (Waley,1998:123)

原文中的对偶,虽然采用的是两个不同的字,表达的却是同一个意思。韦利译文的字数相比原文有所增加,但改写时采用了宾语从句"... is that on which...",使前后两句对应,"bad fortune"和"good fortune"形成对照,与原文"福"、"祸"遥相呼应,读起来朗朗上口。林语堂采用了改写,原文的"倚"和"伏"两个动词直接用两个名词"avenue"和"concealment"实现了转换。在牛津词典中,"avenue"的释义为"a possible way of achieving something",而"concealment"的释义为"the act of hiding something; the state of being hidden",这与原文福祸相依的含义非常吻合,译文也显得简洁流畅,和原文的诗学特点相近。再来看下例:

原文：故飘风不终朝,骤雨不终日。（第二十三章）

译文 1：For the same reason a hurricane never lasts a whole morning, nor a
　　　　rainstorm all day. （Waley,1998:49）

译文 2：A violent wind does not last for a whole morning; a sudden rain
　　　　does not last for the whole day. （Legge,2008:25）

译文 3：Hence it is that a squall lasts not a whole morning. A rainstorm
　　　　continues not a whole day. （Lin,1948:140）

韦利的译文改变原文对偶的特点,采用"never... nor"的句型将原文的意思完整
地传达出来。而理雅各的译文较好地保留了原文的对偶特色,上下两句采用了
统一的结构。理雅各译为"not last .... not last",林语堂则译为"last not...
continue not"。在使用动词的形式上,理雅各和原文更加接近,因为原文采用的
是同一个词"终",而理雅各也始终使用同一个词"last"。林语堂在句式上保持一
致,只在动词上做了一些改变。无论是理雅各还是林语堂的译文,都较好地再现
了原文对偶的形式。

3. 回环的翻译

《道德经》中的回环也别具特色。回环就是重复前一句的结尾部分,作为后
一句的开头部分,又回过头来用前一句开头部分做后一句结尾部分。（王希杰,
1983:219)回环运用得当,可表现出两种事物或现象相互依靠或排斥的关系。在
《道德经》中,回环的应用十分普遍,对回环的翻译也各有不同,如:

原文：信言不美,美言不信。（第八十一章）

译文 1：True words are not fine-sounding; fine-sounding words are not
　　　　true. （Waley,1998:171）

译文 2：True words are not fine-sounding; fine-sounding words are not
　　　　true. （Lin,1948:312）

译文 3：Sincere words are not fine; fine words are not sincere. （Legge,
　　　　2008:64）

原文采用词的回环。三位译者都打破了原文的回环效果,但是也都沿用了原文主语的偏正结构,流畅地表达原文。韦利和林语堂在此句的翻译上采用了同一种译法,理雅各的翻译也大同小异,译文相对工整且用词浅显,理雅各与其他两位译者的差别体现在用词而不是句式上。相比韦利和理雅各的译文,前者译的"fine"比"fine-sounding"从音长上更接近原文,因为原文是单音节词,而"fine"也是一个单音节词。但是从句意上看,原文中的"美"有"好听的话,悦耳的话"的含义,因此,"fine"则不如"fine-sounding"贴近原文意思。再来看下例:

原文:知者不言,言者不知。(第五十六章)

译文 1:Those who know do not speak; those who speak do not know.
(Waley,1998:119)

译文 2:He who knows does not speak; he who speaks does not know.
(Lin,1948:257)

译文 3:He who knows (the Tao) does not (care to) speak (about it); he
who is (ever ready to) speak about it does not know it. (Legge,
2008:50)

171

这同样属于词的回环,三则译文均是由两个定语从句组成的复合句,虽然字数远多于原文,但读起来并不显拖沓。韦利和林语堂的翻译非常接近,只有主语以及动词"do"和"does"的区别。理雅各的译文采用夹注的方式,强调"知"的对象是"Tao"。从句意上来看,理雅各的译文是最完整最到位的,不过,回环的修辞格有所损失。此外,为了表达句意而增加的说明会影响句子的连贯和整一性。再举一例:

原文:故大邦以下小邦,则取小邦;小邦以下大邦,则取大邦。(第六十一章)

译文 1:If a large kingdom can in the same way succeed in getting
underneath a small kingdom then it will win the adherence of the
small kingdom; and it is because small kingdom are by nature in
this way underneath large kingdoms that they win the adherence of

large kingdoms. (Waley,1998:129)

译文 2：Thus it is that a great state, by condescending to small state, gains them for itself; and that small states, by abasing themselves to a great state, win it over to them. (Legge,2008:53)

译文 3：Therefore if a big country places itself below a small country, it absorbs the small country;

If a small country places itself below a big country, it absorbs the big country. (Lin,1948:279)

原文具有回环效果的成分较长,接近句子的回环。在句中,同样的"下"和"取"却表示两种不同的立场和意思,大国对小国的"下"意味着"谦下",而小国对大国的"下"则暗含一种"卑下"意味。同样的"取"在大国对小国之间则意为让小国归附,而小国对大国则是被容纳。这样的语言特点,不仅在形式上难以模仿,在"神似"上更难以企及。而从三则译文来看,韦利的译文字数最多,把大小国之间"下"的关系阐述得比较清晰,回环形式被舍弃,着重于传递了原文的含义。理雅各的译文,在"下"和"取"字上分别做了说明,体现了同一个字两重不同的含义。从这个意义上来说,韦利和理雅各的译文都是对原文的改写,将深层的含义直白地传递出来。林语堂的翻译从形式上最贴近原文,两分句四小句与原文保持一致,而同时对"下"统一采取了"place below",对于"取"也都采用了"absorb",与原文类似。在这个句子的翻译上,林语堂的陌生化处理要胜于其他两位的改写。

4. 顶真的翻译

顶真又称联珠或蝉联,指用前一句结尾之字作为后一句开头之字,使相邻分句蝉联。这是一种比较常见的对联手法,也很能体现出古汉语的特色。《道德经》中不乏顶真佳句,而顶真作为汉语言的一大特点,对英译也带来了很大的挑战。如：

原文：人法地,地法天,天法"道","道"法自然。(第二十五章)

译文 1：The ways of men are conditioned by those of earth. The ways of

earth, by those of heaven. The ways of heaven by those of Tao, and
the ways of Tao by the Self-so. （Waley,1998:52）

译文 2：Man takes his law from the Earth; the Earth takes its law from
Heaven;

Heaven takes its law from the Tao. The law of the Tao is its being
what it is. （Legge,2008:27）

译文 3：Man models himself after the Earth; the Earth models itself after
Heaven;

The Heaven models itself after Tao; Tao models itself after nature.

（Lin,1948:146）

从顶真效果的保持来看,理雅各和林语堂的译文都做到了结尾一词为后一句开头一词,相邻的分句保持了蝉联的效果,陌生化的效果也保持得比较到位,但是,原文三字一骈句的句型还是被打破,这也是由于汉语和英语的差异而不得不做的调整。从句式的选择上来看,理雅各选择了"A takes its law from B",而林语堂选择了"A models oneself after B"的句式,与原文中采用统一句式的形式一致。虽然打破了三字一骈句的结构,但依然显得比较工整流畅。而韦利译文中的动词只出现在第一句中,后面的分句均省略了动词,采用的句式是"the way of A is conditioned by B",而因为每个词都加有"the way of",因此没能实现顶真的效果,而是一种改写。

5. 比喻的翻译

《道德经》中的智慧不仅在于其能传递博大精深的思想,更在于其能用小小的比喻将复杂的道理简单化,其中深意耐人寻味。而这些比喻的应用,不仅在中国人看来是颇具深意的,对外国人来说,也是非常生动新颖的。例如,老子说"治大国,若烹小鲜"(第六十章)。"小鲜"即新鲜的小鱼,意思是在锅里烧煮新鲜的小鱼,切忌用猛火,更不用翻动,否则小鱼轻则失去鲜味,重则烧焦或者烧糊。治国也是如此,不能心急火燎,对于重大的决定一定要细心谨慎。对于这句话,韦利译为:"Ruling a large kingdom is indeed like cooking small fish."（Waley,1997:127)林语堂译为:"Rule a big country as you would fry small fish."（Lin,

1948:277)理雅各译为："Governing a great state is like cooking small fish."（Legge,2008:52）由此可见，对于比喻的翻译，三位译者都采取了直译的方法，将"若"字分别译为"like"，"as"，"like"，"烹小鲜"也直译为"cooking a fish"，并没有加以改动。保持原文本身的比喻义，使原文中深远的意义形象地传达出来，这对目标读者也许形成了陌生化的效应。但从比喻的角度来说，这样的比喻无论是对中国还是对西方世界都是适用的。如上篇所述，曾任美国总统的里根就曾在国情咨文中引用老子的"治大国若烹小鲜"来表明他的治国理念，可见其影响之深远。

诗学修辞的传递对于文本和文化而言具有多方面的意义。首先，《道德经》融汇了先秦时期南北诗歌和散文的艺术成就，情理交融，喻理达意。对偶、排比、回环、顶真、比喻等修辞运用错落有致，这是中国古典文学艺术中的一朵语言奇葩。对《道德经》中修辞的成功翻译和转换，有利于汉文化的魅力在世界范围内得到认同。其次，老子将道家许多深刻而复杂的哲理通过浅显的修辞手法表达出来，使中国读者更容易理解。而通过译者们的翻译，目标语读者也更加容易了解道家思想的精髓。另外，《道德经》中文本的开放性和修辞的丰富性，也给予译者们多角度阐释《道德经》的机会，这也是为什么一本区区五千字的中国古书会成为继《圣经》之后翻译最多的文本。其文本的多样性也给后人提供了研究和探索的空间，这对于《道德经》本身的研究以及传播也大有裨益。

由此可见，对于部分修辞格，保持陌生化无疑是上上策，而对于一些极具汉语特点、不改写就无法加以传达的修辞格，改写似乎成了译者唯一的选择。但无论是保持陌生化抑或改写，目的都是为了传达原文的文学深意和文化内涵，从这个意义上来说，上述的几种诗学策略都是值得赞赏的。

三、诗学策略与文化传播的关系

在以上对《道德经》原文诗学特点与翻译诗学的研究中，有两个层面的问题较为显著。第一，《道德经》诗学本身具有多样性和开放性。有些词无论采取何种方式都无法传递其完整的意思，这就是"不可译"，如"道"的翻译就是如此。而有些词在不同语境下可以阐释为不同的意义，且能为每一种意思找到对应的翻译，如"德"。诗学的多样性和开放性首先给众多译者翻译和研究《道德经》提供了空间和动力,使《道德经》的翻译在更广的程度上和更深的层次上得到讨论,这无疑推动了《道德经》文本的传播和发展,吸引了越来越多的译者投入其中。其次,在诗学策略上,"破"与"立"是在句式翻译方面表现最为显著的两个特征。对于紧凑连贯的对句采取"破",对于简洁的句式采取"立",可在最大限度上完整而又充分地表达原句的含义。对于诗学的修辞格,保持陌生化抑或改写,目标都是保持原语文本的形式和内涵,以此达到文本和文化的传播目的。

  第二,在《道德经》的翻译过程中,译者们采取怎样的诗学策略,首先和《道德经》本身的诗学特点息息相关,其次也和译者本人采取的诗学态度和所处的诗学环境有关。对于《道德经》的翻译来说,译者要面临以下几个问题:一是选择直译还是意译。由于古文和现代汉语的差异,以及现代汉语和英语的差异,对于《道德经》的翻译,无疑要跨越两重障碍,一是从古文到现代汉语的语内翻译,二是从现代汉语到英语的语际翻译。在这样两重的语言跨越中,如果将以前的一些字词通过字字对译的方法译到英文中来,在寻找对应词上会面临很大的困难,而且这些词的内涵和外延也有所不同。所以,译者大多采取意译法,而对于一些简单且古今意义变化不大的词,译者采取直译也是可行的,而且直译在很多时候更利于保留修辞格的特点。三是改写还是陌生化的问题。《道德经》成书于 2000 多年前,文中反映的也都是具有时代特点的事物,如果译文贴近现代生活,古代生活的全貌将不能展现在现代读者面前。对于读者来说,这无疑是一种损失。但是,如果保留原汁原味,要求读者在具备了一定的古代文化知识储备的基础上再来阅读的话,不免又影响了《道德经》的受众群体。而从上文各位译者的翻译来看,更多的译者尽力保留古文特有的风格,在走近现代读者的同时,保留好《道德经》本身的风味,让读者既能理解《道德经》的哲学深意,又能了解其语言的精妙。四是形似还是神似。形似和神似之间很多时候并没有一条明确的界限,因为"神"的表达不能离开"形"的支持,且"形"有时候也是"神"的组成部分。很多时候,两全其美是很难的。韦利就明确表示,他翻译《道德经》的时候,不是把它当作文学作品来翻译,而是要传达原文的哲学思想,是一种"文字翻译"。而要使译本获得较为广泛的接受,真实且诗意地传播文化,采取怎样的诗学策略较为合适则是译者需要考虑的首要问题。

第十一章 文化差异与翻译误读

　　《道德经》作为道家思想的经典之作,不但以其深邃的东方古典哲学智慧、独特的美学意蕴、别具一格的语言形式和诗意的行文风格而著称,而且还包含了丰富的文化内涵。语言虽然简短,但要义精深。但是,也正是因为这些深厚的文化内涵,给不同文化背景的译者带来了障碍。在跨越国界的翻译过程中,由于文化的差异,经常会产生大量的误读。在本章中,笔者即从文化视角出发,来分析《道德经》英译本中的误读现象,以窥探由于文化差异而造成的误读,并揭示文化差异与文化接受之间的关系。

一、文化差异及其对翻译的影响

176　　在中外文化史上,对于"文化"一词的界定众说纷纭,至今难有定论。其中,比较广为接受的是英国文化人类学家泰勒提出的定义:"文化或文明是一种复合物,它包括知识、信仰、艺术、道德、法律、风俗以及其他在社会上习得的能力和习惯。"(泰勒,2005:18)另一种为现代西方许多学者所接受的概念,则来自美国文化人类学家克罗伯和科拉克洪。他们在 1952 年出版的《文化:一个概念定义的考评》一书中,分析考察了 100 多种文化定义。他们认为:"文化存在于各种内隐的和外显的模式之中,借助符号的运用得以学习与传播,并构成人类群体的特殊成就,这些成就包括他们制造物品的各种具体式样,文化的基本要素是传统(通过历史衍生由选择得到的)思想观念和价值,其中尤以价值观最为重要。"[4] 而《现代汉语词典》对"文化"一词的解释则是:"人类在社会历史发展过程中所创造的物质财富和精神财富的总和,特指精神财富,如文学、艺术、教育、科学等。"[5] 文化又有广义与狭义之分。广义的文化是指人类创造的一切物质财富和精神财富的总和,"着眼于人类与一般动物、人类社会与自然界的本质区别"(张岱年、方克立,1994:4),而狭义的文化则专指人类创造的精神财富。那么,什么是文化差异呢？

1. 文化差异

文化差异，指不同文化之间的差别。由于文化属于世界也属于不同的民族，人类各文化之间共性与差异并存：宗教、种族群体、语言、政治立场、民族观念、民族历史等方面的不同都可能造成文化差异。那么，看似宏大和模糊的文化差异究竟体现在哪些具体方面呢？

结合文化的概念、特点、人们的普遍认识，以及各领域的学者们对文化进行的分类，文化差异的主要表现可总结为以下四个方面：

第一，物质生活层面，即自然环境和人们享有的物质资料（即实际生活资料，如衣、食、住、行、经济、技术等）方面存在的差异。

第二，思维方式层面，即人们反映事物、思考问题的角度、方法和特征上的差异。某个文化群体的思维方式固定下来（或是经由某种固定思维方式形成的观念固定下来），则形成了该文化群体所特有的"先结构"。

第三，社会系统层面，即社会群体、组织结构、婚姻家庭制度、政治、法律、教育、风俗、历史等方面的差异。

第四，语言系统层面，即语音、语义、词汇和语法等层面上的差异。

那么，体现在这四个层面的文化差异与跨文化的翻译活动又有何关联呢？

2. 文化差异对翻译的影响

同其他跨文化交际活动一样，翻译之所以能够进行，是因为各文化之间存在着一定的共性。但是文化之间也存在着差异，这就给翻译造成了困难。

首先，译者在选择文本进行翻译时，除了个人兴趣、喜好和原文本的受欢迎程度等因素外，译者所属文化的"先结构"，原语和译语文化在地位、生活方式、社会系统等层面存在的差异都会影响或促成其做出一定的选择。比如，很多西方人的脑海中早已形成了对东方文化的固定形象，所以，西方译者在选择东方文学作品进行翻译时，要么是选择符合这种固定形象的文本，要么是选择符合西方人审美标准或思想意识的文本，或者是在一定的文本中去刻意创造这种形象。他们翻译印度文学文本时，看重的往往不是其文学价值的多少，而是原文本神秘、单纯的色彩，这些被选择和翻译的作品要么与宗教和灵魂相关，要么就是描写印度文化的天然纯真。（潘学权、王家明，2004：74）这样的选择背后有固定的"东方形象"(即一种先结构)的影响,也有宗主国与殖民地文化地位强弱对比的影响;有宗主国主流意识形态的影响,也有两种不同文化在生活方式、社会系统等层面的鲜明差异在起作用。

其次,在文本理解和传达方面,存在着原语与译语中指称词的不对等或词汇空缺现象,也有原语相对译语而言特殊的习语、典故及联想意义的存在,还有原文中蕴含的多种意义,以及与原语文化传统相关的思想概念,原语与译语在句法、修辞、音义联系等方面存在的差异,还存在着译语文化影响下译者思维的先结构的差异。这些因素都影响着译者的理解,会给翻译带来障碍。比如,在《红楼梦》中,大量的亲属称谓词、习语、典故、节日习俗等表达方式,中国古代特有的思想和交流方式等,都会给来自其他文化的译者或读者带来诸多表达和理解上的困难。这些困难和障碍的存在,需要译者发挥主观能动性去克服,需要他们采取一定的翻译策略和变通手法进行表达,在此过程中,误读的产生便在所难免。

下文将通过《道德经》的三个译本,即韦利、理雅各和林语堂三位译者的译本,来考察文化差异所导致的误读形式,以及它们与文本和文化接受之间的关系。

二、五种文化差异与《道德经》译本中的误读

《道德经》流传下来的版本很多,现存《道德经》的底本都遭遇过损毁,争议颇多,因而真伪难辨。

在英译《道德经》时,文化差异的影响又给只能"隔岸观柳"的译者增加了负担,"文化距离和古今时空距离在某种程度上将'异域'译者们隔在'河对岸',只能从较远处去'观柳',并凭借所见的模糊印象和周边景物再加上自己的想象去完成这幅'画作'"(王贺玲,2009:51)。理解上的"隔岸观柳",再加上表达上的"处处险滩",给不管是异域还是本土的译者们带来了重重困难。因此,在现有的《道德经》译本中,误读的存在似乎是不可消除的。具体而言,文化差异与《道德经》译本中的误读形式之间的关系体现在以下几个方面。

1. 文化"先结构"与误读

首先是文化"先结构"造成的误读。在一种文化中的人,必为该文化所"化"——这化的作用最突出的表现就是,文化会让人们形成"先结构"。文化"先

结构"或"前理解",属于思维范畴的概念,是一个文化中"传统遗留下来的价值、原则、规范、经验、观念和知识的综合,是我们理解的先决条件和现行结构,它为理解预定了方向,而今天的理解又会成为明天的传统和前理解"(廖敏,2004:334—335)。一个民族文化固有的思维方式和观念会影响人对自身以及其他事物的理解,形成文化预设和"先结构"。

在翻译过程中,译者由于特有的译语文化"先结构"与原文本的原语文化"先结构"之间存在着差异,对原文的理解和把握就可能不够充分,同时,译者还往往会有意或无意地将自身的文化"先结构"带入到对原文的理解和传达中,从而造成误读,以下例子就是证明。

原文:天下万物生于"有","有"生于"无"。(第四十章)

译文 1:For though all creatures <u>under heaven</u> are the products of Being,
Being itself is the product of Not-being. (Waley,1998:83)

译文 2:All things <u>under heaven</u> sprang from it as existing (and named);
That existence sprang from it as non-existent. (Legge,2008:41)

译文 3:The things of <u>this world</u> come from Being,
And Being (comes) from Non-being. (Lin,1948:207)
(本章案例中,下划线为笔者所加。)

前两位译者都将"天下"译为"under heaven"。使用 heaven 这一明显带有基督教色彩的词翻译老子的"天下"是一种误读。韦利和理雅各显然都是受到了西方基督教文化对"天"的公式化理解的影响,将自身文化的"先结构"带入了对原文的理解和译文的表达之中。而本土译者林语堂则选用了"this world"来翻译"天下",没有体现出宗教"先结构"思维的影响。相似的例子还有:

原文:吾不知谁之子,象帝之先。(第四章)

译文 1:Was it too the child of something else? We cannot tell.
But as a substanceless image it existed before the <u>Ancestor</u>.
(Waley,1998:9)

译文 2:I do not know whose Son it is. It might appear to have been before

God. (Legge, 2008:15)

译文 3:I do not know whose Son it is,

An image of what existed before God. (Lin, 1948:63)

韦利将"帝"译为"the Ancestor",并作注表明"这里的'帝'几乎可以肯定是指将天地分开、最先实现中华民族统一的黄帝"(Waley, 1998:164),符合中国的历史文化传统;而理雅各和林语堂将"帝"处理为"God",则是将基督教文化的先结构带入到译文之中所产生的误读。

正如安乐哲所指出的那样,"西方学者对中国古代思想作比较研究时,经常要对一些术语加以诠释"(安乐哲,2002:31),用神学化的语言来翻译中国古典思想的概念。这样的误读性的诠释有时是有意识的,有时是无意识的,其中,文化"先结构"都发挥了重要作用。而无论如何,"中国古典思想实际上成了受损害的一方"(安乐哲,2002:31)。

2. 思维差异与误读

思维方式是人们反映事物和思考问题的角度、方法和特征。虽然不同文化的思维具有共性,即人类共同拥有某些思维规律,但是,各种文化的思维方式却又个性突出。著名经济学家普莱布拉姆(Karl Pribram)就曾说过,世界各民族之间的相互理解和睦邻关系,不仅因为各民族语言的繁杂而受到影响,在更大程度上是因为思维模式的差异而受到阻碍。(Pribram, 1949:1)这类差异的存在,是构成不同文化交流的最大障碍之一。由于历史和地理因素的制约,东西方文化在传统思维方式上的差异较为显著。傅雷先生曾说过,"东方人与西方人之思想方式有基本分歧,我人重综合,重归纳,重暗示,重含蓄;西方人则重分析,细微曲折,挖掘唯恐不尽,描写唯恐不周;此两种 mentalité 殊难彼此融洽交流"(傅雷,1984:694)。不难看出,中西思维方式差异的突出表现主要有:第一,中国传统思维重整体,西方思维方式重分析;第二,中国传统思维具有主体性,即以主体为万物中心,主张天人合一,而西方思维倾向于天人相分,追求客观性;第三,中国人倾向于以事物的外部特点为依据展开联想,属于形象思维,而西方人重视逻辑思维,喜欢用抽象概念表达具体事物,是抽象思维。这些差异给《道德经》译者带来了困难,也给误读的出现提供了土壤。这是因为在翻译过程中译者首先是作为原语文本的读者在解读和探求原语文本的意义,因此,其理解会受到母语文化思维方式的影响;另一方面,在进行意义的传达时,译者为了迎合译语读者惯有的思维方式,可能会刻意在译文中制造一些误读。下文将从中西思维差异的两个方面来探讨思维差异与误读之间的关联。

(1)思维的整体性、分析性与误读

东方重整体,西方重分析;东方式的思维是合二为一式的,西方式的思维是一分为二式的。这种不同的思维习惯导致了英汉语在句法结构上的主要差别,即英语重形合,汉语重意合。所谓形合,即"句中的词语或分句之中用语言形式手段(如关联词)连接起来,表达语法意义和逻辑关系"(连淑能,1993:48)。这在英语中的具体表现是连接形式(如关系词和连接词)的大量使用。所谓意合,即"词语或分句之间不用语言形式手段连接,句子的语法意义和逻辑关系通过词语或分句的含义表达,组词造句时完全依据逻辑和动作发生的时间先后决定词语和分句的排列顺序"。(同上)这体现在汉语中就是话语的前后连接通过意义的接合来实现,明确的连接词少,句子成分常有省略。

《道德经》原语文本语言精练简洁,结构紧凑,句与句之间的语法和逻辑关系往往是隐含而不明示的,这符合中式思维习惯,这就给译者带来了困难。例如:

> 原文:天下皆知美之为美,斯恶已。(第二章)
>
> 译文1:It is because everyone under Heaven recognizes beauty as beauty, that the idea of ugliness exists. (Waley,1998:5)
>
> 译文2:All in the world know the beauty of the beautiful, and in doing this they have (the idea of) what ugliness is. (Legge,2008:13)
>
> 译文3:When the people of the Earth all know beauty as beauty, There arises (the recognition of) ugliness. (Lin,1948:47)

可以看出,原文前后分句之间是因果关系,但是并未使用连接词。然而,翻译成英语时,三位译者则分别添加了"It is because... that..."、"in doing this"或"when..."的结构来明示这种因果关系,这是对英语读者思维方式的照顾,这样的误读是积极而必要的。

在英译文中添加连接词的例子较为常见,再看一例:

原文：大道废，有仁义；智慧出，有大伪。（第十八章）

译文1：It was when the Great Way declined

That human kindness and morality arose；

It was when intelligence and knowledge appeared

That the Great Artifice began.（Waley，1998：37）

译文2：When the Great Tao（Way or Method）ceased to be observed，benevolence and righteousness came into vogue.（Then）appeared wisdom and shrewdness，and there ensued great hypocrisy.（Legge，2008：22）

译文3：On the decline of the great Tao，

The doctrine of "humanity" and "justice" arose.

When knowledge and cleverness appeared，

Great hypocrisy followed in its wake.（Lin，1948：119）

不难看出，原文句式紧凑，没有使用任何连接词表明各分句之间的联系，但是意思仍十分清楚地呈现在读者眼前；而三位译者在译文中则分别用了鲜明的连接词来表达各分句之间的时间关系：韦利用了"it was when…"的句式，理雅各用了"When… Then…"的表达方式，林语堂用了"On… When…"的形式，这正是为了让读者正确理解而对语言形式所做出的积极而必要的误读。

除了连接词的省略之外，汉语另一个与其文化思维方式相关的突出特点是主语的省略。尤其是在古汉语中，往往两个主语不同的分句会有一个主语被省略，这会给异域读者的理解带来困难。例如，《道德经》第三十五章中的这一句：

原文：执大象，天下往。往而不害，安平太。（第三十五章）

译文1：He who holding the Great Form goes about his work in the empire can go about his work，yet do no harm.（Waley，1998：71）

译文2：To him who holds in his hands the Great Image（of the invisible Tao），the whole world repairs. Men resort to him，and receive no hurt，but（find）rest，peace，and the feeling of ease.（Legge，

2008:33）

译文 3：Hold the Great Symbol

And all the world follows,

Follows without meeting harm,

(And lives in) health, peace, commonwealth. (Lin,1948:188)

在原文中，"执大象"的主语应是"君主"，而后面一个分句的主语"天下"则是"臣民"的意思。"执大象，天下往"的意思应是，掌握了"大道"法则的君主，天下臣民会投靠他。理雅各和林语堂正确辨别了两个不同的主语并在译文中对此有所体现；但是，韦利却将这两个不同主语处理为同一个，即"He who holding the Great Form"，显然存在误读。这是由于在英语中主语通常是不可省略的，两个动作的不同发出者更不可能省略其一。韦利受到这样的语言思维习惯的影响，对原文的理解和表达出现了偏差。再比如：

原文：故或下以取，或下而取。（第六十一章）

译文 1：The one must get underneath in order to do it; the other is underneath and therefore does it. (Waley,1998:125)

译文 2：In the one case the abasement leads to gaining adherents, in the other case to procuring favour. (Legge,2008:53)

译文 3：Therefore some place themselves low to absorb (others),

Some are (naturally) low and absorb (others). (Lin,1948:279)

原句意思是，有时大国对小国谦下以汇聚小国；有时小国对大国卑下以见容于大国。主语补全后，前后句主语应分别是大国和小国，而在韦利的译文中，这两个分句的主语分别为"the one"和"the other"；理雅各译文的主语只有一个——"the abasement"，并没有体现出大国小国的概念；林语堂的译文也没有进行主语的明晰化处理，这或许与他所受的汉语模糊思维习惯的影响有关。这样，译语读者就很难理解原句的含义。由于英语中的主语通常是不可省略的，译者受到这样的语言习惯（归根到底是分析性的思维习惯）的影响，对原文的理解和表达出现了偏差；但是，即使译者能够正确理解原文，却不在译文中将不同的主语明确化,译文读者也很难理解。

形合的英语与意合的汉语之间存在的各种差异归根到底是由英语思维的分析性和汉语思维的整体性之间的差异所导致的。在翻译时,尤其是在翻译像《道德经》这样句式简明紧凑的汉语文本时,这些差异一方面给译者自身对原文的理解造成了困难,可能造成一部分消极误读的产生;另一方面又要求译者充分考虑译语文化读者的思维习惯而做出积极的误读,以使译语读者更好地理解译文。

(2) 思维的主体性、客体性与误读

中国传统思维以主体为万物的中心,认为只要认识了自我,就认识了自然和世界,主张主体意向与认识合一,突出主观能动性。而西方思维则倾向于天人相分,区分人的自我意识和认识对象。这种主体性和客体性的思维差异体现在语言形式上就是:汉语常常从自我出发,常用人称,而英语则常用物称以突出事情的客观性;同时,汉语常使用隐含人称主语的主动语态,而英语则倾向于多用被动语态。在汉英翻译中,译者为了使译文符合译语语言的特点,为方便译语读者的理解,往往会有意误读汉语原文结构,比如各位译者对《道德经》中以下几句的翻译:

原文:视之不见,名曰"夷";听之不闻,名曰"希";搏之不得,名曰"微"。(第十四章)

译文 1:Because the eye gazes but can catch no glimpse of it, it is called elusive. Because the ear listens but cannot hear it, it is called the rarefied. Because the hands feel for it but cannot find it, it is called the infinitesimal. (Waley,1998:29)

译文 2:We look at it, and we do not see it, and we name it 'the Equable.' We listen to it, and we do not hear it, and we name it 'the Inaudible'. We try to grasp it, and do not get hold of it, and we name it 'the Subtle'. (Legge,2008:20)

译文 3:Looked at, but cannot be seen-

That is called the Invisible (yi).

Listened to, but cannot be heard-

That is called the Inaudible（hsi）.

Grasped at，but cannot be touched -

That is called the Intangible（wei）.（Lin,1948:101）

在原文中,三个分句的逻辑主语都应该是"人",但都被省略了。在翻译中,往往会补齐主语或将主动语态改为被动语态。理雅各的译文补齐了原文中省略的主语"We",而韦利的译文中三个句子的主语分别是"the eye"，"the ear"，"the hands",显然是根据"视"、"听"、"搏"做了逻辑主语的具体化处理。林语堂将原文中的主动语态改成了被动语态,正体现了他对中英两种不同语言结构的熟稔,这种有意识的误读与转变对于译本的接受具有积极的意义。

在翻译中,用物称主语或泛指形式去补齐人称主语的形式比较常见,有时译者还会用变被动语态为主动语态的方式来明确主语,使译文更符合英语思维和表达习惯,比如:

原文:将欲歙之,必固张之;将欲弱之,必固强之;将欲废之,必固兴之。(第三十六章)

译文 1:What is in the end to be shrunk，

Must first be stretched

Whatever is to be weakened

Must begin by being made strong

What is to be overthrown

Must begin by being set up.（Waley,1998:73）

译文 2:When one is about to take an inspiration，he is sure to make a （previous）expiration；when he is going to weaken another，he will first strengthen him；when he is going to overthrow another，he will first have raised him up.（Legge,2008:33）

译文 3:He who is to be made to dwindle（in power）

Must first be caused to expand.

He who is to be weakened

Must first be made strong.

185

He who is to be laid low

Must first be exalted to power. (Lin,1948:191)

　　在原文中,主语是隐含的,句子呈主动语态。韦利为了使译文符合英语思维和表达习惯,在译文中不仅将主语从隐含的人称变成了物称,还将句子都变成了被动语态,这样的积极误读背后是译者对英语文化中客体性思维习惯的考虑和呼应;而理雅各和林语堂则分别加上"one"、"he"这样的泛指主语,也是一种符合英语分析性思维习惯的误读。

　　可见,英汉思维方式客体性和主体性的差异,造成了英汉语言中常用物称和常用人称、常用隐含人称主语的主动语态和常用被动语态之间的差别。为了照顾译语读者的思维习惯,译者往往会在翻译时做积极的误读,使译文更符合译语文化的思维习惯,从而更易于理解和接受。

　　(3) 形象思维、抽象思维与误读

　　中国人思考事物,倾向于从其外部特点着手展开联想,语言上表现为常用具体形象的词语表示抽象的意思,虚实结合,动静结合;而西方人重视逻辑思维,比如,在英语中,人们常用抽象概念来表达具体事物,这在《道德经》的翻译中也有所体现。

　　有关《道德经》中核心概念之一"道"的翻译一直争论颇多,前文也有所论及。在本节中,"道"的翻译与思维方式具有密切的联系,因此,仍然可用作典型案例加以分析。"道"这一概念可大可小,抽象虚无,难以把握,但是这个字眼本身却具有具体性和形象性的特征——这是中式思维的特点:以具体代抽象。不少译者(如韦利)将"道"翻译成"the way/a way",虽然带有原文"道"的形象性,但是只要看到中西思维的差异,就不难发现,"the way/a way"的译法容易构成误读,英语读者很可能会因此将"道"理解为一个具象性事物而不是哲学概念。下面来看一个能够反映由于形象思维和抽象思维的差异而造成误读的典型例子。

原文:"道"生一,一生二,二生三,三生万物。(第四十二章)

译文 1:Tao gave birth to the One; the One gave birth successively to two things, three things, up to ten thousand (Walye's note: everything). (Waley,1998:87)

译文 2：The Tao produced One；One produced Two；Two produced Three；

　　Three produced All things. （Legge，2008：42）

译文 3：Out of Tao，One is born；

　　Out of One，Two；

　　Out of Two，Three；

　　Out of Three，the created universe. （Lin，1948：214）

原文中的"一"、"二"、"三"都不是普通、具体的数字，而是抽象化了的哲学概念："一"指的是独一无二的"道"，"二"指"道"所包含的阴、阳二气，"三"指阴阳和合状态下的三，"万物"指的是天下一切事物。韦利用"the One"、"two things"、"three things"来翻译"一"、"二"、"三"，且未加注释，读者将很难理解这三个数字所代表的哲学内涵，甚至会遵循英语思维习惯将这三个概念理解为具体的一项、两项和三项事物；理雅各和林语堂虽然使用了大写的"One"、"Two"、"Three"来翻译，已和普通数字区别开来，但仍未注明它们的具体哲学含义，恐怕译语读者仍然不能领会这具体数字形式所代表的抽象内涵。

英语的思维方式从抽象到具体，汉语的思维方式从具体到抽象，两者差异明显。在翻译过程中，译者有时会受到译语思维方式的影响，而不能正确按照原语文化的思维方式理解原文，造成误读和偏差。作为译者，要正确译解原文，则需在正确理解原文的基础上，在表达中照顾到译语读者的思维方式，或采用注释方式，以求译语读者能够理解原文要旨。

3. 语言差异与误读

语言系统是指由语言要素和各要素间的关系组成的有机整体。现代语言学认为，语言要素包括语音、语义、词汇和语法。不同语言在这四要素以及它们之间的关系上存在的差异，都构成语言系统层面的差异。不同语言在这个方面的差异，都可能影响译者的理解和传达，也都可能造成误读。

以汉英语言的差异为例，在语音层面，汉语有大量一字多音的现象。这也是与语义相联系的，多音和多义通常是共同存在的，而英语中多音词很少。在词汇层面，英语中一般只有词，汉语中既有字也有词，字组合为词。除了与英语相类似的构词法外，汉语还有它独特的"六书"造字法，即：指事、象形、会意、形声、转注、假借，这是英语所没有的，当然，这也是与语义相联系的。在语法层面，首先，英汉的句法结构不同，"英语为三分，即 SVO（主谓宾），汉语为两分，即 TC（话题和说明）"（马秉义，1999：19），这与汉语是意合的语言，而英语是形合的语言相关。同时，意合的汉语语法松散，而形合的英语则需由严密的语法来组织句子的逻辑。这种差异的表现在于汉语语义之间的连接靠的是意义，而英语语义之间的连接靠的是语法手段。《道德经》原文本的语言是古汉语，古汉语比现代汉语更加含蓄精练，语法规则更加宽松。当然，古汉语的造字法和多音多义现象也更为繁杂，它与英语之间的差异更易造成译者的误读。

首先，来看《道德经》中古汉语独特的造字法使译者产生的误读，如：

原文：知者不言，言者不知。（第五十六章）

译文 1：Those who know do not speak; those who speak don't know. (Waley,1998:115)

译文 2：He who knows (the Tao) does not (care to) speak (about it); he who is (ever ready) to speak about it does not know it. (Legge, 2008:50)

译文 3：He who knows does not speak;

He who speaks does not know. (Lin,1948:257)

原文的"知"不念平声，而念去声，因为它是通假字，通"智"，因此"知者"意为"有智慧的人"，而不是"知道的人"。三位译者都未能准确传达原文意思。在这里，一方面，通假现象给译者的理解带来了困难，造成了理解上的偏差和误读的产生；另一方面，古汉语中这种独特的造字法在英语中无法完全表现出来，译者必须在意义和形式上做出恰当取舍。

其次，汉语构词法也会使译者产生误读，如：

原文：受国之垢，是谓社稷主。（第七十八章）

译文 1：Only he who has accepted the dirt of the country can be lord of its soil-shrines. (Waley,1998:159)

译文 2：He who accepts his state's reproach,

Is hailed therefore its altars' lord. （Legge,2008:63）

译文 3:Who receives unto himself the calumny of the world

Is the preserver of the state. （Lin,1948:306）

在古汉语中,"社"指的是土神,"稷"指的是谷神,而两个字组合在一起,指的是国家,而不是"社"或"稷"中任何一个字的意思或者两字意思的简单叠加。在译文中,林语堂将"社稷"译为"the state",最为接近原义;而韦利将其译为"soil-shrines",理雅各将其译为"altars",都没有译出"社稷"的真正含义,这体现出韦利和理雅各对古汉语的构词方式和意义取向的理解都不够充分。

另外,一词多义现象也是译者产生误读的原因之一,如:

原文:故抗兵相若,哀者胜矣。（第六十九章）

译文 1:Therefore when armies are raised and issues joined it is he who does not delight in war that wins. （Waley,1998:141）

译文 2:Thus it is that when opposing weapons are （actually） crossed, he who deplores （the situation） conquers. （Legge,2008:58）

译文 3:Therefore when two equally matched armies meet,

It is the man of sorrow who wins. （Lin,1948:294）

原文中的"哀"意为"慈悲","哀者"引申意为起初宽容忍让,最后不得已才奋起而战的一方。老子肯定反侵略战争的正义性,认为正义必胜。韦利和林语堂的译文则将"哀者"理解为"悲伤的人"（he who does not delight; the man of sorrow）,理雅各的译文也将"哀者"翻译为对战争感到悲伤的人（he who deplores）,都没有译出"哀"在原文中的真正含义。古汉语中像"哀"这样的多义词很多,到了现代汉语中,它们的意义才逐渐变少而固定下来。这里,译者就是因为对"哀"在上下文中的具体词义判断失误而出现了误读。

以上是从字词层面来看英汉语言差异对误读造成的影响,下文将从句法层面出发,继续讨论语言差异与误读之间的联系。从构句方式来看,英汉语一个是形合,一个是意合,表现在具体语言形式上是连接词和句子成分,尤其是主语可不可省略的差别,这一部分在"思维差异与误读"中已有较为充分的分析,在此不再做详细阐述。但是，由于古汉语的语法规则较于现代汉语更为宽松，并且古汉字的表意能力十分强大，语法结构也十分独特，字与字之间的断或连都会使原文产生完全不同的逻辑意义，这给译者对原文进行断句带来了困难。第九章第二节已论及对《道德经》原文不同的断句方式会导致不同的译文，在此，将从句法结构切入，对以下这两个例句进行深入剖析：

原文："无"，名天地之始；"有"，名万物之母。（第一章）

译文1：It was from the Nameless that Heaven and Earth sprang；

The named is but the mother that rears the ten thousand creatures，each after its kind.（Waley，1998：3）

译文2：(Conceived of as) having no name, it is the Originator of heaven and earth；(conceived of as) having a name, it is the Mother of all things.（Legge，2008：13）

译文3：The Nameless is the origin of Heaven and Earth；

The Named is the Mother of All Things.（Lin，1948：41）

190

"无"和"有"是老子哲学中的重要概念，他用"无"来阐释宇宙的开端，用"有"来阐释万物的起源。而三位译者则都将"有名"和"无名"处理成了一个词，断句都出现了错误。类似的例子还有，

原文：故常"无"，欲以观其妙；常"有"，欲以观其徼。（第一章）

译文1：Truly, only he that rids himself forever of desire can see the Secret Essences；he that has never rid himself of desire can see only the Outcomes.（Waley，1998：3）

译文2：*Always without desire we must be found*，

If its deep mystery we would sound；

But if desire always within us be，

Its outer fringe is all that we shall see.（Legge，2008：13）

译文3：Therefore：Oftentimes, one strips oneself of passion

In order to see the Secret of Life；

Oftentimes, one regards life with passion,

In order to see its manifest forms. (Lin,1948:41)

在这里,三位译者的断句方式如出一辙:故常无欲,以观其妙;常有欲,以观其徼。因此,导致了误读的产生。这类断句错误可能与译者们参照和选择的原文版本和注释版本有关系,也有可能是因为他们对老子哲学概念的理解和把握不充分;但是,古汉语十分松散的语法规则与英语语法差异巨大,这也使译者们有时难以对自己接触到的原文版本做出"批判"。

语言层面的差异对翻译中误读的影响是多方面的,从字词层面来看,古汉语独特的造字法、汉语的组词法、一词多义现象等都可能造成译者理解上的偏差,从而导致误读的产生;从句法层面来看,古汉字的强大表意能力以及句法的松散,给译者对原文进行"断句"造成了困难,同时也让他们很难批判性地接受自己所接触到的原文版本和注释本,从而造成了误读。

4. 社会系统差异与误读

中西文化在社会系统上的差异主要表现在社会群体、组织结构、婚姻家庭制度、政治、法律、教育、风俗、历史等方面,在社会系统层面的差异也会渗透到其他层面,尤其是语言系统层面,这通常通过英、汉语中的指称词不对称、习语与典故的差异、语言褒贬和语义轻重不同等现象来体现。《道德经》约成书于先秦时代,其中有很多语言文化习惯与当时社会系统密切相关。因此,翻译《道德经》需要对中国古代社会系统有一定程度的了解,而了解不充分则容易导致误读的出现。如:

原文:故立天子,置三公,虽有拱璧以先驷马,不如坐进此道。(第六十二章)

译文 1:Therefore on the day of an Emperor's enthronement or at the installation of the three officers of State, rather than send a team of four horses, preceded by a disc of jade, better were it, as can be done without moving from one's seat, to send this Tao. (Waley, 1998:37)

译文 2:Therefore when the sovereign occupies his place as the Son of

Heaven, and he has appointed his <u>three ducal ministers</u>, though (a prince) were to send in a round symbol-of-rank large enough to fill both the hands, and that as the precursor of the team of horses (in the court-yard), such an offering would not be equal to (a lesson of) this Tao, which one might present on his knees. (Legge, 2008:53)

译文 3: Therefore on the crowning of an emperor,

On the appointment of <u>the Three Ministers</u>,

Rather than send tributes of jade and teams of four horses,

Send in the tribute of Tao. (Lin, 1948:281)

原文中的"三公"是中国古代朝廷中最尊显的三个官职的合称,自周朝立太师、太傅、太保为三公后,后世王朝一直承袭这一传统。"师,天子所师法;傅,傅相天子;保,保安天子于德义,此惟三公之任。佐王论道,以经纬国事,和理阴阳,言有德乃堪之。"(孙逢吉,1998:11)可以看出,在周朝的官制中,"三公"的尊贵程度最高。而韦利译为"the three officers of State",是"三位国家官员"的意思,无法让读者理解"三公"的真正含义;理雅各的译法"three ducal ministers"中"ducal"(公爵的或似公爵的)也未能表明"三公"的真正职能和地位,这两种表达均属于误读。而林语堂的翻译"the Three Ministers"就更为接近"三公"的原义。韦利和理雅各对古代政治制度缺乏理解,导致了译文中误读的出现。再如:

原文:侯王得"一"以为天下正。(第三十九章)

译文 1: As for the things that from of old have understood the Whole...

<u>Barons and princes</u> direct their people. (Waley, 1998:81)

译文 2: *Princes and kings who from it get*

The model which to all they give. (Legge, 2008:40)

译文 3: Through possession of the One, <u>the princes and dukes</u> became the ennobled of the people. (Lin, 1948:204)

"侯王",泛指周朝时的诸侯,而在韦利译文中却被误读为"barons and princes"。

"Baron"是英国贵族的一个身份名词,指"男爵","prince"是指王子,这两个词的意义或是它们意义的叠加都与诸侯的含义不符,韦利用它们来翻译"侯王",实际上是由于混淆了东西方的宫廷制度而造成了误读;相比之下,理雅各使用"princes and kings","诸侯"意味略有不足;林语堂使用"princes and dukes"来翻译"侯王",则较好地表达了其真正的含义。

英汉文化在社会系统层面的差异,造成了《道德经》译者对原文中一些文化概念的理解困难,同时,由于英汉社会系统划分不同,译者往往难以在译语中找到一个合适的概念来翻译这些文化概念,误读由此产生。

5. 物质生活差异与误读

不同文化群体在物质生活层面的差异,也包括他们所生活的自然环境和所享有的物质资料(即实际生活资料,如衣、食、住、行、经济技术等)方面的差异。中西文化在物质生活层面的差异,主要体现在它们所面对的自然环境的不同和拥有的物质资料的不同,因此各自产生了一些独特的指称词汇,这些词汇在另一种文化里往往找不到对等项,或者找不到意义范围较为相同的对等项,这就给翻译带来了困难。对于译语中的词汇空缺现象,译者有时需要发挥主动性,变通表达方式或结合加注的方式进行翻译。《道德经》中就有这样一例,

193

原文:天地不仁,以万物为刍狗。(第五章)

译文1:Heaven and Earth are ruthless; to them the Ten Thousand Things are but as straw dogs. (Waley,1998:11)

译文2:Heaven and earth do not act from (the impulse of) any wish to be benevolent; they deal with all things as the dogs of grass are dealt with. (Legge,2008:15)

译文3:Nature is unkind:

It treats the creation like sacrificial straw-dogs. (Lin,1948:63)

"刍,干草。刍狗,以干草束成狗形,傅以泥彩,衣以文绣,用于庙堂中祭祀,即当灵也;但用毕即遭遗弃,任人践踏,亦当时之风俗。"(刘坤生,2004:21)由此可见,"刍狗"是中国古代用以祭祀的由草扎成的狗,用过以后即被丢弃。在英语文化

中没有同样的现实物品，因此，"刍狗"在英语中没有对等词，这是一种词汇空缺现象。译者在翻译时必须灵活处理，变通表达方式。从三位译者的译文来看，韦利将"刍狗"译为"straw dogs"，译出了其基本含义，但是并未体现出"刍狗"的功能和特点。理雅各将"刍狗"译为"dogs of grass"，从根本上误读了原词的含义。林语堂的翻译则体现出了"刍狗"的含义和功能。"刍狗"这一指称词在英语文化中空缺，造成了译者理解上的障碍，同时也造成了译者表达上的最大困难。林语堂虽然表达出了"刍狗"的含义和用途，却仍未译出"刍狗"用过即被丢弃的特征——词汇空缺阻碍了译者去表达"刍狗"这个词蕴含的所有意义。

通过"刍狗"一例可以看出，英汉文化在物质生活层面的差异，导致词汇空缺现象的产生，这就给译者的理解和表达带来了很大的困难，也给误读的产生提供了土壤。

上文从文化"先结构"、思维差异、语言差异、社会系统差异、物质生活差异等五方面探讨了文化差异给《道德经》的三个译本所造成的误读，不难发现，受到文化"先结构"和英汉语言差异的影响，译者一方面或不能正确把握原语文化的思维方式，或不能准确理解原文的思想和文化项，或不能正确把握原语的造字法、构词法和句法等，导致了一部分误读的产生。另一方面，他们难以在译语中找到对等的语言现象和文化项。或者为了照顾译语读者的思维方式，顾及译语的语言特点等，在译文中主动创造了一部分误读。无论是无意的抑或刻意的，无论是消极的抑或积极的，这些误读的出现与英汉文化在各个层面的差异都有着密切的联系，值得人们关注和探索。

《道德经》凝聚着中国古代哲学的核心思想观念，在中国哲学史乃至文化思想史上都拥有非凡的意义，也受到了西方思想家的重视，在当今世界甚至掀起了一股"老子热"和"大道热"。然而，《道德经》中许多渗透着中国历史文化的思想概念一经翻译，便发生了不同程度上的"变异"。

造成《道德经》译本中各种形式误读的最主要的原因，就是中英文化在思维方式、语言、社会系统和物质生活方面的差异。文化差异影响着译者对原文本的理解和对译文的处理，致使各种形式的误读产生。同时，为了照顾与原语文化不同的译语读者的接受，译者还可能故意"曲解"原文。文化差异不仅影响着译者的接受，还影响着译文读者的接受。

伽达默尔说过，"意义总是读者在阅读一个文本时由个人创造的某些事物"（Storey，2003：42）。译者从本质上来说也是一位读者。译文正是在这位读者自己的理解上建构起来的，最后又进入更为广阔的译语读者群。而文化差异这个巨大的障碍横在译者和原文之间，造成译者"创造"的意义与原文意义之间存在差距，一部分误读就此产生。这些误读体现在译文中，而译语读者则又以这样的译文为依据去"创造意义"——原文的意义到了译语读者的理解中变成了另一副模样。从这个层面来说，误读影响着读者、译者（也是读者）对原语文化真正内涵的接受。然而，译者在进行理解和翻译时，感知到文化差异的存在，又主动去制造另一部分误读，以便让译文的读者更容易理解，更容易接受文本中的思想观念——由于文化差异的存在，这部分误读有时候是不得已的，有时甚至是必要的。从这个层面来看，误读实际上还可能有助于译语读者对原语文化的接受。

不同文化之间的差异是客观存在的，在翻译等跨文化交际活动中，误读几乎是难以避免的。因此，从某种意义上来说，一种文化的对外传播，必然会经过其他文化的"过滤"，这种"过滤"总会或积极或消极地影响着人们对外来文化的接受。

结语：接受、译介和中西对话

　　本书上篇从《道德经》哲学思想的接受探讨了老子思想在中国和世界范围内的传播与影响。从中可以看到，在中国，老子的思想在不同时期得到了不同的阐释，许多思想家及其思想体系都从不同的角度吸收了老子的思想，并以老子的思想为基础阐释或证明自身的理论价值，都在某种程度上与老子思想融为一体。在西方，《道德经》被当作一种伦理哲学、生活哲学来理解，或者被贴上自然主义、神秘主义的标签，同时也受到西方哲学家的关注，被用来证明西方思想的优越性，或者充当解决西方问题的良药和出路。在当代，《道德经》又与西方后现代思想相遇，发生了种种对话和交流。

　　在中国，《道德经》在历代的阐释过程中经历了多种改造和运用。道教对《道德经》进行了自己的诠释，使之与阴阳家的思想结合起来，同时也对《道德经》的某些章节进行附会，使之与道教的神仙方术等思想关联起来，并尊崇《道德经》为道教经典。也正是各种思想家和思想流派的不断注解和阐释，才使《道德经》思想的影响贯穿整个中国思想史，使其备受关注。《道德经》在不断的注解和阐释的过程中，得到了生命的延续。因此，对经典作品的理解和阐释从来就不仅仅是一种语言行为，它更是一种文化政治行为。在这种文化政治行为中，各种力量交织在一起，阐释和理解是各种思想和力量相互妥协、相互制约与制衡的结果，是时代精神的浓缩。魏晋时期，佛教刚刚进入中国，为了使佛教经典能够为中土人士所接受，佛教理论家和佛经翻译家用格义的方式来讲解和翻译佛经。用道家思想和儒家思想来阐释佛教经典，这是因为佛教在当时还未能为中国所完全接受，并且当时的主流思想为道家思想和儒家思想，所以佛教理论家采用格义的方式来阐释佛教经典。在同一时期，儒家思想仍是正统思想，孔子仍是至圣先师，所以当时的玄学家用道家思想来阐释《论语》，如同旧瓶装新酒，儒家思想中融入了当时主流的玄学思想。这两种情况都是《道德经》被接受的方式，同时也是各种时代思潮和各种力量相互交融、相互碰撞的结果。

自从《道德经》进入西方视野以来，老子的思想就不断受到西方哲学家的关注，不同的哲学家以各种视角来阐释老子思想，得出了不同的结论。《道德经》在西方最初是作为"他者"进入到西方思想家的视野的，并经历了从完全排斥到作为解决西方危机和出路问题的良药而备受关注的漫长过程。在与西方主流思想的交锋中，《道德经》最初被视为另类的"他者"而遭到排斥，如康德对老子的思想持完全否定的态度，黑格尔虽然认为老子的"道"的思想具有理性成分，但仅仅将其作为原始理性而加以否定。随着《道德经》在西方译介的深入，西方思想家对老子思想的认识也发生了很大的变化，如雅斯贝尔斯认为老子的哲学思想是世界哲学思想中的重要组成部分，海德格尔从老子那里找到了知音，李约瑟则认为《道德经》中的思想是解决西方问题的良方。

《道德经》的语内接受和语际传播已走过漫长的历程，在当代，西方后现代思潮的出现，又使人们惊讶地发现解构主义等后现代思想和《道德经》中的思想不谋而合。这些因素都促使中西思想能够平等地对话和交流，从而使以《道德经》为代表的中国经典著作为西方学者所认可，而不是成为其随意阐释的对象，或者被其看作东方神秘主义的证据。

后现代思潮提倡个性和差异性的彰显，老子的哲学思想采用的是完全不同于西方哲学传统的一套话语，与反西方传统哲学的后现代思潮在很多方面都能产生共鸣。不过，虽然有许多相似之处，但不能说老子的哲学思想和后现代思想完全一致，中西方哲学在传统、现代和后现代阶段，还是有着巨大的差异的。正如克拉克所指出的那样，"道家思想和后现代主义之间，尽管有着巨大的文化和历史鸿沟，近年来有很多研究正在尝试把道家思想引入到后现代话语中，并且推断出两者之间的相似之处，尤其是德里达的解构主义与道家思想的不谋而合。而德里达的解构则是后现代话语的关键策略"(Clarke,2001:185)。

确实，德里达的解构主义在很多方面与老子的道家思想相契合。首先，德里达和老子对待语言的态度是相似的，都对语言产生一种怀疑的态度。德里达认为由于语言具有延异（différance）的属性，意义是能指与能指之间差异的效果，文本没有终极意义，意义不固定，人们在阅读的时候总是能够发现不同的意义。德里达在《巴别塔》一文中认为语言的源头就是差异，就不是同一的，是多义的。上帝在解构巴别塔时就是通过语言的手段，上帝用自己的名字（Babel）给这座塔命名："在这之上，他宣布自己的名字：巴别、混乱，这样耶和华使地球上的语言变得混乱。"(Derrida,1985:169)在这里,专有名词"Babel"打破了语言的超验所指,语言一开始就是多义的。巴别塔被认为是语言的源头,"Babel"在这里是上帝为这座塔所命的名,但一经说出,就会产生其他的意思。"Babel"同时也有"混乱"的意思,在闪族人(Semite)的语言里面还有"父亲"的意思。因此,语言具有不可简约的多义性,是不可靠的。在这一点上,德里达和老子是一致的。老子在《道德经》第一章就指出"道可道,非常'道';名可名,非常'名'"。在这一句话里面,"道"有多种意义,"道"是指老子道家思想的"道",同时"道"还有"言说"的意思,还可以指"道路"、"道理"等等。所以,老子认为语言具有局限性,"道"是无法用语言表达清楚的。

其次,在提倡差异性方面,德里达与老子也是音声相和的。德里达以及整个后现代思想,都旨在打破西方传统哲学中的普遍性和同一性,强调尊重差异,尊重个体,而不是去抹杀差异、强调同一。在《什么是"相关"的翻译》这篇文章里面,德里达以莎士比亚的《威尼斯商人》为喻来探讨翻译,以翻译为例来阐明其哲学思想。在这部戏剧中,安东尼奥必须偿还夏洛克的高利贷,但他无力偿还,依据协议,夏洛克要割掉安东尼奥身上的一磅肉。安东尼奥的朋友鲍西亚假扮法官,要求夏洛克可以割掉一磅肉,但一点也不能多,一点也不能少。最终夏洛克无法做到,因此被迫放弃债务而皈依基督教。这里的一磅肉就如同翻译,要做到和原文丝毫不差,是无法实现的债务。德里达指出鲍西亚通过挪用和操纵使债务能够偿还,使翻译能够进行,但同时也消除了差异,使夏洛克放弃异教信仰,在基督教中得到了统一。德里达认为,这是对差异的抹杀,是不正义的。人们应该尊重差异,而不是为了得到同一而去消除差异。尊重差异这一点也和老子的思想相通。比如,老子《道德经》里"德"的含义包含了"事物的德性",就是指某一事物区别于其他事物的本性,人们要尊重事物内在的"德",顺应事物的"德",就是要任其自然,这是无为的一种表现。老子是在告诉人们,要尊重事物本身所具有的差异性,不要把自己的标准强加给他者而抹杀差异。这也就如同《庄子》里面所讲的一则寓言:鲁侯为了欢迎一只海鸟,给它饮酒、奏乐、吃肉,结果却把鸟养死了。这是因为鲁侯把自己的标准强加给鸟,没有能够尊重差异和顺从事物内在的德性。

在中西方哲学思想对话的过程中,人们发现中国哲学在很多方面与西方的现当代哲学有很多共同点。西方的一些哲学家从中国哲学中受到启发,或者用中国的哲学思想去论证其自身的哲学观点，尤其是发现老子和庄子的哲学思想与后现代思想有着很多相通之处。中西哲学思想在现当代出现了融合的趋势，哲学的对话正在向着更深层次发展。中西哲学思想之间的交流和对话，与以前有很多不同之处。

首先，西方哲学家对中国哲学较之早期有了更全面、更深入的理解。早期的西方哲学家只是从传教士那里获取关于中国哲学的信息，对中国哲学的了解不全面、不深入，甚至不正确。这是因为当时对中国哲学典籍的译介不多，而且传教士在翻译的时候，出于传教的目的对中国典籍进行了附会。这就造成了西方人对中国哲学思想的误读，不仅存在着刻意的误读，也存在着因为不懂中国语言而造成的无意的误读。随着中国哲学典籍的不断外译和阐释，在全球化背景下的当代社会，西方对中国哲学有了更加深入和全面的理解。

第二，在当代中西哲学思想的对比研究中，有大量的精通中西哲学思想的中国本土学者的参与。早期进行中西哲学对比研究的学者只有少数的汉学家，而本土学者比较少，即使有中国学者参与，也只局限于在国外汉学家的思维框架中做出少量的回应，或者按照西方哲学的思维框架和话语形式，对中国哲学进行研究。与以往相比，有更多的当代中国学者参与到中西哲学的比较和对话中来。

第三，随着文化研究领域的深入进行，德里达的解构主义、萨义德的东方主义等后现代理论的提出，西方中心主义的神话被打破。这就为东西方哲学的平等对话提供了理论支撑。而之前中西方哲学思想的对话是不平等的，是以西方思想理论为权力话语的一种对话。如黑格尔就是站在西方中心主义的立场上来关注中国哲学的，所以他认为中国没有哲学，有的只是原始理性。

第四，后现代主义哲学思想的出现，使人们更加关注中国哲学和东方哲学。随着解构主义等后现代思想的出现，人们在中国哲学中发现了类似的观点。同时，一些哲学家也试图从中国哲学思想里面来寻找解决西方哲学困境的出路。这就使西方人更多地关注中国哲学，同时也使中西方学者之间的对话更趋平等。

基于以上中西哲学思想融合的现状，未来中西哲学思想之间的对话和交融将不可避免。世界哲学和文化的发展离不开东西方哲学的对话和交流，两者更深层次的对话和交流才是世界哲学发展的方向。正如雅斯贝尔斯所认为的那样，东方哲学也是世界哲学不容忽视的环节，认为东方没有哲学的观点将不再被认可和接受。同时，海外汉学和中国国内学者对海外汉学的关注和研究，以及中国对西方哲学思想最新动态的关注,都将成为中西哲学思想交流的基础,也将会成为哲学研究新的突破点。

同时,在未来中西哲学对话和交融的过程中,应该注意几点。第一,不仅要注意到西方学者中的"东方主义"的思维方式,同时在对待西方哲学思想的时候,也要避免用类似于"东方主义"的思维方式去看待西方文化和思想。在中西哲学的对话中,要尽可能地去消除已有思维方式中的成见,不用自己的标准去衡量对方。第二,任何一种哲学和文化思想都有其独特性和不可简约性,在中西哲学思想的对话中,应避免用自己的思维方式去给对方贴上定性的标签。要注意到一种哲学思想与另一种哲学思想的相似性,更要注意到相似之中的不同之处。第三,在中西哲学思想的交流和对话中,应该打破自己的定势思维,看到自身看不到的盲区,因为"当局者迷,旁观者清",这也是中西哲学思想对话的必要性。只有这样,在西方人对中国哲学思想的研究成果中,中国学者才可以发现新的东西和不同的解读。中国学者在对西方哲学的研究中,也才能够发现西方学者所不能发现的问题。

本书的下篇则从译介的视角分析了《道德经》在西方的翻译与效果,探讨了《道德经》的翻译与文化意识形态之间的关系,分析了西方译者译本中的文化不等值现象及其原因,对翻译语言、美学、诗学和误读等问题也给予了高度的关注。由此总结出的一些规律性的认识,有助于理解翻译的一些基本问题和现象。

《道德经》之所以被不断地阐释和翻译,是因为其自身所蕴含的丰富的哲学思想内涵和中华语言文化的深广和复杂性。古今中外不同的思想家都能从《道德经》中得到启发,找到解决问题的灵感,说明《道德经》具有很强的生命力。两千多年过去了,还能受到广泛的关注,原因是《道德经》自身具有很大的阐释空间。同时,也正是在不断的被阐释、被翻译的过程中,《道德经》才得以延续自己的生命。正如本雅明在《译者的任务》一文中所说的那样,翻译是后起的生命(afterlife)。原著只有不断地被翻译和不断地被阐释,原著的生命之花在译著中才能得到最美丽的绽放。

早期的耶稣会士出于传教的目的,对《道德经》进行了翻译。耶稣会士的翻译是牵强附会的,其手段是用基督教的教义去阐释《道德经》,对其进行随意的阐释和附会,使人们在西译的中国典籍中看到基督教的影子。耶稣会士的目的是为其在中国的顺利传教扫除文化上的障碍,以便人们从心理上更容易认同基督教。在指出耶稣会士的翻译动机和翻译错误的同时，也要注意到正是由于他们的翻译和介绍，才使《道德经》第一次走出国门，开始了自己的异域旅行，才使西方人注意到中国的这部哲学经典，使原著的生命之花在异域中得以开放。

翻译作为一种阐释行为，并不是在真空中进行的，翻译受到很多因素的影响和制约，翻译更是一种文化政治行为。耶稣会士初到中国时对待道家思想的态度也说明了这一点。耶稣会士利玛窦初到中国穿的是僧衣，并自称是来自天竺，但到了中国之后发现中国的正统思想是儒家思想，所以又改穿儒服。在对待老子思想的态度上，利玛窦认为老子的思想不利于其传教，所以采取了冷落的态度。利玛窦在《天主实义》中的对话表明了这一观点，"老氏谓物生于无，以'无'为道。佛氏谓色由空出，以'空'为务。……曰：二氏之谓，曰'无'曰'空'，于天主理大相悖谬，其不可崇尚明……"（张娟芳，2003：3）。但随着耶稣会士在中国的深入了解，发现要想在中国顺利地传教，则必须对《道德经》进行基督教式的阐释和翻译。耶稣会士对《道德经》的翻译和附会，是外来的基督教文化与中国传统文化碰撞、妥协的结果，是两种文化交锋的产物。

从《道德经》的阐释、译介和接受的历史来看，还有一个重要的问题，那就是对经典著作的误读是不可避免的。误读产生的原因是多方面的，其中有文化的因素、语言的因素，还有思维的先结构、社会系统和物质生活的差异等种种因素。如前面所说，翻译是一种文化政治行为，是各种文化因素和各种思潮相互碰撞的结果，这就使译者对原著进行有意的误读与阐释，耶稣会士对《道德经》牵强附会式的翻译正说明了这一点。除了对原著有意的误读之外，也存在无意的误读，这是由译者或阐释者所固有的先结构所造成的。如早期的西方译者，带着自己思维的先结构，把《道德经》中的"道"理解为"神"，以及汉学家卫礼贤将"道"理解为精神性的，这都是由于译者自身的文化先结构所造成的误读。

经典著作在经历了不断的阐释和翻译之后，最终的结果是对原著真意的不断回归与追溯。作品在成为经典的过程中，总是在被不断地"改写"和赋予新的意义。在这一过程中，对原著的阐释和翻译是不断偏离其原有意义的。但作品在成为经典之后，情况会发生反转，阐释者或译者会尽可能地向原著靠拢，并试图尽可能地发掘原著的意义，译本也越来越尽可能地贴近原著。《道德经》的接受、阐释和译介的历史正说明了这一点。最初的附会、有意的误读使《道德经》走向西方，为西方所认识和关注，耶稣会士的译介就属于这一种情况。西方在经历了大机器工业化和第一次世界大战之后，人们越来越意识到西方的危机，这时西方人从《道德经》里似乎看到了救赎的希望，随之也就出现了《道德经》相对准确的译本。随着《道德经》在西方世界的经典化，对《道德经》的阐释和翻译也就越贴近原著。尤其是在1973年长沙马王堆汉墓出土帛书本的《道德经》之后，出现了帛书本《道德经》的很多译本，这些译本都希望尽可能准确地再现老子的思想和《道德经》的原貌。因此，对于《道德经》中的语言文化特征的翻译，对其美学思想、修辞特征和诗学风格的探究与翻译，也将为当代的译者提供更多的便利。

在当代全球化的背景下，人们的思维不能再局限于对东西方二元对立的划分。在地球村中，任何一个国家和地区的人类活动都会给整个世界带来影响。这使人们更多地关注整个人类的命运和与人类命运休戚相关的全球问题，如环境问题、人与自然的关系等。而《道德经》中的思想正体现出人与自然的和睦相处，以及人类如何能够在这种情况下获得自身的救赎和心灵的满足，它"能有效缓解和治愈现代生活的紧张和压力，同时也能驯服那只狂躁不安而上蹿下跳的'猴心'（monkey mind），通过回忆往事和简单生活从而达到内心和谐"（Cooper，1990:129）。基于目前的状况对未来进行展望和预测，对《道德经》的阐释和译介远远没有终结。因此，可以大胆地预测，未来对《道德经》的阐释和译介将会朝着更深、更广也更多元的方向发展，《道德经》的思想将有可能成为拯救人类灵魂、改变人类生活的闪光的钥匙。

《道德经》在多元文化语境下的接受与翻译

注　释

注 1　参见 Correa, Nina. *Laozi's Dao De Jing*. ⟨*www. daoisopen. com*⟩

注 2　参见 Balfour, Frederic, *The Tao Te Ching*. ⟨*http：//www. sacred-texts. com/tao/ttx/ttx02. htm*⟩

注 3　参见 Balfour, Frederic, *The Tao Te Ching*. ⟨*http：//www. sacred-texts. com/tao/ttx/ttx02. htm*⟩

注 4　参见《中国大百科全书(社会学卷)》,中国大百科全书出版社,1991年,第 411 页。

注 5　参见《现代汉语词典·2002 年增补本》,商务印书馆,2002 年,第 1318 页。

参考文献

一、中文参考文献

艾尔伯菲特著,朱锦良译. 德国哲学对老子的接受——通往"重演"的知识. 世界哲学,2010(6).

艾兰、魏克彬编,邢文编译. 郭店《老子》:东西方学者的对话. 北京:学苑出版社,2002.

爱伯哈德著,陈建宪译. 中国文化象征词典. 长沙:湖南文艺出版社,1990.

爱德华·赛义德著,谢少波、韩刚等译. 赛义德自选集. 北京:中国社会科学出版社,1999.

爱弥尔·涂尔干著,渠东、汲喆译. 宗教生活的基本形式. 上海:上海人民出版社,1999.

爱默生. 自然沉思录. 天津:天津人民出版社,2009.

安伯托·艾柯著,刘儒庭译. 开放的作品. 北京:新星出版社,2005.

安乐哲. 和而不同:比较哲学与中西会通. 北京:北京大学出版社,2002.

安乐哲、郝大维撰,彭国翔译.《道德经》与关联性的宇宙论——一种诠释性的语脉. 求是学刊,2003(2).

安乐哲、郝大维著,何金俐译. 道不远人——比较哲学视域中的《老子》. 北京:学苑出版社,2004.

保罗·利科尔著,陶远华等译. 解释学与人文科学. 石家庄:河北人民出版社,1987.

北辰.《老子》在欧洲. 宗教学研究,1997(4).

北京大学哲学系外国哲学史教研室. 古希腊罗马哲学. 北京:商务印书馆,1961.

北京大学哲学系外国哲学史教研室. 西方哲学原著选读(上). 北京:商务印书馆,1981.

204

北京大学哲学系中国哲学教研室编. 中国哲学史. 北京：北京大学出版社，2001.

波纳文图拉著，溥林译. 中世纪的心灵之旅——波纳文图拉神哲学著作选. 北京：华夏出版社，2004.

蔡新乐. 文学翻译的艺术哲学. 开封：河南大学出版社，2004.

陈才智.《老子》研究在西方. 汉学研究（第八集）. 北京：中华书局，2004.

陈福康. 中国译学理论史稿（修订本）. 上海：上海外语教育出版社，2002.

陈鼓应、白奚. 老子评传. 南京：南京大学出版社，2001.

陈鼓应. 老子今注今译. 北京：商务印书馆，2003.

陈鼓应今译. 老子. 长沙：湖南人民出版社，2009.

陈鼓应. 老子今注今译. 北京：商务印书馆，2015.

陈鼓应. 老子注释及评价. 北京：人民出版社，1984.

陈国华、轩治峰.《老子》的版本与英译. 外语教学与研究，2002(6).

陈嘉明. 现代西方哲学方法论讲演录. 桂林：广西师范大学出版社，2009.

陈嘉映. 语言哲学. 北京：北京大学出版社，2003.

陈奎德. 怀特海哲学演化概论. 上海：上海人民出版社，1988.

陈文苑. 析苏辙《老子解》的核心概念——"性". 乐山师范学院学报，2008(3).

陈义烈. 老子《道德经》的文学色彩. 九江师专学报，1995(2).

陈永国. 翻译与后现代性. 北京：中国人民大学出版社，2005.

陈志杰. 动态的读者反应论对翻译的指导意义. 四川外语学院学报，2001(2).

程钢. 西方学者的先秦思想史研究. 周秦汉唐文化研究（第一辑）. 西安：三秦出版社，2002.

崔景明. 道家伦理智慧价值及在思想政治教育中的运用. 思想教育研究，2011(4).

崔永波.《老子》首章新探. 铜仁学院学报，2007(5).

大卫·克里斯特尔. 剑桥百科全书. 北京：中国友谊出版公司，1996.

德里达著，何佩群译. 一种疯狂守护着思想——德里达访谈录. 上海：上海人民出版社，1997.

邓巨、刘宗权.论典籍翻译中的意象转换——以《道德经》英译为例.河北大学学报(哲学社会科学版),2009(4).

董恩林.唐代老学研究.华中师范大学博士论文,2001.

董洪利.古籍的阐释.沈阳:辽宁教育出版社,1997.

杜夫海纳著,孙非译.美学与哲学.北京:中国社会科学出版社,1985.

恩格斯.自然辩证法.北京:人民出版社,1971.

恩斯特·卡西尔著,于晓等译.语言与神话.北京:生活·读书·新知三联书店,1988.

恩斯特·施华滋撰,汤镇东、李道湘译.德国学者论《道德经》.中国哲学史,1995(1).

樊浩."德"——"道"理型与形而上学的中国形态.北京大学学报(哲学社会科学版),2010(3).

费尔迪南·德·索绪尔著,高名凯译.普通语言学教程.北京:商务印书馆,2004.

费小平.翻译的政治——翻译研究与文化研究.北京:中国社会科学出版社,2005.

冯建文.神似翻译学.兰州:敦煌文艺出版社,2001.

冯庆华.实用翻译教程.上海:上海外语教育出版社,2008.

冯天瑜.中华元典精神.上海:上海人民出版社,1994.

冯友兰.冯友兰学术论著自选集.北京:北京师范学院出版社,1992.

冯友兰.中国哲学简史(英汉对照).天津:天津社会科学院出版社,2007.

冯友兰.中国哲学简史.北京:北京大学出版社,1985.

冯友兰.中国哲学史(上).重庆:重庆出版社,2009a.

冯友兰.中国哲学史(下).重庆:重庆出版社,2009b.

冯友兰.中国哲学史新编.北京:人民出版社,2005.

弗朗索瓦·于连著,闫素伟译.圣人无意——或哲学的他者.北京:商务印书馆,2004.

付正玲.翻译中的模糊语言——《道德经》第一章的英译分析.西南农业大学学报,2009(1).

傅惠生. 汉英对照老子(大中华文库). 长沙:湖南人民出版社,1999.

傅雷. 论文学翻译书. 罗新璋. 翻译论集. 北京:商务印书馆,1984.

傅佩荣.《老子》新解. 南京:译林出版社,2012.

葛荣晋. 道家文化与现代文明. 北京:中国人民大学出版社,1997.

葛校琴. 当前归化/异化策略讨论的后殖民视阈. 中国翻译,2002(5).

耿加进、黄承贵. 道之境界与老子的生态伦理思想. 内蒙古社会科学(汉文版),2003(5).

龚鹏程. 游的精神文化史论. 石家庄:河北教育出版社,2001.

辜正坤英译. 老子道德经. 北京:北京大学出版社,1995.

谷斌、张慧姝、郑开注译. 黄帝四经注译·道德经注译. 北京:中国社会科学出版社,2004.

郭宏安. 同剖诗心. 北京:中央编译出版社,1996.

郭建中. 当代美国翻译理论. 武汉:湖北教育出版社,1999.

郭金鸿. 老子的消费伦理思想及其现代意义. 齐鲁学刊,2005(1).

郭少棠. 旅行:跨文化想像. 北京:北京大学出版社,2005.

郭绍虞. 中国现代语言学家(第三分册). 石家庄:河北人民出版社,1981.

郭著章等. 翻译名家研究. 武汉:湖北教育出版社,1999.

哈贝马斯著,曹卫东、付德根译. 后形而上学思想. 南京:译林出版社,2001.

海德格尔著,陈嘉映、王庆节译. 存在与时间. 北京:生活·读书·新知三联书店,1987.

海德格尔著,郜元宝译. 人,诗意地安居. 桂林:广西师范大学出版社,2000.

海德格尔著,陈嘉映、王庆节合译. 存在与时间. 北京:三联书店. 1987.

海德格尔著,孙周兴译. 演讲与论文集. 北京:生活·读书·新知三联书店,2005.

海德格尔著,孙周兴译. 在通向语言的途中. 北京:商务印书馆,2004.

韩非著,张觉译注. 韩非子全译. 贵阳:贵州人民出版社,1992.

韩洪举. 林译小说研究:兼论林纾自撰小说与传奇. 北京:中国社会科学出版社,2005.

韩禄伯著,邢文改编,余瑾译. 简帛老子研究. 北京:学苑出版社,2002.

汉斯·罗伯特·姚斯著,周宁、金元浦译. 接受美学与接受理论. 沈阳:辽宁人民出版社,1987.

汉斯·格奥尔格·伽达默尔著,洪汉鼎译.真理与方法.上海:上海译文出版社,2004.

憨山大师.老子道德经解.香港:香港佛经流通处,1997.

豪尔赫·博尔赫斯著,陈重仁译.博尔赫斯谈诗论艺.上海:上海译文出版社,2002.

赫尔曼·黑塞.旅行的欲望.当代世界名家随笔.上海:上海教育出版社,1998.

贺荣一.道德经注释与析解.天津:百花文艺出版社,1994.

河上公.老子道德经河上公章句.北京:中华书局,1993.

河上公.老子道德经.福州:福建人民出版社,2008.

何晏、皇侃.论语集解义疏.上海:商务印书馆,1937.

何寅、许光华.国外汉学史.上海:上海外语教育出版社,2002.

黑格尔著,贺麟、王太庆译.哲学史讲演录.北京:商务印书馆,1959.

亨利·西季威克著,熊敏译.伦理学史纲.南京:凤凰出版传媒集团·江苏人民出版社,2008.

胡寄窗.中国经济思想史.上海:上海人民出版社,1963.

怀特海著,杨富斌译.过程与实在.北京:中国城市出版社,2003.

黄鸣奋.英语世界中国古典文学之传播.上海:学林出版社,1997.

黄元吉.道德经讲义·乐育堂语录.北京:宗教文化出版社,2003.

霍恩比原著,王玉章等译.牛津高阶英汉双解词典.北京:商务印书馆,2009.

霍桑著,胡允桓译.霍桑小说全集(第2集).合肥:安徽文艺出版社,2000.

季进.钱钟书与现代西学.上海:上海三联书店,2002.

季羡林、许钧.翻译之为用大矣哉.译林,1998(4).

贾未舟.艾克哈特"神原"与老子"道"之比较研究.江汉论坛,2010(8).

姜守诚."弘扬老子文化"国际研讨会学术综述.哲学研究,2006(1).

金丝燕.文学接受与文化过滤——中国对法国象征主义诗歌的接受.北京:中国人民大学出版社,1994.

卡尔·雅斯贝尔斯.大哲学家.北京:社会科学文献出版社.2012.

卡普拉著,朱润生译.物理学之"道".北京:北京出版社,1999.

柯美淮. 仰望老子(第三卷). 北京:中央广播电视大学出版社,2013.

孔丘著,张燕婴译注. 论语. 北京:中华书局,2006.

拉·美特里. 人是机器. 北京:商务印书馆,1991.

老子. 道德经(苏南注评). 南京:江苏古籍出版社,2001.

老子. 马王堆汉墓帛书·老子刊行本. 北京:中国文物出版社,1976.

老子著,Arthur Waley 译. 道德经. 北京:外语教学与研究出版社,1998.

老子著,韦利英译,陈鼓应今译,傅惠生校注. 道德经. 长沙:湖南出版社,1992.

老子著,陈鼓应注译. 老子今译今注. 北京:商务印书馆,2003.

李耳、庄周. 老子·庄周. 北京:北京出版社,2006.

李国南. 辞格与词汇. 上海:上海外语教育出版社,2001.

李河. "第一哲学"与"地缘哲学". 赵汀阳编,年度学术 2005:第一哲学. 北京:中国人民大学出版社,2005.

李金水. 道德经. 西安:陕西旅游出版社,2006.

黎锦熙. 新著国语文法. 上海:商务印书馆,1959.

利玛窦、金尼阁著,何高济等译. 中国札记. 北京:中华书局,1983.

李明滨. 俄罗斯年谈中俄文学交流. 国外文学,2007(2).

李明滨. 托尔斯泰与中国文化. 华侨大学学报(哲学社会科学版),1998(3).

李曙华. 老子的自然哲学与科学. 中国社会科学. 1999 (5).

李晟文. 清代法国耶稣会士在华传教策略. 清史研究,1995(3).

李世东、陈应发、杨国荣著. 老子文化与现代文明. 北京:中国社会出版社,2008.

李水文. 旅游地理学. 北京:科学出版社,2004.

李文阁. 我们该怎样生活——论生活哲学的转向. 学术研究,2010(1).

李文涛. 从译语读者的认知语境看《道德经》中"道"之音译和意译. 重庆职业技术学院学报,2008(5).

李雪涛. 论德国哲学家雅斯贝尔斯对老子的认识. 国际汉学,2012 (2).

李贻荫、金百林. D. C. Lau 妙译《道德经》. 外语研究,1995(2).

李约瑟. 中国古代科学思想史. 南昌:江西人民出版社,2000.

李约瑟. 中国科学技术史. 北京:科学出版社,1990.

李约瑟著,何兆武等译.中国科学技术史(第二卷).北京:科学出版社,上海:上海古籍出版社,1990.

李展阳.道与西方的相遇(中文增订版).北京:中国人民大学出版社,2005.

连淑能.英汉对比研究.北京:高等教育出版社,1993.

梁启超.新大陆游记节录.上海:上海中华书局,1936.

廖敏.试析《道德经》翻译的多样性.西南民族大学学报(人文社科版),2004(9).

廖七一等.当代英国翻译理论.武汉:湖北教育出版社,2001.

列夫·托尔斯泰著,陈馥、郑揆译.列夫·托尔斯泰文集(第十七卷).北京:人民文学出版社,2000.

林衡勋.道·圣·文论——中国古典文论要义.北京:中国社会科学出版社,2001.

林煌天.中国翻译词典.武汉:湖北教育出版社,1997.

林语堂.我的话.上海:上海书店,1987.

林语堂.论翻译.罗新璋.翻译论集.北京:商务印书馆,1984.

林语堂.老子的智慧.林语堂全集(第二十四卷).长春:东北师范大学出版社,1994.

林语堂著,谢绮霞译.从异教徒到基督徒.林语堂名著全集(第十卷).长春:东北师范大学出版社,1994.

刘安等著,许匡一译注.淮南子全译.贵阳:贵州人民出版社,1993.

刘晗、吴永.论王弼《老子注》的形成与玄学背景下的道儒融通.西北大学学报(哲学社会科学版),2011(5).

刘禾著,宋伟杰等译.跨语际实践——文学、民族文化与被译介的现代性.北京:生活·读书·新知三联书店,2002.

刘华文.从原文到译文:一种跨语指涉.外语研究,2003(1).

刘坤生.老子解读.上海:上海古籍出版社,2004.

刘瑞强、刘瑞琦.试从翻译效应学角度看《道德经》对西方文化的影响.昌吉学院学报,2006(4).

刘庭华.弱者之道——老子思想纵横谈.北京:中国社会出版社,2009.

刘玮玮.老子母性伦理思想及对构建和谐社会的价值.道德与文明,2006(4).

刘小枫、陈少明. 经典与解释的张力. 上海:生活·读书·新知三联书店上海分店,2003.

刘小枫. 道与言——华夏文化与基督文化相遇. 上海:生活·读书·新知三联书店上海分店,1995.

柳卸林. 世界名人论中国文化. 武汉:湖北人民出版社,1991.

刘耘华. 诠释的圆环——明末清初传教士对儒家经典的解释及其本土回应. 北京:北京大学出版社,2005.

刘煦. 旧唐书. 北京:中华书局,1975.

刘颖. 布莱希特与中国诗歌关系评述. 重庆科技学院学报(社会科学版),2008(3).

楼宇烈、张西平. 中外哲学交流史. 长沙:湖南教育出版社,1998.

鲁道夫·奥伊肯. 生活的意义与价值. 上海:上海译文出版社,1997.

鲁迅. 鲁迅全集(第1卷). 北京:人民文学出版社,1981.

罗兰·巴特著,屠友祥译. 文之悦. 上海:上海人民出版社,2004.

罗素著,张金言译. 人类的知识——其范围与限度. 北京:商务印书馆,1983.

罗新璋. 翻译论集. 北京:商务印书馆,1984.

马秉义. 英汉句子结构常式比较. 解放军外国语学院学报,1999(2).

马丁·海德格尔著,孙周兴译. 演讲与论文集. 北京:生活·读书·新知三联书店,2005.

玛丽雅娜·勒代雷著,刘和平译. 释意学派口笔译理论. 北京:中国对外翻译出版公司,2001.

马王堆汉墓帛书整理小组编. 马王堆汉墓帛书老子. 北京:文物出版社,1976.

马祖毅、任荣珍. 汉籍外译史. 武汉:湖北教育出版社,1997.

孟华. 比较文学形象学. 北京:北京大学出版社,2001.

苗玲玲. 译可译,无常译——谈《道德经》翻译中的译者主体性. 学术研究,2002(8).

闵冬潮. Gender(社会性别)在中国的旅行片段. 妇女研究论丛,2003(5).

闵冬潮. 一个旅行的概念:Gender(社会性别)——以北欧、东欧和南美对Gender的翻译为例. 浙江学刊,2005(1).

闵仕君.对语言边界的撞击——《老子》对"道"的言说方式初探.新疆大学学报(社会科学版),2002(3).

牟钟鉴等.道教通论——兼论道家学说.济南:齐鲁书社,1991.

牛顿.自然哲学之数学原理.北京:北京大学出版社,2006.

欧阳修、宋祁.新唐书.北京:中华书局,1975.

帕林德尔著,舒晓炜、徐钧尧译.世界宗教中的神秘主义.北京:今日中国出版社,1992.

潘德荣.文字·诠释·传统——中国诠释传统的现代转化.上海:上海译文出版社,2003.

潘学权、王家明.文学翻译与"东方形象".安徽教育学院学报,2004(5).

普里戈金、斯唐热著,曾庆宏、沈小峰译.从混沌到有序.上海:上海译文出版社,1987.

溥林.波纳文图拉与中世纪的神秘主义.载赵林、杨熙楠主编.神秘与反思.桂林:广西师范大学出版社,2008.

钱钟书.七缀集.北京:生活·读书·新知三联书店,2002.

钱钟书.管锥编(第二册).北京:生活·读书·新知三联书店,2007.

乔春杰.对奈达等效理论评价的思考.安徽文学,2008(10).

乔雅俊.先秦典籍中"丽"字意义分析.汉字文化,2002(4).

秦学颀.论中国文化中的神秘主义.西南师范大学学报,2004(3).

热拉尔·热奈特著,史忠义译.热奈特论文集.天津:百花文艺出版社,2000.

任继愈、孔繁.中国哲学发展史·先秦.北京:人民出版社,1983.

任继愈.老子今译.上海:上海古籍出版社,1956.

任继愈.老子新译.上海:上海古籍出版社,1978.

任继愈.老子新译.上海:上海古籍出版社,1985.

任继愈.老子绎读.北京:北京图书馆出版社,2006.

任继愈.中国道教史(上卷).北京:中国社会科学出版社,2001.

任天.《道德经》改变英国小公司.环球时报,2003(4).

阮元.经籍纂诂.北京:中华书局,1982.

萨尔顿著,陈恒六译.科学史和新人文主义.北京:华夏出版社,1989.

萨特著,施康强等译.萨特文学论文集.合肥:安徽文艺出版社,1998.

申小龙. 中国语言的结构与人文精神. 北京:光明日报出版社,1988.

沈善洪、王凤贤. 中国伦理思想史(上). 北京:人民出版社,2005a.

沈善洪、王凤贤. 中国伦理思想史(中). 北京:人民出版社,2005b.

沈善洪、王凤贤. 中国伦理思想史(下). 北京:人民出版社,2005c.

史华兹著,程钢译. 古代中国的思想世界. 南京:江苏人民出版社,2008.

史怀哲著,常暄译. 中国思想史. 北京:社会科学文献出版社,2009.

释德清. 道德经解. 上海:华东师范大学出版社,2009.

释慧皎撰,汤用彤校注. 高僧传. 北京:中华书局,1992.

司马迁. 史记. 北京:中华书局,2006.

司马迁著,杨燕起注译. 史记. 贵阳:贵州人民出版社,2001.

司马迁. 史记·老子韩非列传(第三). 上海:中华书局,1959.

思果. 翻译研究. 北京:中国对外翻译出版公司,2001.

苏国勋. 韦伯关于中国文化论述的再思考. 社会学研究,2011(4).

苏辙. 道德真经注. 上海:华东师范大学出版社,2010.

孙周兴. 天与地,以及诗人的位置——再论海德格尔的荷尔德林阐释. 同济大学学报(社会科学版),2012 (2).

孙逢吉. 职官分纪. 北京:中华书局,1998.

孙功进. 老子对知识和世俗伦理的批判之反思. 理论学刊,2004(4).

孙会军、郑庆珠. 翻译与文化"杂合". 外语教学与研究,2003(4).

孙康宜. 文学经典的挑战. 南昌:百花洲文艺出版社,2002.

孙立新. 卫礼贤论东西方文化. 中国海洋大学学报(社会科学版),2003(1).

孙云英.《道德经》的美学意蕴. 云南师范大学哲学社会科学学报,1996(2).

孙振玉. 从老子的抱朴说与静观说析其审美认识观. 晋阳学刊,2004(1).

梭罗. 瓦尔登湖. 上海:上海译文出版社,1982.

泰勒著,连树声译. 原始文化. 桂林:广西师范大学出版社,2005.

谭静.《道德经》翻译中的中西思维差异. 华中师范大学研究生学报,2006(3).

谭学纯. 人与人的对话. 合肥:安徽教育出版社,2002.

谭学纯、朱玲. 广义修辞学. 合肥:安徽教育出版社,2002.

谭载喜. 奈达论翻译. 北京:中国对外翻译出版公司,1984.

谭载喜. 西方翻译简史. 北京:商务印书馆,2000.

汤一介. 中国传统文化中的儒道释. 北京:中国和平出版社,1988.

唐凯麟. 西方伦理学经典命题. 南昌:江西人民出版社,2009.

梯利著,葛力译. 西方哲学史(增补修订版). 北京:商务印书馆,1999.

涂纪亮. 维特根斯坦后期哲学思想研究. 南京:江苏人民出版社,2005.

汪介之、唐建清. 跨文化语境中的比较文学:国际比较文学学术研讨会论文选. 南京:译林出版社,2004.

王安石. 王安石老子注辑本. 北京:中华书局,1979.

王弼. 王弼集校释. 北京:中华书局,1980.

王弼注,楼宇烈校释. 老子道德经注校释. 北京:中华书局,2008.

王朝闻. 了然于心. 北京:中国文联出版公司,1984.

王充著,袁华忠、方家常译注. 论衡全译. 贵阳:贵州人民出版社,1993.

王东波. 理雅各与中国经典的译介. 齐鲁学刊,2008(2).

王东风. 翻译研究的后殖民视角. 中国翻译,2003(4).

王东风. 归化与异化:矛与盾的交锋. 中国翻译,2002(5).

王凤霞、王景丹.《老子》文本的语言阐释. 江海学刊,2001(2).

王夫之. 老子衍·庄子通. 北京:中华书局,1962.

王国维. 宋元戏曲史. 北京:中华书局. 2010.

王贺玲. 浅析《道德经》两个英译本之差异及原因. 读与写,2009(7).

王宏志. 重释"信达雅":二十世纪中国翻译研究. 上海:东方出版中心,1999.

王剑凡. 中心与边缘——初探《道德经》早期英译概况. 中外文学,2001(3).

王金怀. 一部奇特的哲学宝典——《老子》. 中华文化研究,1994(1).

王力. 中国语法理论. 上海:商务印书馆,1951.

王六二. 宗教神秘主义的性质. 世界宗教研究,1996(1).

王平. 比较《老子》的三种英译. 外语与外语教学,1996(S1).

王萍萍. 论《老子》"无"语言视野下的伦理思想. 东南大学学报(哲学社会科学版),2009(6).

王庆节. 解释学、海德格尔与儒道今释. 北京:中国人民大学出版社,2004.

王希杰. 汉语修辞学. 北京:北京大学出版社,1983.

王晓朝. 基督教与帝国文化. 北京:东方出版社,1997.

王晓倩、孙继龙. 老子《道德经》对我国竞技体育道德缺失的启迪. 安徽师范大学学报(自然科学版),2014(3).

王筱娅.《道德经》文本也是对儒家文化的解构.湖北民族学院学报(哲学社会科学版),1999(3).

王效先.老子通.南京:江苏人民出版社,2009.

王雁冰.试论老子《道德经》在文学上的成就.北方论丛,1994(6).

王一川.语言乌托邦.昆明:云南人民出版社,1999.

王一川.杂语沟通:世纪转折期中国文艺潮.武汉:湖北教育出版社,2000.

王岳川.艺术本体论.上海:生活·读书·新知三联书店上海分店,1994.

魏福明.王安石与老子哲学.江苏社会科学,2004(3).

卫礼贤.老子的道德经(德文译注).耶纳:迪德里希斯出版社,1911.

韦利英译,陈鼓应今译,傅惠生校注.老子(汉英对照、文白对照).长沙:湖南出版社,1994.

韦政通.中国思想史.长春:吉林出版集团有限公司,2009.

温儒敏、李细尧.寻求跨中西文化的共同文学规律.北京:北京大学出版社,1987.

翁显良.意态由来画不成.北京:中国对外翻译出版公司,1983.

沃尔夫冈·伊瑟尔著,陈定家、汪正龙译.虚构与想象:文学人类学疆界.长春:吉林人民出版社,2003.

沃尔夫冈·伊瑟尔著,金元浦、周宁译.阅读活动——审美反应理论.北京:中国社会科学出版社,1991.

吴光华.现代英汉综合大辞典.上海:上海科学技术文献出版社,1990.

吴经熊.法律哲学研究.北京:清华大学出版社,2005.

伍晓明.有(与)存在:通过"存在"而重读中国传统之"形而上"者.北京:北京大学出版社,2005.

现代汉语词典(2002年增补本).北京:商务印书馆,2002.

肖平、杨金萍.从佛教量论看翻译的实质及类型划分——兼论翻译理论中的不可译性问题.现代哲学,2004(1).

肖水来、孙洪卫.释"道"有道,"道"亦可道——从斯坦纳阐释翻译学的角度看《道德经》中"道"的翻译.湖北社会科学,2009(6).

肖志兵.亚瑟·韦利英译《道德经》的文化解读——以"天下"一词为例.湖南

215

第一师范学报,2008(1).

　　谢和耐、钱林森.关于中西文化第一次实质性的接触.跨文化对话(第十辑).上海:上海文化出版社,2002.

　　谢建明.缪斯的眼波:艺术与美及其伦理.南京:东南大学出版社,2001.

　　谢天振.翻译的理论建构与文化透视.上海:上海外语教育出版社,2000.

　　辛红娟.《道德经》在英语世界:文本行旅与世界想像.上海:上海译文出版社,2008.

　　辛红娟、高圣兵.追寻老子的踪迹——《道德经》英语译本的历时描述.南京农业大学学报(社会科学版),2008(1).

　　熊铁基、马良怀、刘韶军.中国老学史.福州:福建人民出版社,2005.

　　熊铁基等编.二十世纪中国老学.福州:福建人民出版社,2002.

　　许宝强、袁伟.语言与翻译的政治.北京:中央编译出版社,2000.

　　徐复观.中国人性论史.上海:华东师范大学出版社,2005.

　　许建平、张荣曦.跨文化翻译中的异化与归化问题.中国翻译,2002(5).

　　许钧.文化"差异"与翻译.中国比较文学,1997(1).

　　许钧.翻译论.武汉:湖北教育出版社,2003.

　　许渊冲.老子道德经(汉英对照).北京:高等教育出版社,2003.

　　徐子宏译注.周易全译.贵阳:贵州人民出版社,1991.

　　亚当·斯密著,郭大力、王亚南译.国富论(上卷).北京:商务印书馆,1972.

　　雅克·德里达著,张宁译.书写与差异.北京:生活·读书·新知三联书店,2001.

　　亚里士多德.尼各马可伦理学.北京:商务印书馆,2011.

　　亚瑟·韦利译.道德经.北京:外语教学与研究出版社,1999.

　　亚瑟·韦利.大中华文库:老子(汉英对照).长沙:湖南人民出版社,2003.

　　雅斯贝尔斯著,魏楚雄、俞新天译.历史的起源与目标.北京:华夏出版社,1989.

　　雅斯贝尔斯著,李雪涛主译.大哲学家.北京:社会科学文献出版社,2005.

　　杨翰卿.先秦道家哲学思想的历史地位.社会科学研究,2004(6).

　　杨建华.西方译学理论辑要.天津:天津大学出版社,2009.

　　杨金鼎.中国文化史词典.杭州:浙江古籍出版社,1987.

杨柳. 20 世纪西方翻译理论在中国的接受史. 上海:上海外语教育出版社,2009.

杨柳. 翻译诗学与意识形态. 北京:科学出版社,2010.

杨柳. 剑桥汉学与翻译传统:19 世纪至当代图景. 中国翻译,2014(4).

杨柳. 林语堂翻译研究——审美现代性透视. 长沙:湖南人民出版社,2005.

杨兴顺. 中国古代哲学家老子及其学说. 北京:科学出版社,1957.

扬雄著,扬雄集校注. 上海:上海古籍出版社,1993.

杨玉文. 林语堂与文学翻译. 零陵学院学报(教育科学版),2004(3).

姚小平. Logos 与"道"——中西古代语言哲学观同异谈. 外语教学与研究,1992(1).

姚小平. "道"的英译和《圣经》中的"道". 外语与翻译,1994(2).

叶嘉莹. 中国古典诗歌评论集. 广州:广东人民出版社,1982.

尹志华. 北宋《老子》注研究. 成都:巴蜀书社,2004.

余光中. 余光中谈翻译. 北京:中国对外翻译出版公司,2002.

余美. 翻译:面对文化杂合与文化失衡. 同济大学学报,2004(6).

宇文所安著,王柏华、陶庆梅译. 中国文论:英译与评论. 上海:上海社会科学院出版社,2002.

乐黛云、勒·比松. 独角兽与龙. 北京:北京大学出版社,1997.

岳峰. 架设东西方的桥梁:英国汉学家理雅各研究. 福州:福建人民出版社,2004.

占涛、褚明伟. 试论老子的军事伦理思想. 军事历史研究,2004(3).

张柏然、张思洁. 中国传统译论的美学辨. 载张柏然、许钧. 译学论集. 南京:译林出版社,1997.

张柏然、辛红娟. 西方现代翻译学学派的理论偏向. 中南大学学报(社会科学版),2005(4).

张长虹.《老子》生态伦理思想的现代启示. 道德与文明,2004(4).

张岱年、方克立. 中国文化概论. 北京:北京师范大学出版社,1994.

张德劭. 文字学与古籍的翻译. 上海交通大学学报,2000(2).

张华夏、叶侨健. 现代自然哲学与科学哲学. 广州:中山大学出版社,1996.

张娟芳. 二十世纪西方《老子》研究. 西北大学博士论文,2003.

张隆溪. 走出文化的封闭圈. 北京:三联书店,2004.

张隆溪著,冯川译. 道与逻各斯. 成都:四川人民出版社,1998.

张黔. 中西语言观的差异与审美境界的生成. 江海学刊,2001(4).

张荣明. 从老庄哲学至晚清方术——中国神秘主义研究. 上海:华东师范大学出版社,2006.

张少康. 中国文学理论批评发展史. 北京:大学出版社,1996.

张世英. "后现代主义"对"现代性"的批判与超越. 北京大学学报(哲学社会科学版),2007(1).

张世英. 天人之际——中西哲学的困惑与选择. 北京:人民出版社,1997.

张首映. 西方二十世纪文论史. 北京:北京大学出版社,1999.

张树卿. 老子及其《道德经》被神化的历史原因和过程. 松辽学刊(社会科学版),1996(2).

张思洁. 中国传统译论范畴及其体系. 上海:上海译文出版社,2006.

张松辉. 先秦两汉道家与文学. 北京:东方出版社,2004.

张松如. 老子校读. 长春:吉林人民出版社,1981.

张松如. 辟唯心主义先验论与神秘主义直观说. 吉林大学社会科学学报,1992(4).

张小明. 约瑟夫·奈的"软权力"思想分析. 美国研究,2005(1).

张一兵. 回到海德格尔——本有与构境. 北京:商务印书馆,2014.

张一兵. 问题式、症候阅读与意识形态:关于阿尔都塞的一种文本学解读. 北京:中央编译出版社,2003.

张泽乾. 翻译经纬. 武汉:武汉大学出版社,1994.

赵敦华. 西方哲学简史. 北京:北京大学出版社,2001.

赵敦华. 西方哲学简史. 北京:北京大学出版社,2012.

赵庙祥. 老子"道之德"思想探析. 太原师范学院学报(社会科学版),2009(2).

赵汀阳. 道的可能解法与合理解法. 江海学刊,2011(1).

赵稀方. 翻译与新时期话语实践. 北京:中国社会科学出版社,2003.

赵毅衡. 诗神远游——中国如何改变了美国现代诗. 上海:上海译文出版社,2003.

哲学研究编辑部. 老子哲学讨论集. 北京：中华书局，1959.

郑海凌. 文学翻译学. 郑州：文心出版社，2000.

中共中央马克思恩格斯列宁斯大林著作编译局编译. 马克思恩格斯全集（第3卷）. 北京：人民出版社，1995.

中国大百科全书总编辑委员会. 中国大百科全书（社会学卷）. 北京：中国大百科全书出版社，1991.

中国大百科全书总编辑委员会.《语言文字》编辑委员会. 中国大百科全书·语言文字. 北京、上海：中国大百科全书出版社，1988.

中国社会科学院语言研究所词典编辑室. 现代汉语词典·2002 年增补本. 北京：商务印书馆，2002.

周高德.《道德经》与生态环境保护. 中国宗教，2007(4).

周光庆. 中国古典解释学导论. 北京：中华书局，2002.

周海春.《道德经》中的"德"概念与中国形而上学伦理学. 伦理学研究，2006(5).

周岷.《道德经》首章英译诸本述评. 内蒙古农业大学学报（社会科学版），2009(2).

周山东、吕锡琛.《道德经》之道与伦理秩序. 求索，2011(7).

周宪. 当代西方艺术文化学. 北京：北京大学出版社，1988.

周宪. 旅行者的眼光与现代性体验——从近代游记文学看现代性体验的形成. 社会科学战线，2000(6).

周宪. 美学是什么. 北京：北京大学出版社，2002.

祝朝伟. 构建与反思：庞德翻译理论研究. 上海：上海译文出版社，2005.

朱光潜. 诗论（重印版）. 合肥：安徽教育出版社，2003.

朱谦之. 中国哲学对于欧洲的影响. 福州：福建人民出版社，1985.

朱仁夫、魏维贤、王立礼. 儒学国际传播. 北京：中国社会科学出版社，2004.

庄子著，方勇译注. 庄子. 北京：中华书局，2010.

庄子著，孙通海译. 庄子. 北京：中华书局，2007.

邹诗鹏. 马克思实践哲学的生存论基础. 学术月刊，2003(7).

二、外文参考文献

Abbeele，Georges Van den. *Travel as Metaphor*. Minneapolis：University of

Minnesota Press,1992.

Alexander, George Gardiner. *Lâo-Tsze the Great Thinker : With a Translation of His Thoughts on the Nature and Manifestations of God*. London: Trübner Company,1895.

Aristotle. *Aristotle's Poetics*. translated with commentaries and glossary by Hippocrates G. Apostle, Elizabeth. Dobbs, Morris A. Parslow. Grinnell. Iowa: Peripatetic Press,1990.

Bahm, Archile. *Tao the King by Lao Tzu-Interpreted as Nature and Intelligence*. Fremont: Jain Publishing Company,1996.

Bai, Heesoon. Reclaiming our Moral Agency through Healing: A Call to Moral, Social, Environmental Activists. *Journal of Moral Education*, 2012(3).

Baker, Mona (ed.). *Routledge Encyclopedia of Translation Studies*. Shanghai: Shanghai Foreign Language Education Press,2004.

Barthes, Roland. Change the Object Itself. Stephen Heath (ed.). *Image, Music, Text*. London: Fontana,1991.

Barthes, Roland. Style and Its Image. S. Chatman (ed.). *Literary Style : A Symposium*. New York: Routledge,1971.

Barthes, Roland. The Death of the Author. D. Lodge (ed.). *Modern Criticism and Theory*. London and New York: Longman,1991.

Bassnett, Susan. *Translation Studies*. London and New York: Methuen,1980.

Bell, Roger. *Translation and Translating : Theory and Practice*. London and New York: Longman,1991.

Benjamin, Walter. *The Task of the Translator*. London: Fontana,1973.

Biguenet (eds.). *Theories of Translation*. Chicago: University of Chicago Press,1992.

Blakney, Bernard. *The Way of Life : A New Translation of the Tao Te Ching*. New American Library,1955.

Bloom, Harold. *Ursula K. Le Guin*. New York: Chelsea House Publishers,1986.

Bourdieu, Pierre. *Distinction: Critique Sociale du Jugement*. Pairs:

《道德经》在多元文化语境下的接受与翻译

Minuit, 1979.

Carus, Paul. *The Canon of Reason and Virtue : Being Lao-tze's Tao Teh King*. New York : Open Court Publishing Company, 1954.

Carus, Paul. *The Teachings of Lao-Tzu : The Tao-Te Ching* (2nd ed.). New York : St. Martin's Press, 2000.

Chalmers, John. *The Speculations on Metaphysics, Polity, and Morality, of "the Old Philosopher"*. London : Trübner Company, 1868.

Chan, Wing-Tsit. *A Source Book in Chinese Philosophy*. New Jersey : Princeton University Press, 1963.

Chen, Ellen M. Nothingness and the Mother Principle in Early Chinese Taoism. *International Philosophy Quarterly*, 1969(9).

Chen, Ellen M. *The Tao Te Ching : A New Translation with Commentary*. New York : Paragon House, 1989.

Chen, W. *The Way of Lao Tzu (Tao-te ching)*. Bobbs-Merrill, 1963.

Chen, Guying. *Lao Tzu—Notes and Comments*. San Francisco : Chinese Materials Center, 1977.

Chew, Phyllis Ghim Lian. *The Chinese Religion and the Bah'I Faith*. Oxford : George Ronald, 1993.

Ching, J. *Chinese Religions*. London : Macmillan, 1993.

Chu Ta Kao, *Tao Te Ching a New Translation by Chu Ta-Kao*. London : George Allen, 1937.

Clark, J. P. On Taoism and Politics. *Journal of Chinese Philosophy*. 1983 : 10 (1).

Clarke, J. J. *The Tao of the West : Western Transformations of Taoist Thought*. London and New York : Routledge, 2000.

Cooper, J. C. *Taoism : The Way of the Mystic*. London : Harper Collin, 1990.

Cooper, Jean C. *An Illustrated Introduction to Taoism : The Wisdom of Sages*. Indiana : World Wisdom Inc. , 2010.

Creel, H. G. *Chinese Thought from Confucius to Mao Tse-tung*. London : Eyre & Spottiswood, 1954.

Culler, Jonathan. *Structural Poetics ; Structuralism, Linguistics and the Study of Literature*. Ithaca, New York ; Cornell University Press, 1975.

Delisle, Jean. *Translation ; An Interpretive Approach*. Ottawa & London ; University of Ottawa Press, 1988.

Derrida, Jacques. Des tours de Babel (Joseph. Graham, Trans.). In Joseph Graham (ed.). *Difference in Translation*. Ithaca ; Cornell University Press, 1985.

Dufrenne, M. *The Phenomonology of Aesthetic Experience*. Evanston ; Northwestern University Press, 1973.

Dyer, Wayne. *Change Your Thoughts, Change Your Life ; Living the Wisdom of the Tao*. California ; Hay House Publishing, 2007.

Eagleton, Terry. *Ideology ; An Introduction*. London ; Verso, 1991.

Eco, Umberto, et al. *Interpretation and Overinterpretation*. Stefan Collini (ed.). Cambridge ; Cambridge University Press, 1992.

Ellen M. Chen. *The Tao Te Ching ; A New Translation with Commentary*. Manchester ; Paragon House, 1989.

Elliot, Gregory (ed.). *Philosophy and the Spontaneous Philosophy of the Scientists*. London ; Verso, 1990.

Feldt, Alex. Governing Through the Dao ; A Non-Anarchistic Interpretation of the Laozi. *Dao ; A Journal of Comparative Philosophy*, 2010(9).

Fisher, Flrederick. *Culture Shock ; A Global-trotter's Guide*. Portland, Or ; Graphic Arts Center Pub. Co., 1995.

Flotow, Luise von. *Translation and Gender ; Translating in the "Era of Feminism"*. Manchester ; St. Jerome Publishing, 1997.

Gauvin, L. *Letters from an Other*. S. de Lotbiniè re-Harwood. Toronto ; Women's Press, 1989.

Gentzler, Edwin. *Contemporary Translation Theories*. London ; Routledge, 1993.

Girardot, N. J. *Myth and Meaning in Early Taoism ; The Theme of Chaos*. Berkeley, CA ; University of California Press, 1983.

Girardot, Norman J. *The Victorian Translation of ' China ; James Legge's*

Oriental Pilgrimage. Berkeley: University of California Press, 2002.

Giles, H. A. The Remains of Lao Tzu: Re-Translated. *The China Review*, Xn, 1885 – 1886.

Graham, A. C. *Disputers of the Tao: Philosophical Argument in Ancient China*. La Salle, IL: Open Court, 1989.

Gramsci, Antonio. *Prison Notebooks*. Bao Xu (Trans.). Beijing: People's Publishing House, 1983.

Grunell, Marianne. Women's Studies in Russia: An Interview with Anastasia Posadskaya-Vanderbeck. *The European Journal of Women's Studies*, 1998 (5).

Hall, D. L. The Metaphysics of Anarchism. *Journal of Chinese Philosophy*, 1983(1).

Hardy, Julia M. Influential Western Interpretations of the Tao-te-ching. Livia Kohn and LaFrague, Heidegger, Martin. *Poetry, Language, Thought*. New York: Harper & Row, 1971.

Heider, John. *The Tao of Leadership: Lao Tzu's Tao Te Ching Adapted for a New Age*. Florida: Green Dragon Books, 2014.

Henricks, Robert G. *Lao Tzu's Tao Te Ching: a Translation of the Startling New Documents Found at Guodian*. Columbia University Press, 2000.

Hermans, Theo. Translator Irony. *Chinese Translators Journal*, 2005(2).

Hermans, Theo. *The Manipulation of Literature: Studies in Literary Translation*. London and Sydney: Croom Helm, 1985.

Hirsh, E, D. *Validity in Interpretation*. New Haven: Yale University Press, 1967.

Hooks, Bell. Language, a Place of Struggle. Anuradha Dingwaney and Card Maier, (eds.) *Between Languages and Cultures: Translation and Cross - Cultural Texts*. Pittsburgh: University of Pittsburgh Press, 1995.

Ivanhoe, Philip J. *The Daodejing of Laozi*. Cambridge: Hackett Publishing, 2003.

Ivanhoe, P. J. Was Zhuangzi a Relativist? Kjellberg, P. & Ivanhoe, P. J.

(eds.). *Essays on Skepticism, Relativism, and Ethics in the Zhuangzi*. New York:State University of New York Press,1996.

Jakobson, Roman. *On Linguistic Aspects of Translation*. Lawrence Venuti (ed.). The Translation Studies Reader. London & New York:Routledge, 1959/2000.

Kaur, Raminder & John Hutnyk (eds.). *Travel Worlds: Journeys in Contemporary Cultural Politics*. London & New York:Zed Books,1999.

Kelly, L. G. *The True Interpreter*. Oxford:Basil Blackwell,1979.

Kirkland, Russel. *Taoism: The Enduring Tradition*. New York: Routledge,2004.

Kohn, Livia, and Michael LaFargue. *Lao-tzu and the Tao-te-ching*. New York:SUNY Press,1998.

Kohn,Livia &Michael LaFargue (eds.). *Influential Western Interpretations of the Tao-te-ching*. New York:State University of New York Press.

Krakauer, Eric L. *The Disposition of the Subject:Reading Adorno's Dialectic of Technology*. Evanston:Northwestern University Press,1998.

LaFrague (eds.). *Lao-tzu and the Tao-te-ching*. Albany:State University of New York Press,1998.

Leed, Eric. *The Mind of the Traveler:From Gilgamesh to Global Tourism*. New York:Basic Books,1991.

Lefevere, André. *Translation, Rewriting and the Manipulation of Literary Fame*. Shanghai:Shanghai Foreign Language Education Press,2004.

Lefevere, André. *Translation, Rewriting and the Manipulation of Literary Fame*. London:Routledge,1992.

Legge, Helen E. *James Legge:Missionary and Scholar by His Daughter*. London:Religious Tract Society,1905.

Legge, James. A Critical Notice of 'The Remains of Lao Tsze', Retranslated by Mr. Herbert Giles. *The China Review*, xv,1888.

Legge, James. *Tao Te Ching Or The Tao and Its Characteristics*. Maryland: Arc Manor LLC,2008.

Legge, James. *The Sacred Books of China : the Texts of Taoism*. Oxford : Clarendon, 1891.

Legge, James. *The Texts of Taoism*, Vol. 1. New York : Dover, 1962.

Leitch, Vincent (ed.). *The Norton Anthology of Theory and Criticism (Vol. 6)*. New York and London : W. W. Norton Company, 2001.

Lin Yutang. *The Wisdom of Laotse*. New York : Random House, 1948.

Louth, Andrew. *Origins of the Christian Mystical Tradition : From Plato to Denys*. Oxford : Clarendon, 1981.

Lynn, Richard John. *The Classic of the Way and Virtue : A New Translation of the Tao-te ching of Laozi as Interpreted by Wang Bi*. Chicago : Columbia University Press, 2004.

Marx, Engels. *Marx/Engels Collected Works (Vol. 3)*. Beijing : People's Publishing House, 1965.

Michael. eds. *Lao-tzu and the Tao-te-ching*. Albany : State University of New York Press, 1998.

Moeller, D. *Daodejing (Laozi) : A Complete Translation and Commentary*. Chicago : Open Court Publishing Company, 2007.

Mounin, George. *Les Problèmes Thèoriques de la Traduction*. Paris : Gallimard, 1963.

Needham, Joseph. *Science and Civilization in China Vol. II : History of Scientific Thought*. Cambridge : Cambridge University Press, 1956.

Newmark, Peter. *Approaches to Translation*. Shanghai : Shanghai Foreign Language Education Press, 2001.

Needham, Joseph. *Science and Civilization in China*. Cambridge : Cambridge University Press, 1954.

Nida, E. A. & Charles Taber. *The Theory and Practice of Translation*. Leiden : E, J, Brill, 1969.

Nida, E. A. *Exploring Semantic Structures*. Munich : Wilhelm Fink, 1975.

Nida, E. A. *Language, Culture, and Translating*. Shanghai : Shanghai Foreign Language Education Press, 1999.

Nida, E. A. *Toward a Science of Translating*. Leiden:E. J. Brill,1964.

Nida, E. A. *Language and Culture—Contexts in Translating*. Shanghai: Shanghai Foreign Language Education Press,2001.

Nord, Christiane. *Translating as a Purposeful Activity: Functionalist Approaches Explained*. Manchester:St. Jerome Publishing,1997.

Northrop, F. S. C. *The Meeting of East and West: an Inquiry Concerning Human Understanding*. New York:Macmillan,1946.

Old, Water Gorn. *The Simple Way Laotze: The Old Boy*. *Montana:*Kessinger Publisher LLC. 1904.

Paul Lin, A. Translation of Lao Tzu's Tao-te ching and Wang Pi's Commentary. in Michigan Paper in *Chinese Studies*,no. 30,1977.

Pfister, Lauren F. Reassessing Max Weber's Evaluation of the Confucian Classics. Jon Davies & Isabel Wollaston, (eds.) *The Sociology of Sacred Texts*. Sheffield:Sheffield Academic Press,1993.

Pratt, Mary Louise. *Imperial Eyes: Travel Writing and Transculturation*. London:Routledge,1992.

Pribram, K. *Conflicting Patterns of Thought*. San Francisco:Public Affairs Press,1949.

Rainey, Lee Dian. *Decoding Dao:Reading the Dao De Jing and the Zhuangzi*. Chichester:John Wiley & Sons, Ltd, 2014.

Raymond, Lee. *The Tao of Representation: Postmodernity, Asia and the West*. New York:Nova Science Publisher,1999.

Roberts, Moss. *Dao de jing: The Book of the Way*. California: University of California Press,2004.

Rojek, Chris & John Urry. *Touring Cultures: Transformation of Travel and Theory*. London and New York:Routledge,1997.

Said, Edward W. *The World, the Text, and the Critic*. Cambridge, Massachusetts:Harvard University Press,1983.

Saso, M. *Taoism and the Rite of Cosmic Renewal*. Pullman, WA:Washington State University Press,1990.

Schleiermacher, Friedrich. *On the Different Methods of Translating*. R. Schulte and J. ,1813.

Schulte, R. & Biguenet, J. *Theories of Translation : An Anthology of Essays from Dryden to Derrida*. Chicago and London : The University of Chicago Press,1922.

Storey,J. *Cultural Studies and the Study of Popular Culture*. Edinburgh : Edinburgh University Press,2003.

Swingewood, Alan. *Sociological Poetics and Aesthetic Theory*. London : Macmillan,1986.

Tracy, Antoine. *Élements d'idéologie : Idéologie proprement dite*. Pte. 1. Mme Ve Courcier : Imprimeur-Libraire,1804.

Urry, John. *The Tourist Gaze : Leisure and Travel in Contemporary Societies*. London : Newbury Park, Sage Publication,1990.

Venuti, Lawrence. *The Translator's Invisibility : A History of Translation*. London & New York : Routledge,1995.

Volosinov, V. N. *New Marxism and the Philosophy of Language*. Cambridge : Harvard University Press,1986.

Wagner, Rudolf G. *A Chinese Reading of the Daodejing : Wang Bi's Commentary on the Laozi with Critical Text and Translation*. New York : Suny Press,2003.

Waley, A. *Tao Te Ching*. Beijing : Foreign Language Teaching and Research Press,1998.

Waley, Arthur. *The Way and its Power : A Study of the Tao Te Ching and its Place in Chinese Thought*. New York : Grove Press, INC,1958.

Webster. *Merriam-Webster's Collegiate Dictionary*. Springfield : Merriam-Webster Co. ,1997.

Williams, C. T. *Travel Culture : Essays on What Makes Us Go*. Westport : Praeger,1998.

Wilss, Wolfram. *The Science of Translation : Problems and Methods*. Shanghai : Shanghai Foreign Language Education Press,2001.

Xu, Jianliang. The Universal Sentiment of Daoist Morality. *Frontiers of Philosophy in China*, 2009(12).

Xu, Yuanchong. *Laws Divine and Human*. Beijing: Zhonghua Book Company, 2011.

Zhang, Yibing, Yang Liu et al. (Trans.) *Althusser Revisited: Problematic, Symptomatic Reading, ISA and history of Marxism—a textological reading*. London: Canut International Publishers, 2014.

图书在版编目(CIP)数据

《道德经》在多元文化语境下的接受与翻译 / 杨柳
等著. —南京：南京大学出版社，2016.6
 (全球化与中国文化丛书)
 ISBN 978 - 7 - 305 - 17011 - 9

Ⅰ. ①道… Ⅱ. ①杨… Ⅲ. ①《道德经》—外语—翻
译—研究 Ⅳ. ①H059 ②B223.15

中国版本图书馆 CIP 数据核字(2016)第 114715 号

出版发行 南京大学出版社
社　　址　南京市汉口路 22 号　　邮　编　210093
出 版 人　金鑫荣

丛 书 名　全球化与中国文化丛书
书　　名　《道德经》在多元文化语境下的接受与翻译
著　　者　杨 柳 等
责任编辑　郭艳娟　田 雁

照　　排　南京理工大学资产经营有限公司
印　　刷　江苏凤凰通达印刷有限公司
开　　本　718×1000　1/16　印张 15.75　字数 257 千
版　　次　2016 年 6 月第 1 版　2016 年 6 月第 1 次印刷
ISBN 978 - 7 - 305 - 17011 - 9
定　　价　50.00 元

网　　址:http://www.njupco.com
官方微博:http://weibo.com/njupco
官方微信号:njupress
销售咨询热线:(025)83594756